本书为国家社科基金一般项目"中日甲午战争的英美报刊舆论研究"（13BSS009）的阶段性成果之一。

启真馆 出品

西方人亲历和讲述的

甲午战争

刘文明 编

ZHEJIANG UNIVERSITY PRESS
浙江大学出版社

目　录

前　言

　　1894 年 7 月中日甲午战争爆发后，西方国家的媒体对这场发生于两个东方国家之间的战争给予了极大关注，尤其是英国和美国的一些重要报刊，为了及时地对战争进行报道，派出了一些战地记者前往日本和中国，大多数作为日军的随军记者报道战事。这些特派记者利用当时先进的电报技术，争抢独家新闻，及时将战争中的重大事件汇报给各自服务的报刊，且随后撰写了长篇通讯详述事件经过。战争结束之后，他们中有许多人又撰写了其记者生涯的回忆录。他们的通讯报道及其回忆录成为研究中日甲午战争的珍贵海外史料。本书作为"中日甲午战争的英美报刊舆论研究"的阶段性成果之一，挑选、整理和翻译了当时英美报刊派出的 6 位战地记者对战争的报道及其战争回忆录，以及 1 位亲历战争的英国水手的回忆录，希望通过这些"他者"视角的史料，有助于从不同维度理解中日甲午战争，由此推动对其作更加深入全面的研究。

　　本书所涉及的英美战地记者中，伦敦《泰晤士报》的托马斯·科文、伦敦《黑与白》周刊兼《旗帜报》的弗雷德里克·维利尔斯、纽约《世界报》的詹姆斯·克里尔曼、纽约《莱斯利图画周刊》兼《纽约先驱报》的 A. B. 德·盖维尔等 4 人，是日军的随军记者，跟随日军第二军深入战场进行了报道。而纽约《哈勃周刊》的朱利安·拉尔夫、香港《孖剌西报》和中央通讯社的阿尔弗雷德·坎宁安，则主要在中国的后方对战争进行报道。另外，英国水手詹姆斯·艾伦则是一个意外卷入战争的亲历者，见证了大东沟海战、旅顺战役及旅顺陷落后的大屠杀。为了体现原作者的本意，本书所译各章中每节的标题，均取自原书章节或报道文章的标题。值得指出的是，这些英美记者当时所了解和记录的一些事件，尤其是关于清军行动的部分，有些地方与中文史料记载有出入，甚至存在失实之处，例如说丁汝昌"投降"等，这是需要我们予以甄别的。

一、英美报刊对甲午战争报道的倾向性

中日甲午战争期间，由于日本打着"解放"朝鲜和传播西方"文明"的旗号，使得英美报刊在报道中普遍倾向于支持日本，从而使清朝处于不利的国际舆论环境。

19世纪70－90年代，由于日本明治维新向西方学习，而晚清的洋务运动更多地强调中体西用，因此西方人认为日本是开放、改革和进步的，而中国则排外、保守和停滞不前，因此在甲午战争爆发之后，加上日本海外宣传的"文明"对"野蛮"之战，使得西方报刊普遍倾向于支持日本。例如，《哈勃周刊》在进行中日对比分析时认为，"日本代表现代文明，中国代表着野蛮或者至少是一种没有希望的过时的文明。日本坦率而完全地接受了万国公法，而中国只是对此偶尔发布一个空洞的表白，却希望维持拥有藩属国的中央王国的观念。"①纽约《论坛》杂志的一篇文章在谈到日清之间战争的意义时说："战争确实具有广泛的意义——它是进步与停滞不前之间的一场斗争。日本的胜利意味着现代文明扩大到朝鲜，以及它的财富向世界开放。相反，

---

① "The Chino-Japanese War in Korea", *Harper's Weekly*, August 11, 1894, p. 747.

中国的胜利意味着继续延续朝鲜的无能，而且这很可能迟早会屈服于俄国的专制。"①纽约《展望》周刊的一篇文章也是这种腔调："中国代表了保守、停滞和死亡，而日本代表了进步、开化和文明。"②《纽约先驱报》更是鼓吹支持日本打败中国："日本将有权对快要接受条件投降的大清帝国进行改革或重建。它要把西方文明标准通过朝鲜推进到中国，就欧洲列强而言，在不妨害其利益的情况下，世界上这些伟大文明以其建议和赞同，应该允许日本激励其愚昧的邻居进入现代生活领域。日本的文明化使命应该进行到底，然后，为了中国未来问题的最终解决，世界上所有的大国就可以在东京举行一次会议。"③这实际上反映了西方国家以日本为先锋侵略和瓜分中国的主张。

在这种英美舆论环境中，本书中所涉及的战地记者对这场战争的报道，都不同程度地受到了西方"文明"话语的影响，无论在其新闻报道中还是回忆录中，都不时流露出日军"文明"而清军"野蛮"的观念，尤其以盖维尔最为极端。例如，盖维尔声称，日军"不仅骁勇善战，而且讲究人道，堪称典范，所以他们在道德上取得了更大的胜利。面对清军的种种屠杀和残酷行为，日本人接收敌军的伤员，然后悉心照料；……在这一幕幕前，全世界都为之动容"④。因此，我们在阅读这些材料时应对此有清醒的认识。当然，尽管英美报刊对当时的中国存在偏见，但在日军犯下旅顺大屠杀的滔天罪行时，大多数报刊都能站在人道和正义的立场揭露日军的野蛮暴行，只有少数报刊顽固坚持既有的偏见为日本辩解。

①   Michitaro Hisa, "The Significance of The Japan-China War", *The Forum,* October, 1894, p. 216.
②   J. T. Yokoi, "The Chino-Japanese War: Its Reasons and Possible Effects", *The Outlook*, Volume 50, No.22, December 1, 1894, p. 906.
③   "Europe's Quadruple Alliance in View of China's Overthrow", *New York Herald*, October 11, 1894, p. 8.
④   A.B. De Guerville, *Au Japon*, Paris: Alphonse Lemerre, Éditeur,1904, p215.

二、英美记者对旅顺大屠杀的报道与争论

1894 年 11 月 21 日，日军攻入旅顺口，随后 4 天在旅顺市内抢掠屠杀，残杀居民约 2 万人，制造了震惊世界的旅顺大屠杀。欧美报刊很快普遍报道了日军攻占旅顺的消息，但对于大屠杀事件却反应较慢。最先提到这一屠杀事件的是《泰晤士报》，该报 11 月 26 日的《东方战事》栏目子标题为"攻占旅顺"，内容包括几封来自中国和日本的电报，其中一封说道："旅顺被攻占。军队攻入之时，鱼雷艇牵制了要塞守军。据报告发生了大屠杀（Great slaughter）。"[1]29 日，该报又刊登了一封谈及旅顺屠杀的电文，这封 27 日来自"我报特派记者"的电文首次用了"massacre"（大屠杀）一词来描述这一事件："双方均有暴行的报道得到证实。由于发现一些日本俘虏被斩首和残害（mutilated），因此日本人毫不留情，发生了一场不分青红皂白的大屠杀。正在逃跑的几个中国兵和一些店主被鱼雷艇追赶并被枪杀。"[2]这一简短报道被同一天（由于时区差而实际上晚一天）的《纽约论坛报》转载。[3]就在这天，纽约《世界报》也有两封来自芝罘的电文报道了旅顺屠杀事件，其中一封说道："中国逃亡的难民说，日本人洗劫了旅顺，枪杀了无论老幼所有的人，劫掠和残杀长达三天。他们声称，死者被野蛮地残害，手、鼻子和耳朵被割掉。人们没有进行任何抵抗，但日本兵长达数日四处搜寻，杀害他们所能找到的所有中国人。难民说，旅顺街道和港口到处都是尸体。"[4]接着另一电文提到："据最新的战事报道，日本仅阵亡 40 人，伤 160 人，而中国阵亡 2000 人。这一报道似乎证实了关

---

[1]　"The War in the East", *The Times* (London), November 26, 1894, p. 5.
[2]　"The War in the East", *The Times* (London), November 29, 1894, p. 5.
[3]　"To Summon Li Hung Chang", *New-York Tribune*, November 29, 1894, p. 1.
[4]　"Say Li Sold China Out", *The World* (New York), November 29, 1894, p. 5.

于大屠杀的传闻，表明日本军官没有约束其士兵，这些士兵一看到其同伙残缺的尸体便狂怒起来。"①因此，《世界报》对旅顺大屠杀的报道时间虽稍晚一点，却首先对事件作了较为具体的描述。然而，上述几则报道并没有引起世界舆论的关注，在日本人标榜和宣传"文明义战"的影响下，许多西方民众和报刊只将旅顺屠杀事件当作未经证实的传闻。正因如此，当时英美报刊对此事的报道出入很大，甚至将不同说法刊在同一版面上。例如29日的《泰晤士报》就是如此，在27日电文之下又有一封28日来自中央通讯社（Central News）的电文，声称"日本人屠杀丧失自卫能力的中国士兵并非事实。除了在战斗中，没有中国人被杀。"②

　　然而，一周之后，随着战地特派记者长篇报道的问世，旅顺大屠杀因报道者的亲身经历而揭示出了事件的真相，由此开始引起世界舆论的关注。在西方战地记者中，首先对屠杀事件极为重视并去质问日本政府的人是托马斯·科文。旅顺战斗结束后，他从旅顺到达广岛的第二天便去见了日本外务大臣陆奥宗光，告之"日军攻占旅顺时的不当行为"，并问及日本政府的态度。科文把会见情况写成简短报道发回伦敦，刊载于12月3日的《泰晤士报》上，其中说道："中国人抵抗到了最后。……在接下来的4天，我看到城内并无任何抵抗，但日本兵洗劫了整个城市，屠杀了市内几乎所有的人。也有少数妇女和儿童被杀，虽然这有可能不是故意的。我还告诉陆奥子爵，我看见许多中国俘虏被捆绑起来，脱去衣裤，被枪杀，被刀砍，被开膛破肚取出内脏，被肢解碎尸。很多尸体中的一部分还被焚烧过。"③紧随科文之后，克

① "Say Li Sold China Out", *The World* (New York), November 29, 1894, p. 5.
② "The War in the East", *The Times* (London), November 29, 1894, p. 5.
③ "The War in the East", *The Times* (London), December 3, 1894, p. 5.

里尔曼作为战地特派记者连续发表了几篇关于旅顺大屠杀的报道，轰动了舆论界。克里尔曼首次谈及旅顺大屠杀并刊登在报纸上，是在横滨接受《日本邮报》的采访后，其谈话于 12 月 7 日发表于该报上。[①] 12 月 12 日，克里尔曼关于旅顺大屠杀的电报以《日军大屠杀》为题刊于《世界报》头版，以亲身经历向美国读者讲述了屠杀的惨状："日军于 11 月 21 日进入旅顺，残酷地屠杀了几乎全部居民。无自卫能力和赤手空拳的居民在其家中被屠杀，他们的躯体被残害之状无法形容。这种肆无忌惮的凶杀持续了 3 天。整个城市在骇人听闻的暴行中被劫掠。这是日本文明的最大污点（the first stain），日本人在这一事件中重回到了野蛮。把暴行看作事出有因的一切借口都是虚伪的。文明世界将会被屠杀详情震惊。外国记者为这种场面所惊骇，集体离开了［日本］军队。"[②]《世界报》编辑为了引人注目，还把内容概括成几个小标题醒目显示："《世界报》战地记者报道在旅顺的屠杀"、"屠杀整整三天"、"无自卫能力和非武装的居民在其家中被杀戮"、"残害的躯体无法形容"、"全部外国记者惊骇于可怕的屠杀而集体离开日军"。13 日，《世界报》发表了一篇来自华盛顿的特稿《美国惊呆了》，副标题为"《世界报》的旅顺大屠杀新闻震惊了华盛顿"，提出日本在澄清其野蛮行为之前，参议院不会批准与日本的新条约。[③] 14 日的《世界报》第 5 版刊登了克里尔曼一篇描述日军进占金州的长篇报道。这篇文章是克里尔曼在日军攻占旅顺之前写成的，于 11 月 8 日从大山岩的指挥部寄出，因此不涉及屠杀事件，但从其副标题来看，编辑的目的是为了让读者理解日军为何轻易攻占了旅顺。[④] 科文和克里尔曼的报道引起了急

---

① 井上晴树：《旅顺大屠杀》，朴龙根译，大连出版社 2001 年版，第 22 页。

② James Creelman, "A Japanese Massacre", *The World* (New York), December 12, 1894, p. 1.

③ "America Is Aghast", *The World* (New York), December 13, 1894, p. 1.

④ "Chinese Slunk Away", *The World* (New York), December 15, 1894, p. 5.

欲与美国修订条约的日本政府的紧张，于是采取了应对措施，把日本政府对旅顺屠杀事件的辩解写成书面材料转给《泰晤士报》和《世界报》，这两家报纸分别于 12 月 15 日和 17 日刊出。两则辩解声明的表述各有不同，但都突出强调了两个理由：一是清兵改装成平民继续抵抗，因此日军所杀是士兵而非平民；二是日本士兵见到被杀害的日军俘虏后极为愤慨，变得忍无可忍。①不过，《世界报》的标题和排版设计表明该报并不认可日本的辩解。在《日本坦白》这一大标题下，又有一连串关键句子作小标题："日本政府给《世界报》的官方声明"、"表达国家的悔恨"、"证实了克里尔曼的旅顺屠杀报告"、"整个真相将大白"、"采取措施明确责任以挽回国家声誉"、"华盛顿对这些消息感到惊讶"、"日本政府首次就战争问题发函给一家报纸"。不仅如此，该文之后紧接着又有另外几篇文章：《〈世界报〉的报道：克里尔曼电文说几乎全部居民都被残酷杀害》、《葛礼山感谢〈世界报〉：它比官方提供了更多有关旅顺事件的消息》。而且，《世界报》在 18 日以《日本感到懊恼》为题，说陆奥宗光承认日军的暴行并表示进行调查。②19 日则以《中国着手调查》为题，说《世界报》对旅顺大屠杀的报道引起了中国政府对此事的调查。③这些都表明，《世界报》在日本政府及一些报刊对旅顺大屠杀提出质疑的情况下坚定维护和支持克里尔曼。这样，12 月 20 日《世界报》刊登了克里尔曼的重磅长篇通讯《旅顺大屠杀》。

《旅顺大屠杀》这篇报道占据了当天《世界报》头版和第二版整整两个版面，在大标题下也有一连串关键句作小标题："日军屠杀了至少 2000 名无助民众"，"杀戮三天"，"大山大将及其军官没有试图

① "The War In The East", *The Times* (London), December 15, 1894; p. 5; "Japan Confesses", *The World* (New York), December 17, 1894, p. 1.

② "Japan Is Chagrined", *The World* (New York), December 18, 1894, p. 1.

③ "China To Investigate", *The World* (New York), December 19, 1894, p. 1.

阻止暴行","城市各处遭到劫掠","男人、女人和儿童的残缺不全的尸体堵塞了街道而士兵却大笑","店主们被枪杀和砍杀","这一惊人事件的全部详情由本报随军战地记者原原本本地电传给本报——几个欧洲人和美国人在场,而且一些人处于危险之中"。这篇报道不仅以一个个具体的事件详细记载了日军屠杀无辜民众的过程,而且还对日军的凶残暴行和侵略战争进行了评论。例如文章中说道:"为解放朝鲜而进行的斗争突然变成了一场鲁莽而野蛮的征服战争。这不再是一场文明与野蛮之间的冲突。日本已经撕下其面具,在最后四天里,文明在其征服军的足下被践踏。""日本本质上是一个野蛮国家,还不能将文明人的生命和财产托付其管治之下。"① 克里尔曼的报道从当天晚上开始就被英美许多报刊转载,一些非英语报刊也纷纷译载或摘译,旅顺大屠杀一下子成了世界舆论的焦点。22 日的《世界报》对旅顺大屠杀报道的反响作了摘录,其中提到《苏城论坛报》(*Sioux City Tribune*)、《林奇堡进步报》(*Lynchburg Advance*)、《宾厄姆顿共和党人报》(*Binghamton Republican*)、《费城呼声报》(*Philadelphia Call*)、《费城时报》(*Philadelphia Times*)、《圣路易斯邮讯报》(*St. Louis Post-Dispatch*)、《华盛顿明星报》(*Washington Star*)、《沃斯堡公报》(*Fort Worth Gazette*)等报刊都刊载了关于旅顺大屠杀消息,还有一些讨论旅顺大屠杀的读者来信,由此可见克里尔曼报道的广泛影响。面对这种局面,日本政府发动宣传机器竭力狡辩,并于 12 月 25 日对外发表了一份新的声明,其实这一声明仍是老调重弹,强调被杀者是换装的清军士兵,日军在目睹其战俘被害后群情激愤等等,只不过把原来纲要式的几点整理成了一篇具有完整逻辑性的声明,并有英文、法文、德

---

① James Creelman, "The Massacre At Port Arthur", *The World* (New York), December 20, 1894, p. 1.

文三个版本。①

　　然而，日本并未能阻止有良知的记者继续报道旅顺大屠杀的真相。1895 年 1 月 7 日，克里尔曼发表《嗜血的日本》一文继续揭露日军的暴行，批评日本"表面上具有诗情画意，本质上却野蛮残忍"，"文明只是一件外衣"，"野蛮支配着整个国家"，"旅顺'血宴'（Banquet of Blood）只是野蛮欲望从睡眠中唤醒了"。②同一天，维利尔斯也在伦敦《旗帜报》上发表《旅顺陷落》的长篇通讯，并且用了两个子标题"精心策划的战斗"和"屠杀市民"来概括文章内容。③1 月 8 日，科文也在《泰晤士报》上发表《旅顺陷落后的暴行》一文，称他乘船离开旅顺后才庆幸自己"从疯狂漫延开来的、令人难以置信的残暴杀戮中活着逃了出来"，"最后听到的都是枪杀声、大肆杀戮之声，一直持续到大战役结束之后的第五天"。④

　　克里尔曼、科文和维利尔斯的报道不仅引起了日本政府的强烈反应，同时一些亲日的英美报刊和记者也为日本辩解甚至对屠杀事件提出质疑。例如，《纽约论坛报》于 1894 年 12 月 20 日发表一篇题为《旅顺"暴行"》的文章，对克里尔曼 12 日的报道进行反驳，认为克里尔曼所说"旅顺日军重回到了野蛮，肆意迫害、拷打、屠杀无助市民"，"战争堕落成了野蛮之间的战争"等，"目的是为了不顾后果的哗众取宠，那些具有冷静判断力的人从一开始就不相信"，"这些故事随着时间的流逝而至今没有得到证实，倒是反证越来越多，无论总体上还是个别事件都显得如此不真实，客气一点说可称之为胡乱夸张。"⑤并且列

---

① 　井上晴树：《旅顺大屠杀》，朴龙根译，大连出版社 2001 年版，第 58—59 页。

② 　James Creelman, "Bloodthirsty Japan", *The World* (New York), January 7, 1895, p. 1.

③ 　Frederic Villiers, "The Fall of Port Arthur", *The Standard* (London), January 7, 1895, p. 6.

④ 　"The Atrocities After The Fall Of Port Arthur", *The Times* (London), January 8, 1895, p. 6.

⑤ 　"The Port Arthur 'Outrages'", *New-York Tribune*, December 20,1894, p. 6.

举了两个所谓的例子来反驳。在否认旅顺大屠杀的西方记者中，A. B. 德·盖维尔是其中的代表人物，他因其战地特派记者的身份而在欧美舆论界产生了极其恶劣的影响。

1894 年 9 月，盖维尔作为《莱斯利图画周刊》的特派记者到达日本，同时他也为《纽约先驱报》供稿。他与科文、克里尔曼、维利尔斯一起随日本第二军到了旅顺，之后同乘"长门丸"号船到日本广岛，12 月 7 日便离开日本回美国了。18 日他到达温哥华，读了克里尔曼的报道后立即接受记者采访，以此反驳克里尔曼。他的谈话于 19 日同时刊登在维多利亚的《开拓者日报》（*The Daily Colonist*）和旧金山的《旧金山纪事报》（*San Francisco Chronicle*）。《开拓者日报》以《日本没有错》为题，其下的小标题是"反驳关于暴行的虚假报告——不人道的是中国人"。盖维尔在访谈中说道："说日本人在攻占旅顺时回复到了以前的野蛮，并非如此。他们绝不是那样。从这场战争的开端，他们就为世界树立了一个人道对待敌人的榜样。""他们不仅仁慈对待俘虏，也友好对待所进入国家的平民"，相反，在进攻旅顺前夕一次战斗中，阵亡日军"许多人的手脚被砍掉，躯体被邪恶地毁坏，从血液颜色和这些被凌辱尸体的外表来看，显然，可怕的残害很可能就是死因。伤者以如此残酷、野蛮的方式被屠杀，［相比之下］历史上美洲印第安人的野蛮就不算什么可怕的事情了"。[1]访谈中记者提到，克里尔曼曾说有记者向日本政府告发他是中国间谍。盖维尔回答道："我肯定就是克里尔曼说的那个记者，这家伙一定是疯了。他没有得到日本人的信任，对此感到非常恼火。"[2]这篇访谈一方面反映了盖维尔对旅顺大屠杀报道及克里尔曼本人的态度，另一方面也表明他与日本政府一样，

---

[1] "Japan Vindicated", *The Daily Colonist* (Victoria, British Columbia)，December 19, 1894, p. 3.
[2] Ibid.

试图大肆渲染清军的"野蛮"而为日军屠杀平民作辩解。《旧金山纪事报》对盖维尔采访的报道用了另一个标题《在旅顺》，其下的一串小标题是"德·盖维尔讲述他的经历"、"日军很少抓俘虏"、"克里尔曼的报道被断然否认"、"战役前中国人的暴行"。[1]12月30日，盖维尔又在《纽约时报》发表《日本人受到不公正指责》一文，这是他写给该报的一封信，声称"我觉得要马上说句话为日本辩护"。他在文中强调日军进入旅顺时受到居民的袭击，日军及其军夫杀死了许多抵抗者，但这些人都是换装的清兵而不是平民，并且说："就我亲眼所见，我没有看到一个死亡的妇女或儿童，也不相信有任何妇女和儿童被杀。"[2]从盖维尔为日本辩护的内容逻辑来看，与日本政府的声明完全一致，以一个战地记者的身份为日本的狡辩做了脚注。而且，他在该文的最后说道："作为这一陈述的结尾，让我再一次重复我已经说过的话，日本的所作所为，没有任何事情使人们有理由说它丧失了进入文明国家大家庭的权利，这次战争仍然是一场文明反对野蛮的战斗。"[3]这一结语已经脱离了旅顺屠杀事件本身，上升到日本是文明还是野蛮，以及它能否进入文明国际社会的问题。因此，盖维尔否认旅顺大屠杀的目的已不言自明了，他就是要做日本政府在美国新闻界的代理人。盖维尔还把这封信修改补充，以《为日本辩护》为题发表在1895年1月3日的《莱斯利图画周刊》上。[4]1895年1月2日，盖维尔在《纽约先驱报》发表一篇长文《战地记者：德·盖维尔先生揭示其远东采访的惊人真相》，否认克里尔曼所报道的旅顺大屠杀。[5]

---

[1] "At Port Arthur", *San Francisco Chronicle,* December 19, 1894, p. 1.

[2] "Japanese Accused Unjustly", *New York Times,* December 30, 1894, p. 9.

[3] Ibid.

[4] A.B. de Guerville, "In Defense of Japan", *Leslie's Illustrated Weekly*, January 3, 1895, pp. 10—11.

[5] "War Correspondents: Remarkable Revelations Made by M. De Guerville About Their Work in the Far East", *New York Herald,* January 2, 1895, p. 7.

对于日本政府和盖维尔混淆视听的辩解，科文和维利尔斯进行了反驳。1895 年 2 月 1 日，科文发表《旅顺暴行》一文，该文由他于 1894 年 12 月 8 日和 19 日寄给《泰晤士报》的两篇报道组成，主要是对日本政府否认大屠杀的回应。他说："无论日本人做得对还是错，我无意对此做出判断。我要做的是讲述我看到的实情，让事实说话。"① 由此他从看到的事实出发，对所谓清军虐杀战俘、日军枪杀的仅是改装的清兵、没有洗劫城市等谎言进行了反驳。维利尔斯则主要驳斥了盖维尔的说法。1895 年 1 月 16 日，维利尔斯接受记者采访，以自己的亲身经历揭示了旅顺大屠杀真相，并直接批驳了盖维尔。当记者问他旅顺大屠杀是否事实时，他回答道："不幸的是，这是千真万确的事情。"他说，克里尔曼、科文和他一起随日军进入旅顺城，都是见证者，而盖维尔则被日本政府收买，为日本在旅顺的行为辩护。其实盖维尔根本不在前线，而是与陆军大将大山一起待在后方，过着舒适的生活，从传闻中获得消息。盖维尔整天所做的事情，就是搜罗战利品和饮酒。不仅如此，他还谴责了盖维尔向日本政府告发克里尔曼是中国奸细，由此使他们的生命面临危险。②3 月 1 日，维利尔斯发表《关于旅顺的真相》一文，对事实进行了全面澄清。他说，当英国和美国的众多报刊发表文章怀疑从前线发回的报道时，他作为一个日军攻占旅顺时随军身临战场的记者，觉得有必要澄清关于旅顺大屠杀的全部真相。因此他在文章中对整个事件作了详细的回顾和描述。在揭露了日军令人发指的暴行后，他最后写道："这样，在占领旅顺后，血腥的

---

① "The Port Arthur Atrocities", *The Times* (London), February 1, 1895, p. 4.
② 这一采访报道同时刊登在几家报刊上。"The Massacre", *Daily Public Ledger* (Maysville), January 17, 1895, p. 3; "The Seat of War", *The Salt Lake Herald* (Salt Lake City), January 17, 1895, p. 1; "Frederic Villiers", *The Wheeling Daily Intelligencer* (Wheeling), January 17, 1895, p. 6; "Japanese Brutality", *The Fairfield News and Herald* (Winnsboro), January 23, 1895, p. 1.

戏剧一直上演了整整 3 天，直到大约剩下 36 个中国人，他们成为这个城市中存活下来的仅有的天朝居民。这些人用来埋葬他们死去的同胞，也是日军的送水工。他们的生命由插在其帽子上的一张白纸片得到保护，上面用日文写道：'此人不可杀。'"①

由上可见，在派往甲午战场的英美记者中，科文、克里尔曼、维利尔斯等人凭着人类良知和职业操守对旅顺大屠杀的真相进行了报道，而盖维尔昧着良心为日本的暴行辩护，并由此导致了对"旅顺大屠杀是否事实"这样一个伪命题的争论。当时美国一些报刊将他们之间的争论称之为"战地记者之战"。②

三、引起旅顺大屠杀报道争论的主要因素

从 1894 年 11 月底到 1895 年 3 月，英美报刊对旅顺大屠杀的报道，一直伴随着争论和斗争。那么，是什么原因使一个不容否认的客观事实在报道中变成了一个具有争议性的事件？影响报道的因素有许多，其中，前面提到的英美亲日的舆论环境，为质疑和否认旅顺大屠杀真相的报道提供了生存的土壤。当克里尔曼等人报道旅顺大屠杀时，他们揭露日本残忍本性的报道与此前英美民众的日本形象形成了强烈反差，甚至有人在看了旅顺大屠杀的报道后不愿意相信其真实性，这使得盖维尔等人为日本辩护的颠倒黑白的报道有了其存在的空间。例如，在克里尔曼的报道刊登之后，一些报刊对此表示震惊，里士满《州报》就称旅顺大屠杀这一消息是"令人痛苦的震惊"，并警告说日本天皇

①　Frederic Villiers, "The Truth about Port Arthur", *The North American Review*, March 1, 1895, pp. 325–330.

②　"War Correspondents' War", *The Salt Lake herald* (Salt Lake City), January 16, 1895, p. 1; "The War of the War Correspondents", *The Standard Union* (Brooklyn), January 5, 1895, p. 2.

"不可能同时是一个野蛮人和一个文明的统治者"。①还有一些报刊则按照日本人外文明而内野蛮的逻辑来解释其行为,《亚特兰大宪政报》就说,日本人的西方化"只是一层薄薄的清漆,刮一下就暴露出了野蛮"。②

除了英美舆论环境外,日本政府的干预和记者个人恩怨也是造成争论的重要影响因素。

首先,日本政府对英美新闻机构及记者本人的收买利用,影响了一些报刊和记者对旅顺大屠杀的报道,甚至公然否认大屠杀并为日本辩解。

旅顺大屠杀发生后,科文、克里尔曼等人的报道使这一事件公之于世,立即引起了日本政府的重视并采取了应对措施,例如发表公开声明进行辩解,加强对随军记者管理,强化对新闻稿的审查,授意国内一些报刊对大屠杀报道进行反驳。除此之外,日本政府还采取贿赂收买的办法来操控国外舆论。其实,早在日军攻占旅顺之前,英国的中央通讯社和路透社已被日本收买。从 1894 年 11 月初前后开始,中央通讯社就按照日本政府的旨意发布消息,在时间上与日本第二军的行动相吻合。内田康哉在 11 月中旬给陆奥宗光的报告中明确说道:"为感谢该社以前和今后的尽力服务,拨给了少许的资金。"③井上晴树对此评论说:"中央通讯社得到了相当丰厚的报酬,它虽然是英国通讯社,但使人觉得是日本政府的对外情报机构。"④路透社与日本政府的合作关系开始更早,1894 年 10 月陆奥宗光给当时驻英公使青木周藏的一封密函

① Jeffrey M. Dorwart, "James Creelman, the New York World and the Port Arthur Massacre", *Journalism Quarterly*, Vol.50, No.4, 1973, p. 699.
② 同上。
③ 井上晴树:《旅顺大屠杀》,朴龙根译,大连出版社 2001 年版,第 10 页。
④ 同上。

中提到，已给他送去"因路透社向世界发布对我有利的消息而申请的606英镑酬金"。①1894年11月30日，内田康哉发给陆奥宗光的一封电报表明，日本采取了一种"报界行动"来干预和操纵国际舆论。电文是："每当出现失实报道，中央通讯社总是予以反驳。《泰晤士报》记者证实一个报道说，旅顺口战役后，日本人不加区别地残杀了二百名中国人。中央通讯社予以否认，并报道说，除了正式战斗而外，并无中国人被杀。我已经压下了路透社由上海发来的关于我们士兵在旅顺口犯下最野蛮暴行的电稿。你能否批准我要求的款子，以开始从事报界行动，我已没有钱可用了。"②这表明，中央通讯社和路透社被收买之后，接下来便是针对各报刊的"报界行动"，因此内田康哉向陆奥宗光要钱。日本政府同样对美国的报刊也施加了影响力。在贿赂《华盛顿邮报》时，双方甚至变成了讨价还价。《华盛顿邮报》要价6000美元作为刊登有利于日本报道的报酬，陆奥宗光觉得金额过高，提出给1500美元，最后给了1000日元汇票。日本驻美公使栗野慎一郎于12月17日给陆奥宗光的密信中也说道："对［报道］屠杀中国人的纽约《世界报》特别电报采取措施所需金额，您曾训示可能的话给予相当的经费，但仅靠金钱，左右该国新闻界并非易事，况且所需金额庞大，对上述情况请用电报答复。然而，本官赴任该国后频繁和该国人士接触，交际甚厚，决心全靠建立友谊关系来达到诸多目的，并始终不渝贯彻执行此方针。交际当然也需要费用，为上述费用，如能给予相当金额的话，那将更为适宜。"③

对于日本政府用金钱贿赂的办法来影响西方新闻界，克里尔曼在

---

① 井上晴树：《旅顺大屠杀》，朴龙根译，大连出版社2001年版，第11页。

② 戚其章主编：《中日战争》（中国近代史资料丛刊续编），第9册，中华书局1994年版，第530页。

③ 井上晴树：《旅顺大屠杀》，朴龙根译，大连出版社2001年版，第46页。

其《嗜血的日本》和《日本试图行贿》两篇文章中也有所揭露。克里尔曼说："路透社接受一项年度津贴，伦敦的中央通讯社也与日本政府有联系。在海外认为具有权威性的《日本邮报》，是政府资助的机构。至少美国最大的通讯社中有一家由日本控制。当伦敦《泰晤士报》的科文先生到达日本时，内阁书记官伊东巳代治（Ito Myoji）告诉他，日本政府会为他支付所有的开销，他给《泰晤士报》发送的全部电报也将免费，无论发送多长的电报都可以。一个一直在军队中冒充新闻记者的法国无赖，从一个日军参谋那里得到一张支票后去了美国，现在无疑正忙于从事他所承诺的事情。"①他称日本政府给《泰晤士报》提供方便是"精妙的贿赂形式"。②在日本政府各种形式的贿赂下，美国的《纽约时报》、《纽约先驱报》、《纽约论坛报》、《华盛顿邮报》、《旧金山纪事报》、《莱斯利图画周刊》等，都不同程度地在报道中倾向日本，甚至公然为日本辩解。

甲午战争期间日本对西方舆论的操控取得了极大成功，1895 年 9 月《布莱克伍德的爱丁堡杂志》（*Blackwood's Edinburgh Magazine*）一篇文章对此作了很好的总结评价："日本人从战争一开始就希望抓住欧洲媒体来展示自己，在这方面，就像他们在战场上那样凭借其令人钦佩的远见和组织而取得了成功。他们宣扬自己从事的是一场讨伐黑暗和野蛮的战争，正在传播光明——他们被基督教国家照亮的那种光明，这样他们首先消除了非议。在这种第一印象消失之前，他们又以军事胜利塑造了一个新印象。这些印象自然地通过无处不在的日本代理人以最鲜艳的颜色表现出来，这些代理人随时向那些需要消息的报刊提供有趣的新闻和具有启发性的观点。在日本，政府有一个附属的重要

---

① James Creelman, "Bloodthirsty Japan", *The World* (New York) , January 7, 1895, p. 2.

② James Creelman, "Japan Tried Bribery", *The World* (New York) , January 13, 1895, p. 1.

通讯社，它大范围地发送官方公告，接收者则将其当作独立通讯社来源的新闻。实际上，除了一些琐碎事件之外，战争报告全部来自日本政府——那些一流报刊的'战地记者'尽管做出了值得称颂的努力，他们对事件的了解既非部分也非全部。"① 由此可见，克里尔曼等人要摆脱日本人对西方舆论的操控，自然成了日本政府及其代理人的攻击目标，以混淆视听的新闻来消弭真相报道者的影响。

其次，对旅顺大屠杀报道的争论，也与各报刊之间的竞争以及记者之间的个人恩怨有密切关系。

19世纪末是西方报刊媒体快速发展并发生现代化转型的重要时期，尤其在美国，报纸的大众化和新闻记者成为一种职业，导致了一种"新式新闻事业"的出现。此时报纸的新闻化、商业化、通俗化及其廉价发行，使得报纸成了普通民众生活中的一部分。然而，报刊繁荣的背后是激烈竞争。从1880年到1900年，在美国发行的英文日报从850家增加到1967家，② 仅纽约就有十几家报社，以独家新闻争夺读者成了这些报刊生存和发展的一个重要手段。因此，纽约《世界报》在新闻报道上的创新及其拥有纽约最大的读者群，引起了《纽约先驱报》、《纽约论坛报》、纽约《太阳报》、《纽约时报》等其他办报人的嫉妒，因此也在报道上经常唱反调，甚至对其进行"笔伐"。③ 在这种背景下，当旅顺大屠杀成了《世界报》抢先报道的独家新闻时，便出现了《纽约先驱报》等竞争对手与日本政府的利益一致性，他们之间进行合作和否认《世界报》的报道便不难理解了。更有趣的是，报社的竞争

---

① "The Japanese Embroglio", *Blackwood's Edinburgh Magazine* Vol.158 (Sept. 1895), pp. 313—314.
② 迈克尔·埃默里、埃德温·埃默里、南希·L.罗伯茨：《美国新闻史》（第九版），展江译，中国人民大学出版社2009年版，第168页。
③ 迈克尔·舒德森：《发掘新闻：美国报业的社会史》，陈昌凤、常江译，北京大学出版社2009年版，第78页。

在这一事件中又具体从两位记者之间的竞争体现出来，即《世界报》的克里尔曼和《纽约先驱报》的盖维尔，在旅顺屠杀事件的报道过程中，他们的竞争由个人隔阂发展到了相互攻击。

克里尔曼于1877年到《纽约先驱报》工作，以善于发掘新闻和采访高端人物而成为一名知名记者。1893年，由于《纽约先驱报》创办人詹姆斯·戈登·贝内特（James Gordon Bennett）拒绝让他在其文章里署名，因而辞职离开，进入竞争对手约瑟夫·普利策（Joseph Pulitzer）创办的纽约《世界报》。1894年8月，中日甲午战争爆发后，他作为战地记者被派往日本。盖维尔生于法国巴黎，年轻时移居美国，以演讲和写作谋生，并因其1892年曾到日本、中国和朝鲜的远东经历，被《莱斯利图画周刊》和《纽约先驱报》相中雇为特派记者，前往远东报道中日甲午战争。这样，盖维尔与克里尔曼不仅服务于相互竞争的报社，而且盖维尔的职位是克里尔曼刚刚辞去的。这种关系是他们在远东做战地记者时关系恶化的一个重要前提。

克里尔曼与盖维尔以前并无交往，但恰好乘同一辆火车去旧金山，又从旧金山同乘一艘船到日本，并且到达日本后在等待上前线采访期间，也经常见面。然而，不久他们的关系就恶化了。日本政府给予盖维尔和克里尔曼的不同待遇，无形中加剧了这两个竞争对手的矛盾。例如，盖维尔最先获得了日本政府颁发的记者证前往平壤，虽然他到达平壤时战斗已经结束，但他比克里尔曼早了几天。在随日本第二军去辽东半岛时，盖维尔享受了高规格的待遇——乘坐大山岩司令官的舰艇，而克里尔曼却搭乘运兵船前往。在辽东半岛，日军还给盖维尔配了一名卫兵和一名译员，并且在日军进攻金州时，他是唯一及时赶到金州的外国记者。但在日军进攻旅顺口之前，所有外国战地记者都赶到了金州，包括克里尔曼、科文、维利尔斯、拉盖里等。日本政府给予盖维尔的优厚待遇表明了其间的关系非同一般，盖维尔为日本辩护也就不难理解了。因此，当克里尔曼抢先报道了旅顺大屠杀的新闻时，盖维尔采取了完全否认的办法，既为自己未能报道此事而开脱，也为日本政府做辩护。这直接导致了他与克里尔曼矛盾的公开化。其实，克里尔曼早已看清盖维尔的为人，他在 1894 年 11 月 1 日给妻子的一封信中，就曾说盖维尔"是一个残酷无情的恶棍"。[①]维利尔斯返回美国后曾在接受采访时说，盖维尔想暗算克里尔曼，向日本政府告发说克里尔曼是中国间谍，借日本人之手加害于他，原因是在盖维尔及《纽约先驱报》否认克里尔曼报道的旅顺大屠杀之后，越来越多的证据表明克里尔曼报道的是事实。[②]

　　盖维尔的大量报道及其后来的回忆录中，都充满了对日本的溢美之词。他自称是日本的"朋友"，"在帝国宫廷，在和平时期东京的各种沙龙上，还有在去朝鲜和满洲的军营里，我懂得了热爱和钦佩日本人的善良，他们的温和、礼貌、聪明、活泼、坚忍和不屈不挠的勇气"[③]。正因如此，他不仅在其报道中极尽讴歌日本之能事，而且还违背记者的职业道德，虚构故事情节。科文也说他本来就不是真正的新闻记者："盖维尔原本是演讲家，并非新闻记者。对此次战争的随军行动，也只是为了搜集讲演材料，与报社的关系是暂时的。"[④]井上晴树评价盖维尔说："盖维尔虽然浅薄，但好像看透了在红毛碧眼面前抱有劣等感的日本人的心理，而且，是迎合其心理而付诸行动的人物。盖维尔抵达平壤时，平壤战斗早已结束，不可能亲眼目睹。然而盖维尔能

---

① Daniel C. Kane, "Each of Us in His Own Way: Factors Behind Conflicting Accounts of the Massacre at Port Arthur", *Journalism History*, vol. 31 No.1, 2005, p. 28.

② "Villiers Confirms The Story", *The Wichita daily eagle* (Wichita), January 16, 1895, p. 2; "Journalistic Plotting", *The Cape Girardeau Democrat* (Cape Girardeau) , January 26, 1895, p. 1.

③ A. B. de Guerville, *Au Japon*, Paris: Alphonse Lemerre, 1904, p. 4.

④ 井上晴树：《旅顺大屠杀》，朴龙根译，大连出版社 2001 年版，第 64 页。

以亲眼目睹的形式进行演讲，真不知他是何等的天才。"[1]

综上所述，由于日本政府对英美报刊新闻报道的干预和操纵，也由于特派战地记者之间相互竞争及人品的差异，使得旅顺大屠杀真相在英美的亲日舆论环境中受到了怀疑，从而造成了争论。不过，由于英美特派战地记者中大多数都坚持旅顺大屠杀的真实性，除了纽约《世界报》之外，还有许多报刊都以谴责日本的姿态报道了这一事件，如《苏城论坛报》(*Sioux City Tribune*)、《林奇堡进步报》(*Lynchburg Advance*)、《宾厄姆顿共和党人报》(*Binghamton Republican*)、《费城呼声报》(*Philadelphia Call*)、《费城时报》(*Philadelphia Times*)、《圣路易斯邮讯报》(*St. Louis Post-Dispatch*)、《华盛顿明星报》(*Washington Star*)、《沃斯堡公报》(*Fort Worth Gazette*)、《波士顿邮报》(*Boston Post*)、《明尼阿波利斯新闻报》(*Minneapolis Journal*)、《辛辛那提商业公报》(*Cincinnati Commercial Gazette*)等，这使得《纽约先驱报》、《华盛顿邮报》、《纽约时报》、《旧金山纪事报》等少数报刊否认大屠杀的报道并没有多大市场。因而，这种争论在今天看来只是当时在日本操纵下，由少数英美报刊从西方列强的利益及其价值观出发来评判甲午战争的一场闹剧。越来越多的史料表明旅顺大屠杀是日军犯下的滔天罪行，戚其章、井上晴树等当代中日学者的研究也证明了这是不容否认的历史事实。

---

[1] 井上晴树：《旅顺大屠杀》，朴龙根译，大连出版社 2001 年版，第 63—64 页。

詹姆斯·艾伦：龙旗下的冒险经历

我们所走的路恰好穿越全城。我们所经之处，尸体都堆积如山，无论男女老幼，无论贫富贵贱，他们都不加区别地被杀害。悲伤的幸存者——只能说他们现在还是幸存者——举着各色的灯笼，边低声哭泣边寻找失踪的亲人，他们弯下腰辨别残缺不全的尸体，这个景象真是可怕极了。这一天我至死都不会忘，那天的恐怖将永远不会褪色。这些恶魔到处奸淫烧杀，真是无恶不作。这就是战争！

——詹姆斯·艾伦

【编者按】詹姆斯·艾伦（James Allan，生卒年月不详）是一个英国水手，中日甲午战争爆发时，他在一艘美国商船"哥伦比亚号"上当二副，向中国走私军火。1894年9月，"哥伦比亚号"被清政府租用，运送清军到朝鲜。在随北洋舰队运送清军到鸭绿江口登陆后的返航途中，艾伦目睹了大东沟海战。后来，他在从旅顺到天津的途中被日本海军俘虏，趁机跳海才得以逃脱，但爬上岸后又被清军当成日军间谍而关押起来，最后经客栈老板的证明才被释放。之后，他便在旅顺经历了骇人听闻的大屠杀。1894年11月21日日军攻陷旅顺，随后对旅顺平民进行了持续 4 天的大屠杀，艾伦亲眼目睹了第一天的屠杀事件，然后逃离了旅顺。回到英国后，他将自己这一经历写成《龙旗下：我的中日战争经历》一书，于 1898 年出版。本章内容便由这本书翻译而来。

艾伦的著作成为研究中日甲午战争的珍贵史料。然而，也有人把这本小册子当作传奇小说来看待，使其史料性大打折扣。究竟这一作品是艾伦所讲的故事还是真实的历史记录？其实他在书中作了很好的回答。他说："这就是我在中国的所见所闻。这个龙旗飘飘的国度看上去很辉煌，但实际上却衰弱不堪。过了很长时间之后，我才将这些事写下来。除了之前记录下的中式帆船的结构和船上装备之外，其余都是凭记忆写的，但我相信自己对一些重要事件的记忆不会出现差错。"

1

下面的记载都是我在中日战争期间的亲身经历。我想先介绍一下我的早年生活，这样读者就可以更好地了解本文所叙述事件的大致背景。我不敢说有多高文采，只想把我经历的事情如实地记录下来。命运把我安排到了这样一个时代，使我获得了许多奇特的经历。虽然这些事都已经结束，但现在想想，我的经历还真有些冒险色彩呢。

我的父亲是兰开夏（Lancashire）的一位绅士，靠棉花贸易积累了大量财富。他过世的时候我还只是个小孩子。稍大一些我才发现，父亲给我留下了 8 万多英镑的遗产。于是我过上了富足的生活，成为一个纨绔子弟。但短短 4 年里，我就将 8 万英镑挥霍一空。我混迹于巴黎（Paris）的繁华市井和蒙特卡洛（Monte Carlo）的赌场。在那里，我的财富根本不值一提。钱在迅速减少，但我还是一如既往地挥霍着家底。我的钱都进了周围人的口袋，那些围在我身边的男男女女都是些贪得无厌的人。毫无疑问，我已经走上了一条通往毁灭的道路；在凄风苦雨中，我即将到达痛苦的终点。等我意识到这点时为时已晚，我开始懊悔自己的愚蠢。最后，我从迷梦和痴心妄想中清醒过来，发现前途一片渺茫。

1892 年春天某日午夜 11 点，我站在曼彻斯特（Manchester）的惠特沃思公园（Whitworth Park）的扶手旁，思绪万千。我怎么也弄不明白，我究竟用那 8 万英镑换来了什么，充其量只是对法语和法国生活方式有所了解罢了。正如我所说，当时已经很晚了，我孤独地站在莫斯巷（Moss Lane），此时的街道显得既黑暗又荒凉。这时，有一个男人跟跟跄跄地向我走过来，他显然是喝醉了。直到快撞上我，他才停下脚步，问我维多利亚公园怎么走。我告诉他，前面有一富人居住区。这个居住区有许多门，其中有一个门正对着莫斯巷，从莫斯巷过去就是牛津街（Oxford Street）。我给他指着前往维多利亚公园的道路。使我感到意外的是，为了表达感谢，他抓住了我的手，并使劲地晃起来。

"握握手，握握手吧，"他说，"你在和一位绅士说话，尽管你可能认为我不是一位绅士。"

我当然觉得他不是位绅士。这个人身材不高，只有大约5英尺2英寸或5英尺3英寸，身上的衣服也不体面；此人东摇西晃，精神亢奋，身上散发出一股难闻的味道，这表明他是一个非常堕落的人。醉汉的举动使我感到十分滑稽，于是我们就攀谈起来。这时我才知道，他是位水手，也是兰开夏人。据他所言，他来自曼彻斯特的一个体面家庭。概括地讲，他小的时候桀骜不驯，于是跑到海外谋生。虽然家人与他脱离关系，但每周还是会给他一英镑。但不知道为什么，现在已经不给了，他这次回家就是想弄明白究竟是怎么回事。一两个星期之前，这位水手从利物浦（Liverpool）上岸，拿到了75英镑的酬劳，之后便狂欢了两天两夜。他的样子表明，他说的都是实话。从外表上看，这是个相当颓废的人。"我是一个无家可归的流浪汉"，他不停地重复着。我问他在船上是做什么工作的。"头等水手，"他回答道，"我是个头等水手。" 但从言谈举止判断，此人充其量就是个前樯水手（foremast man）。醉汉一遍又一遍地和我握手，每次都煞有介事地告诉我，这是一只绅士的手。后来，他走了，我望着他的背影，直到他的身影在街道上消失。我刚要转身离开，就听见流浪汉在大约一百码外的地方大声地喊我。没想到这个喊声影响了我一生的命运！我的第一反应是立刻走开，不去理会他的叫喊，后来转念一想，不妨看看他到底想干什么。于是，我停住脚步，我的未来也就此发生了变化。这个人告诉我，刚才我给他指的路，他已经忘了。我当时也无事可做，就决定带他去，于是我们一同走进了公园。在经过一番波折后，他找到了自己家。我想，即便没有我的帮助，他也可以找到。但他告诉我，他很可能找不到。因为他离开曼彻斯特已经很多年了，许多人都已经搬家了。从这所房子的外表看，他家的社会地位与他刚才所描述的大致相当。我问他："你的家人会怎么接待你？"

"我不在乎，"他回答，"我只想弄明白他们为什么不给我钱了，每周给我一英镑本来就无可厚非。"

这个人希望我和他一起进去，这样还可以再"喝一杯"。不用说，这只是一种礼貌性的邀请，于是我谢绝了。他又和我使劲地握手，之后便向房子走去。当醉汉跟跟跄跄地走向这栋宅子的时候，我心中顿生一阵好奇，他的亲戚会如何对待他呢？于是我决定在后面跟着他。我藏在一株灌木的后面，在那里，我可以看到门口的情景。我的朋友按响门铃，随后一位看上去十分聪明伶俐的女佣打开了房门。流浪汉摇摇晃晃地走上台阶，他的样子看上去非常滑稽。我离他们很远，听不清他们在说什么。但从女佣的表现来看，她对这位访客似乎并无好感。过了一会儿，女佣走开，将醉汉留在门外，但此时门还是开着的。大约一分钟后，从灯火通明的大厅中出来一位中年绅士，他的样子与这位衣衫褴褛的水手形成了鲜明对比。他们之间的谈话很快就结束了，两个人都显得很生气。那位中年绅士"碰"地一声把门关上，醉汉双手插兜，呆立在台阶上，仿佛木雕泥塑一般（visage de bois）。不久，他缓过神来，再次按响门铃，同时用力地拉门。但里面没有回应，他破口大骂，这些话实在太难听了，没法记在本文里。里面显然不会应声。最后，这位不速之客慢慢地转回身，离开了这所不欢迎他的房子。我走到他面前，我的出现并未使他感到惊讶，他问我刚才在什么地方。我也问了他的情况，他说，他的家人要他清醒后再来，语气相当冷酷。他又骂了好一阵。"他们说我不清醒，不让我在家里住。他们平时也是这样对我的，把我当做流浪汉。"

看到他受的沉重打击后，我明白了他为什么会变成现在这副样子。他靠在门上，好像是在努力地站直身子，看上去相当沮丧。这个人的境况十分令人同情。已经到了后半夜，他身无分文，这里离城区又远，似乎只能露宿街头了。我顿生恻隐之心，邀他到我家过夜，他立刻答应了："一位绅士理应帮助另一位绅士。如果有白兰地的话，我就可以挨到天明。"于是，我们来到了我在塞西尔街（Cecil Street）的住处。

这次偶遇使我们变成了好朋友，而且我们的友谊持续了很久。通过谈话得知，他名叫查尔斯·韦伯斯特（Charles Webster），我向他讲述了我的经历和渺茫的前途。这时他清醒了许多，说起话来清晰有条理，他给我的建议也基本可行。"抛下一切，到海外去。"他说，"你有钱的时候大肆挥霍，不过话说回来，钱除了花之外还有什么用处？你已经花光了你的钱，那么好吧，到海外去，再去赚更多的钱。我就是这么干的，有钱便花，没钱就随船出海。"

"这对你来说当然没问题。"我回答，"可我不行，我没受过这方面的训练，又没有经验，怎么能在船上找到工作呢？"

"我可以帮你啊。"韦伯斯特回答说，"很多急于出海的船都缺人手，他们根本没空仔细挑选船员。我会帮你留意这类船只，就算一艘不要你，另一艘也会要你。我会帮你谋到一等水手的差事，我发誓，你一定做得来。"

"如果他们发现我干不了这份工作呢？"

"到了海上，这些事就不重要了。他们拿你也无可奈何，这种事天天都有。执照算不了什么，很容易搞到手。经过一次航海，你总有一两件事是符合要求的。船长也只好给你签字，为你生气，骂你不是个称职的水手又有什么用呢？有了这个签字，就算没有我的帮助，你也能找到下一份工作。我告诉你，这种事很常见，那你为什么不做呢？不学的话，你肯定做不来这份工作。我带你出次海，回来后你就是位水手了。你像绅士那样关照我，我也会尽可能地帮助你。"

好吧，下面说得简单一点。在思考片刻后，我决定听从他的建议。在现在这种情况下，似乎也没有更好的选择了。上面那段谈话开启了我的航海生涯。我从一个酒色之徒变成为了一名水手。我咒骂着过去罪恶的生活，为新生活感到高兴。我们吸取经验教训，在挫折中逐渐成长起来。韦伯斯特是位忠实的朋友，尽管生活放荡，做事鲁莽，但他仍不失为一位绅士。在他的指导下，我的航海知识迅速增加。

我们一同进行了多次航海。1894 年夏天，我们到达旧金山，决定好好放松一下。韦伯斯特有大把钞票，于是又重新过上了放纵的生活。我们结识了一个叫弗朗西斯·查布（Francis Chubb）的人，他是一名在澳大利亚出生的水手，为人鲁莽，但做事勇敢、果断。要不是遇见他，我恐怕就写不出这本书了。一天晚上，我们正坐在一起开怀畅饮，他突然提到了一件事。有一位经常雇佣他的船长问他愿不愿意为中国运一船军火。中国爆发了战争，但据说中国人并没有做什么战争准备，所以现在急需军火。查布补充说，他很想接下这份工作，所以正在找帮手。这位船长兼商人预见到，中国的港口很可能会被封锁，到那时军火的价格自然水涨船高。现在许多美国公司想都要建立起一个对华军火供应网，而这正是中国人所希望的。查布已经成了这趟商船的船长，他问韦伯斯特和我愿不愿意做大副和二副。这次的酬劳非常诱人，于是我们决定参加这次冒险。我们毫不犹豫地接受了查布的计划，这使他非常满意，他说我们就是他想要的那种人。在我的印象中，查布的船东是个心思细腻的聪明人。

这是一艘大约 2000 吨的螺旋桨蒸汽船，船身细长，吃水深。在满载货物时，这艘快船的速度能达到每小时 20 节。在紧要关头，我们才发现这条船的优点。我们签好合同，在船上装载了大炮、步枪、弹药、导火索、各种药品等等。各项准备工作都做好后，我们向北太平洋驶去。

我们的船名叫"哥伦比亚号"，这是条漂亮的船，非常适合这次充满危险的航行。速度自不必说，它的外观也尽可能地不引人注目。这条船露出水面的部分并不高，船身——包括烟囱和其他部件在内——都被漆成暗灰色。我们使用的是无烟煤，燃烧这种煤的时候不会产生太多烟。在靠近战场的时候，只要将烟囱遮盖起来，这点儿烟根本就不会引起注意。它在海中航行的时候非常安静，就好像是水生生物一样。在漆黑的夜里，只要把所有的灯都关上，即便有船靠近，也很难发现它。

这条船没有日志，所以我说不清在哪天到达了哪个地方。在八月下旬，我们驶入了黄海海域。随便提一句，那里的海水比我见过的任何一个地方的海水都蓝。在月夜中，海水呈现出深蓝色，海水里面混着泥沙，这说明陆地已经不远了。我们的目的地是天津（Tientsin），它是中国最靠北的通商口岸之一。我们的船尽可能地靠近中国大陆行驶，以免遇到日本军舰。一切进展顺利，我们迅速驶进渤海（北直隶湾，Gulf of Pechili）。突然，我们遇到了一场暴风雨，这种暴风雨似乎只会出现在东方的海面上。当时，海面上一片漆黑，暴雨如注，闪电夺目，雷声震耳，好像上帝又要降下一场大洪水似的。我们的船无法继续前行，尽管船上强大的蒸汽动力与暴风雨僵持了一会儿，但狂怒的大海还是将站在右侧的人甩向了船的左舷；海水冲进了一个没有关好的舱门，蒸汽锅炉里的火被熄灭了。没有哪艘船能经得起这样的狂风暴雨，我们陷入了危险之中。但幸运的是，发动机并未受损。在它开始重新工作之前，我们只能无助地飘向朝鲜的海岸。要不是暴风雨突然减弱，这条船恐怕就要狠狠地撞向海岸了。

这时，风逐渐变小，我们驶向一座岛屿的背风处。这座岛屿呈椭圆形，岛上是高山密林，看来它离陆地并不算远。我们在那里停留了两三个小时，修理船受损的地方。当然，我们并不清楚这座岛的具体位置，但据估算，这座小岛应该离仁川（Chemulpo）不远。对于我们来说，这个地方并不安全，因为仁川港已经落入了日本人手中，他们在那里驻有陆军，海军想必也离此不远。因此，尽快离开这里才是上策。幸运的是，船并无大碍，于是我们想按原路返回。我们启航的时候，天已经完全黑下来了。守夜人打了两下钟，这时刚好是晚上九点。我们正要离开这个险地，却发现自己陷入了更大的危险——我们遇到了一条日本军舰。这可真是刚出龙潭又入虎穴。当时，我正一个人站在船桥上，我赶快通知发动机室，要他们往后退，希望能回到刚才那个港湾。但为时已晚。我们被发现了，那艘军舰发出的探照灯照亮了海水、天空和海岸。与此同时，我们听到对方船上一片嘈杂。当时两条船离得太远，尽管我竖起耳朵听，也无法分辨出他们说的是哪国话。

既然已经被发现，如果我们表现出逃跑的迹象，反而会加深他们的怀疑。于是，我让船停下来，希望这艘讨厌的船来自某支欧洲舰队。我们不敢指望它是一条中国军舰，因为我们知道，中国海军都在渤海。在我们停船的时候，对方军舰上放下一条小船，向我们迅速驶来。查布和韦伯斯特跑上甲板，等待来船。我们看不清那艘军舰的特征，它大约离我们四分之一英里，随着海浪上下起伏，船头上有几门大炮。

它似乎已经做好了战斗准备，看上去非常吓人。威严的军舰，波光粼粼的海面，漆黑的海岸线，这一切都显得那么不真实，仿佛是海中出现的魅影。要不是身处险境，这一幕还令人神往呢。

过了一会儿，小船靠近我们。从上面跳下一个小个子上尉，从身材判断，他应该是个日本人。他用英文问我们话，他的英文比一般日本人的英文要好懂一些。

"你们是美国人？"他指着桅杆上的星条旗问，"你们的船叫什么名字？"

我们回答了他的问题，他告诉我们他们那条是军舰。在谈话的时候，我们都显得心不在焉，事后恐怕没人记得当时都说了些什么。那名上尉继续问我们做的是什么生意，他的英语非常标准。我们事先已经商量好，如果遇到麻烦，我们就说船上载的是食盐、大米和布料。我们已经预先将这些东西运上船，它们大约占全船货物时四分之一。剩余四分之三是军火，为了节约空间，这些东西被装在大木桶里。除此之外，运货单也是我们事先伪造好的。当上尉要求看运货单时，查布显得异常镇定。日本人仔细地查看着货单，但还是不放心，要求检查我们的货舱。我们当然无法拒绝。他走到船边，又叫过两三个日本水兵做帮手。

"别担心。"查布说，"我们还没露馅呢。即便他们真发现了军火，我们也有办法。"

"要是真发现了，我们该怎么办？"韦伯斯特和我问。

"把他们从船上扔下去，然后咱们开船就跑。"查布说。我知道，他是认真的。

"什么！从军舰鼻子底下溜走？"韦伯斯特说。

当时已经没有时间多想了。日本军官和他的帮手重新回到我们身边，让我们领他到舱里去。我们答应了，并向他们介绍了我们的"商船"。船舱里横七竖八地放着许多木桶，它们下面盖着的便是违禁物资。在他们搜查的时候，我们是多紧张啊！日本人查了一阵，但并没有搜出什么。他们只是打开桶盖，没有仔细查看桶底有什么，也没有把桶抬起来，看它们下面是什么。我们的精神逐渐放松下来，但一个偶发事件使我们的努力前功尽弃。一个木桶的铁箍安得不是十分牢靠，突然崩开，左轮手枪子弹和用来掩饰它的盐撒了一地。日本上尉用眼睛斜视着我们，嘴角露出了一丝微笑。

"好啊，"他捡起一包子弹，"非常好，这个很好吃吧。"

我们顿时觉得五雷轰顶，一句话都说不出来。当然，日本人重新检查了货物，我们夹带的军火很快就被发现了。"我要扣留这艘船，先生们。"日本军官礼貌地对韦伯斯特和我说："你们的船长在哪里？"

我环视四周，但没有找到查布。我说："我想他一定是到甲板上去了。"

日本上尉和他的手下急忙跑出船舱，韦伯斯特和我跟在他们的后面。查布正在和一群水手商量着什么。探照灯仍然在发出夺目的光芒。我惊恐地发现，那艘军舰就在离我们大约二百码的地方。日本军官急忙走到船舷，高声呼喊小船上的同伴。这时，我听查布说了一句："就趁现在！"刚才和他窃窃私语的船员就冲向日本人，抓住他们，然后把他们向小船的方向扔过去。当时，小船离我们很近，所以我们的水手在紧急关头也能找对方向。与此同时，查布在船桥上下达"全速前进"的命令，我们开足马力，拼命向前跑，就好像是刚从猎狗嘴里死里逃生的野兔。此时此刻，船上鸦雀无声，只有船底的海水在哗哗地响着。日本军舰向我们开火了。大炮的轰鸣一声接一声，我们屏住呼吸，炮弹从我们身边呼啸而过。前几发炮弹都没有击中，但我们的船也没能全身而退。一发炮弹落在右舷的海面上，随后炮弹跳起，打到了一名水手，炸毁了船的栏杆。之后另一枚炮弹击中甲板。事后，查布称这是一次"难以置信的爆炸"，它炸毁了挡在它前面的一切东西，又有一名水手因此丧命。他的身体被炸成两段，上半身落到海里，下半身还留在甲板上。

"查布真是疯了！"韦伯斯特咆哮着，"我们可不想死在这儿。"他边说边冲向船桥，准备停船。

查布立即上去阻止他，于是两个人扭打在一起，最后双双跌落船桥。即便如此，两人都没有停手，仍在厮打。

日本军舰不得不停止追击，回去接小船上的人，这耽误了些时间，我们才有了喘息之机。虽然探照灯能照到我们，但这对射击没有多大帮助。此时，锅炉已经到达了临界点，再加热就会有爆炸的危险。军舰在后面紧追不舍，炮火照明了天际，与其说它是一条由人操控的船，还不如说它更像是一只传说中的海怪。它向我们发射炮弹，其中一枚在甲板上方爆炸，弹片造成两人死亡，多人受伤。我们总共被击中了九次或十次，但没有一枚炮弹击穿船体。查布的态度非常坚决，我们快速逃跑，最后好不容易逃出了对方的射程。在与炮弹渐行渐远的时候，我产生了从未有过的感恩之心。之后，我们就安全了。我们的船速比对方的船速快五节，现在就怕在逃跑的时候再遇到其他军舰。但幸运的是，我们再也没有遇到军舰。在日出之前，我们的航速将敌人远远地甩在后面。

受损的船身很快被修好，但这次行动造成 5 名船员死亡，10 名船员受伤。我责问查布这些牺牲有何意义，而他只是笑着走开了。

"他们选择的就是一条冒险之路。"他说，"他们自己也知道这点，不然他们凭什么拿那么高的酬劳。我们保住了船和货物。这既是船东关心的事，也是我们应该关心的事。"

然而，我关心的还真不是这些。我看着那些残缺不全的尸体，就在不久前，这些人还充满了生机和活力。这是我第一次直面突如其来的战争，心中不免有些惶恐。但这种情绪很快就过去了。死者的遗体被装进布袋中，成功逃脱后的第二天，我们为他们举行了海葬。之后，船上又重新出现了轻松的氛围。

出海的时候，我们忘了带祈祷书，因此葬礼缺了一个重要环节。于是，我们将记忆中的祈祷文拼凑起来。这样，我们不幸的同伴才得到了一个基督徒的葬礼。我还想再提一句，有一位伤员在到达天津后去世了，被埋葬在英国公墓中。他叫马辛杰（Massinger），自称是某位剧作家的后代，他是被第一颗炮弹击伤的。在船上，人们都管他叫"发油"（Hair-oil），因为他总是往那头浓密的黑发上涂抹一种闪闪发亮又香气宜人的头油。在这次战斗中，他失去了两条腿。

我的朋友韦伯斯特幸存下来。在余下的航程中，他一直坚持自己在那晚的主张，并责备查布行为鲁莽。他开始从酒精中寻找安慰，他不满地说，"我们还能活下来喝酒，这可真是个奇迹。"

"但我是个流浪汉。"一喝醉他就絮絮叨叨地说，"谁会在乎一个流浪汉在想什么？"

查布并没有理会，只是笑着威胁他，要以叛乱的罪名将他关起来。韦伯斯特的举动并不代表他缺乏勇气。在当时的情况下，逃跑要冒极大的风险，几乎是不可能的。如果换我做决定，我很可能不敢这样做。但查布是一个不会被任何事吓倒的人，他会不顾一切地进行冒险，这是他身上最突出的特点。

（邢科译，来源：James Allan, *Under the Dragon Flag: My Experiences in the Chino-Japanese War*, London: William Heinemann, 1898, pp. 1–22.）

2

之后，我们顺利到达天津，把货交给查布船东的代理人，他将这批货卖了个好价钱。但我想，为了这些钱真不值得在海上冒那样的险。我们在港口滞留了一个星期，修理被日军击伤的船身。

当时，天津正在召开一个军事会议。一天清晨，马克先生（Mr. Mac）——就是那位代理人——来船上找我们，说他想用"哥伦比亚号"将一部分中国军队运往朝鲜。他告诉我们，这是一份特殊的紧急工作，可以获得可观的报酬。他已经接受了这份差事，还说这件事用不了几天就能完成。各艘船只在不同的时间，从不同的港口出发，然后在位于辽东半岛东海岸的大连湾（Talienwan Bay）汇合。在那里，士兵会在军舰的保护下登船。由于时间紧急，我们赶快起锚向大连湾进发。

当天下午，中国方面派来两个人查看"哥伦比亚号"的状况。晚上，船离开港口，同时挂上了美国的星条旗。当然，我们此时丝毫没有感到恐惧。到了大连湾后，我们发现那里挤满了各式各样的船。四艘大船已经开始装运士兵，另一艘大船也在我们之后抵达大连港。十二艘战舰排列在一起，看上去十分壮观。除了两三艘之外，它们都属于北洋舰队（North Coast Squadron）。除此之外，还有四条鱼雷艇。在这些战舰中，战斗力最强的是"镇远"（Chen-Yuen）和"定远"（Ting-Yuen），这两艘船是由英国制造的，大约重7280吨。经远（King-Yuen）和来远（Lai-Yuen）的吨位要小一些，大概有2850吨。随后出现的"平远"（Ping-Yuen）是一艘用于海岸防卫的装甲舰，同样重 2850 吨；装有炮塔的"济远"（Tsi-Yuen）重 2320 吨；"致远"（Chih-Yuen）、"靖远"（Ching-Yuen）、"广甲"（Kwang-Kai）和"广丙"（Kwang-Ting）都是重 2300 吨的装甲巡洋舰；"超勇"（Chao-Yung）和"扬威"（Yang-Wei）则是重 1400 吨的无甲巡洋舰。

北洋水师"定远"号军舰（来源：Jukichi Inouye, *The Japan-China War: The Naval Battle of Haiyang*, Yokohama: Kelly and Walsh, Limited, 1894, p. 61.）

日本海军"吉野"号军舰（来源：Jukichi Inouye, *The Japan-China War: The Naval Battle of Haiyang*, Yokohama: Kelly and Walsh, Limited, 1894, p. 71.）

我还忘了说，"哥伦比亚号"上还有一个从天津上船的中国顾问，他叫林煌（Lin Wong），负责安排这次航行。他自称会讲英文，但遇到专业术语他就哑口无言了。我要他翻译中国战舰的名字，但这项任务似乎已经超过了我这位朋友的语言能力。他告诉我，这需要"太多词汇"，而且有些船名中还包含了诗歌中的意象。这些船名到底是什么意思呢？我还是一头雾水。

不久，旗舰派出的一条小船靠近"哥伦比亚号"。从小船上走下一位中国官员，林煌向他说明自己的职责。我们接到命令，向码头靠拢，开始装运士兵。这时候，仍然有部队从大连和金州（Kinchou）陆陆续续地赶到。这些部队的纪律相当涣散，士兵们蜂拥上船，毫无秩序可言。一位骑在马上的军官在指挥登船，他做着各种手势，大声叫喊，间或还会抽上一鞭子。为了躲避鞭子，成群的士兵只好往水边跑，在那里挤作一团。登船的士兵大约有 18000 人。除此之外，还有大量的军事物资需要装船，当时可真是忙得不亦乐乎。晚上，我无意中看见了丁提督（Admiral Ting），他正从岸上返回他的军舰。他的驳船正好从"哥伦比亚号"旁边经过。他看上去很年轻，举止动作颇为优雅，极具绅士风度。众所周知，在威海卫陷落后，他决定用自杀的方式弥补自己的过失。

我们抵达大连湾后的第二天，所有工作准备就绪。午后不久，旗舰向我们发出指令，命我们起锚出发。需要指出的是，中国海军是由英国训练出来的，因此他们在执行任务时都是用英语进行沟通。鉴于汉语不好掌握，海军官兵不得不用一门外语来指挥他们的战舰，这显然对中国军队不利。运输船集结完毕，军舰分布于船队的前面和两翼，鱼雷艇押后。我们的目的地是鸭绿江的入海口，这条宽阔的鸭绿江是中国和朝鲜的界河。9 月 14 日，我们从大连湾启航，并于 16 日下午到达了鸭绿江，军队立即离船登陆。这时从义州（Wi-ju）传来了一则消息：第一批派往朝鲜的中国军队日前在平壤（Ping-Yang）吃了败仗。军队的登陆地点离任何一个可能与朝鲜前线取得联系的地方都相去甚远，因此这次登陆显得非常盲目。而且，前一天的败仗又使他们在朝鲜失去了立足之地。种种情况表明，中国的军事计划令人惊讶地低效。

军舰在鸭绿江外抛锚，运兵船则逆流而上，来到义州。义州只是个名不见经传的小地方，当地只有几个小渔村。士兵们就在岸边安营扎寨。16日晚，当夜幕降临的时候，我们眼前浮现出一片荒凉的景象：一堆堆营火排列在水边，一直延伸到远处；可怕的黑影中人头攒动，远处是战舰巨影。我们一直工作到深夜，第二天黎明还起早干活——灿烂的朝霞将一切都染成了深红色，景色蔚为壮观。

开始的时候，英国将这次战斗误称为鸭绿江之战，认为它发生在鸭绿江入海口，当时中国舰队正在组织士兵登陆。据我推测，这一说法很可能是中国编造的，目的是为战败找借口——当时他们正在掩护士兵登陆，被打了个措手不及。但事实是，登陆在17日早上7点就完成了，当时敌人并未出现。早餐后，也就是大约9点，"哥伦比亚号"起锚，驶出了鸭绿江。我们发现舰队的大部分船只都已经离开，只有三、四艘巡洋舰和几条鱼雷艇还留在海湾里。我们和其他运兵船的船长接到通知：登陆已经完成，我们可以自由地返回各自的港口。至于"哥伦比亚号"，查布船东的代理人让我们从鸭绿江径直返回旧金山，向船东报告此行的经过，听候他的下一个差遣。但林煌还在我们的船上，他想让我们把他送回渤海湾。我们希望他搭乘军舰回去，但当我们顺流而下的时候，那些军舰已经起锚出发了，他错失了搭船的机会。这些军舰从鸭绿江入海口出发，尾随着大部队，向西南方向的旅顺口（Port Arthur）驶去。我们和另一艘运兵船也跟在它们的后面前往旅顺。

我们以每小时 12 节的航速行驶了 3 个小时。不久，我们发现海平面上升起了滚滚黑烟，同时听到了沉闷的隆隆声，不会错的，这是大炮的声音。我们立刻猜到，前面的舰队遭到了敌人的攻击。护送我们的舰船——如果我可以这样称呼它们——开始向岸边靠拢。从这一举动来看，我认为它们很可能是想避战自保。但这并不是它们的意图，它们和鱼雷艇一起勇敢地驶向战场。我们把船停下来，不知道如何是好。那艘与我们同行的运输船已经全速撤离，林煌显得有些胆怯，劝我们也赶快离开。但我和查布很想亲眼看看这次战斗。既然没挂中国的旗帜，我们有什么理由不去看看呢？而且，我们可以让作战双方发现不了"哥伦比亚号"。

尽管林煌还在一旁用我们听不懂的话抗议，但我们还是决定将船停靠在辽东半岛的一处遍布礁石的海湾中，同时挂起美国国旗。韦伯斯特留在船上，查布和我乘坐一条小船驶往事发地点。我们靠近海岸，向前划了大约 1.5 英里，这时我们来到了和战场平行的地方。大炮声如

大东沟海战，从日军"西京丸"号上拍摄的照片（来源：Jukichi Inouye, *The Japan-China War: The Naval Battle of Haiyang*, Yokohama: Kelly and Walsh, Limited, 1894, p. 53. ）

轰雷贯耳，我们上了岸，找到了一个视野开阔的高点。在望远镜的帮助下，海战的情况尽收眼底。这可真是大战啊！到处浓烟滚滚，当天几乎没有风，所有的烟都聚集在战场上空。在浓烟中，战舰的身影若隐若现，它们喷射着火焰，就像是一群愤怒的龙。其中有些军舰已经中弹起火。如雷的炮声震耳欲聋。

　　截至下午两点半，战斗已经持续了大约三个小时。由于没看到战斗是怎样爆发的，所以有些时候我们会搞不清楚战场的状况。双方的军舰时而混在一起，时而分开，我们看不出任何一方的作战计划。从我们的角度观察，战斗越来越靠近岸边了。我们刚到的时候，最近的战舰离岸也有大约1.5里格（league）。①但在我们观战45分钟后，许多战舰离岸的距离都不足2英里了。正如查布所指出的那样，不等战斗结束，它们中就会有一半的船搁浅了。这倒使我们认清了战场的形势：中国舰队危在旦夕。我们发现，日本战舰密切配合，正将中国舰队团团围住，同时不断射击。日舰的射击速度和射击精度都更胜中国海军一筹。在我看来，几艘中国军舰正处于孤立无援中。中国舰队没有像日本舰队那样进行协同作战。但中国海军也在勇敢地回击，有些军舰表现得相当出色，它们的炮弹使日舰燃起了熊熊大火。当然，我们无法将这些战舰一条一条地分辨出来，但无论是从数量上看，还是从武器装备上看，日本舰队都足以匹敌中国舰队。日军重点进攻的是两艘铁甲舰，也就是镇远和定远。其中一艘船的主炮——一门重达37吨的克虏伯炮（Krupps）——被击毁，但它仍然在用速射炮还击。3点刚过，经远就中弹起火，火势猛烈，而且有下沉的迹象，但它还是稳住了。三四艘敌船对它展开围攻。最后，经远沉入水中，燃烧的残骸上腾起

---

① 里格，一种长度单位，1里格约等于3海里，即4.8公里。——译者注

滚滚黑烟，数百名官兵同时遇难。炮声逐渐减弱，但随后又像刚才那样猛烈了。大约在同一时刻，日本的旗舰"松岛号"（Matsushima）也遭遇到了同样的命运。只见它被一片火光包围。但火势被控制住了，松岛号随后退出战斗。

与此同时，中国舰队被迫一步步退向岸边，超勇号被彻底摧毁，搁浅在岸边，它搁浅的地方离我大概有半里格的距离。通过望远镜，我们可以清晰地看到船上的状况：吃水线以上的部分被炸得粉碎，甲板上到处是尸体。幸存的水手弃船而逃，正挣扎着往岸上游。随后，扬威号也以同样的方式搁浅了，它被打成重伤，船上烈焰沸腾。它离我们要远一些，所以看不太清楚。我们没有看到日本舰队有船沉没。虽然旗舰和一些小舰艇也身处困境，但它们还在斗志满满地发动进攻，对指令做出迅速反应，但中国舰队已经没有统一指挥了。随后，中国海军中最出色的致远舰也遭到了灭顶之灾。很显然，致远舰一直身处

大东沟海战中正在开火的日军（来源：Jukichi Inouye, *The Japan-China War: The Naval Battle of Haiyang*, Yokohama: Kelly and Walsh, Limited, 1894, p. 85.）

困境，但还在奋力挣扎，抽水机不停地将船内的积水排到外面，积水从船的两侧落入海中。致远舰在孤立无援的情况下勇敢地战斗，它的舰炮不断射击，直到沉没。致远舰的船头首先沉入水中，它的船尾从海面上高高翘起，此时螺旋桨还在不停地转动着，最后它一点一点地沉入大海。这时，我们听到日本军舰上传来一阵欢呼声。一直并肩战斗的镇远舰和定远舰想帮致远舰脱困，但却为时已晚。

下午5点，天色逐渐变暗，战斗迅速进入尾声，双方舰队开始撤离。几条中国军舰在暮色中向南驶去，而日本舰队则慢慢地驶向大海的方向。我们想，现在应该是回"哥伦比亚号"的时候。我们乘上小船，一路上讨论着这场海战，预测以后将会出现什么状况。中国人的战败并不使我们感到意外，但令人费解的是，这支由英国训练出来的高效舰队怎么会一败涂地呢？回到大连湾后，我们和珀维斯（Purvis）——他是个英国人，致远舰的机械师——谈论起此事。我问他，如果中日双方势均力敌，那结果又会如何呢？他回答说，如果指挥得当，中国人还是有机会获胜的。显然，他对中国的指挥官充满了怀疑。

"他们非常勇敢，"珀维斯说。我可以证明这点，在战斗中，中国水兵从未表现出胆怯。他继续说："丁提督是个好人，但他受制于汉纳根（Von Hanneken）"。他所说的汉纳根是个德国军官，拥有上尉军衔或少校军衔，他是为舰队工作的外国军官之一。这段话的言外之意是，那天的战斗是汉纳根指挥的，丁提督只是听从了他的建议。我不知道他说的是否属实，如果事实果真如此，那么这场惨败就不足为奇了，一支海军舰队竟然听从一名"士兵"的指挥！我记得珀维斯先生告诉我，有两三艘船的锅炉——例如被摧毁的超勇号——都出现过破损，已经不适合继续工作了。纪律松懈也是不服从命令的原因之一。有一件事可以说明这点。据说有一条从旗舰发出的指令被电报员篡改或扣押了，之后将原始命令和电报员发出的命令进行对比才证明果有此事。

还有一件事让我觉得匪夷所思。鱼雷艇可以算是近代海战中的一匹黑马，但在这次战斗中，它却没有发挥什么重要作用。中日双方都有数条鱼雷艇。但中国的鱼雷艇直到战争结束前一小时才加入战局，而日本方面宣称他们根本就没有使用鱼雷艇。这或许是事实，交战双方都没有用鱼雷艇进行一次有效攻击。就我亲眼看到的情况而言，用鱼雷艇进行攻击并不容易。因为战场上瞬息万变，只有靠近敌船，才能击中目标，否则命中的概率非常小。尽管有速射炮的掩护，但当这种特别建造的舰艇靠近敌船并瞄准目标时，它自己也会身处危险之中。毫无疑问，鱼雷艇并未在这次海战中得到施展能力的机会。这似乎表明，人们夸大了它的威胁，大炮仍然是海战的主角。在偷袭已经抛锚的舰队时，鱼雷艇或许可以发挥出最大效能。在威海卫发生的战事就可以说明这点。

（邢科译，来源：James Allan, *Under the Dragon Flag: My Experiences in the Chino-Japanese War*, London: William Heinemann, 1898, pp. 23-36.）

3

天黑后很久，我们才回到"哥伦比亚号"停泊的那个海湾。若非韦伯斯特用灯火指引我们，我们可能还真找不到船了。回到船上后，我们立刻起锚出海。如果不是有那位中国顾问的话，我们就可以直奔黄海了。有人提出把他扔下不管，但这个提议被否决了。于是，我们决定把他送到旅顺口，反正也绕不了多少弯路。此外，我们还心存侥幸，希望中日两国的舰队再打一场海战，但这注定不会发生了。日本人声称，他们将在第二天早上重新发起进攻，于是他们紧跟着撤退的中国舰队。但在夜里，他们跟丢了目标。

19 日，我们抵达旅顺，在引航员的带领下进入港口。在这里，我们发现了两艘在海战中受伤的军舰——平远舰和广丙舰。前者受损并不严重，但后者却遭到了重创，船首左舷部分被炸毁，吃水线以上的船体受损严重，船上的装甲支离破碎。

在西港（West Port）短暂抛锚后，我用一支小船将林煌送上岸。在造船厂，他得知有一条蒸汽快船会在两天内将一份急件送往天津，于是决定乘坐这条船返回那个天津港。我知道他对旅顺很熟悉，就要他带我到处转转。"哥伦比亚号"计划在晚上返航，所以我有在两三个小时的闲暇时间。在这段时间里，他带我去了许多地方。

旅顺口（Lu-Shun-Kou）又称为亚瑟港（Port Arthur），关心战争进程的人都会熟悉这座城市的特征。一看地图便会知道，旅顺地处辽东

旅顺港入口处（来源：*Harper's Weekly*, New York, Oct. 27, 1894.）

半岛的最南端，与防守严密的威海卫隔海相望，它们都位于渤海的入口。现在，旅顺已经成为了中华帝国主要的兵工厂和军港，但这些设施都是最近几年才建立起来的。1881年，中国决定在旅顺兴建海军造船厂。自此之后，旅顺才进入了人们视野。在此之前，旅顺只是一个用于停靠帆船的港口，这些帆船主要是做木材生意，它们将货物从鸭绿江运往渤海的其他港口，或是将货物从南方运往牛庄（Niuchang）和金州。旅顺的建设最初交给了本地的承包商，但他们把工作搞得一团糟，后来工程转交给了一家法国公司，由他们来完成。自此之后，旅顺又有了进一步的发展，从一个只有六七十间土坯房的不起眼的小村庄，一跃成为人口过千的城镇。这座城镇拥有两所大剧院，两间寺庙，以及若干家银行和客栈。日本入侵的时候，旅顺约有五六千人口，此外驻在在这里的部队也有七千人上下。这座港口非常宽敞。为了增加入口的深度，挖泥船辛勤工作了好几年。港口从12英尺深增加到了25英尺深，这样军舰就可以永久停泊于此了。建有船坞的东港（East Port）占地32英亩，从峭壁到东港的入口建设得都很好。西港是个天然良港，对面是一个叫做老虎尾（Tiger's Tail）的狭窄海岬。在落潮时，泊船处大约有25英尺深。那里有许多大型码头，码头上配有蒸汽起重机，并有铁路将码头和车间连接在一起，车间中有许多最先进的机器设备。事实上，造船厂占了城镇相当大一部分。淡水是用管道从城北4公里外运来的泉水。此外，还有一个专门停靠鱼雷艇的小码头，那里可以测试、调整艇上的武器。港口由鱼雷艇把守，此外还布了水雷。我发现，他们布雷的时候没有把握好深度，有些水雷已经浮出了水面。

旅顺将天然和人工巧妙地融为一体，使之成为一座防守坚固的要塞。港口和城镇被山环绕着，山的高度从300英尺到1500英尺不等，这为防御提供了极大的便利。各种防御工事依地形而建，每一个有利位置上都会出现若干座用石头砌成的雄伟炮台。我相信，这些都是德国人修建的。工事中密布重型克虏伯炮和诺登菲尔德炮（Nordenfeldt guns）。这些炮台的海拔高度在80英尺到410英尺之间。陆防工事比海防工事新一些，其作战能力也要稍逊一筹。陆防工事中威力最大的炮是口径为21厘米和24厘米的重炮。此外，炮台周围还配有壕沟、散兵壕、露天碉堡或带有围墙的兵营。

这就是旅顺，或者说，这就是曾经的旅顺。我们还记得土耳其人是如何防守普列文（Plevna）的，在四周修建防御工事之前，那里也不过是座小城镇。但就是这座小城，居然抵挡住了俄军长达数月的进攻，当时俄国把能调来的军队都用上了。但中国人却做不到这点，令人惊讶的是，这种防守严密的城镇轻而易举地陷落了。如果防守得当，旅顺应该不会落入敌手，除非城中出现断粮的情况。海防工事不易被攻取，但陆防工事却要薄弱得多。即便如此，倘若敌人在数量上不占绝对优势的话，这些工事应该也不会失守。但我亲眼见到，2万日军在

48 小时内就攻占了旅顺。而且，日本将军能准确估算出打败敌人需要使用多少兵力。事实上，他们使用三分之一的兵力就能从那些荒唐可笑的士兵手中夺取旅顺。

平时的时候，大约有 7000 名士兵驻防旅顺，但在日军发动进攻之前，守军的数量增加到了将近 2 万。但这些兵力仍显得捉襟见肘。在战时，防守这座要塞至少需要 3 万人，就是 4 万人也不为过。

当时掌管旅顺的是一个龚姓道员。据说，他的哥哥是中国驻英使节。我想他是个文官，主管军事的是两名将军，一个姓程（Tsung），一个姓徐（Ju）。士兵随意地东游西逛，举止粗野，而且着装不整，丝毫没有军人的气质。到处都插满了稀奇古怪的旗子，就好像有了龙旗保佑，敌人就不会践踏这片土地了。旅顺是座干净整洁的小城市，它与天津和我到访过的中国其他城市形成了鲜明的对比，那些地方大多狭窄、肮脏，除了市中心一两条像样的街道外，大部分巷子都臭气熏天。而旅顺要好得多，在欧洲人的经营下，那里进行了大规模的建设，呈现出一派繁荣、忙碌的景象，但这座城市也将很快陷入凄风苦雨。

黄昏时分，我离开街市，返回港口。按照东方人的客套，我的中国朋友一定要把我送回船上。但等待我的却是一个极其沉重的打击。我们没有找到"哥伦比亚号"。林煌打听说，这艘船已经在大约一小时前离港了。我们赶快去找带它离港的引航员，从他那里得知，"哥伦比亚号"一出港就立刻向东南方向驶去了。他们没有等候外出游玩的我。这到底是怎么回事？也许他们忘了我不在船上。如果他们发现我没有登船，或许会掉头回来，但现在我该怎么办呢？林煌提了一个建议：如果"哥伦比亚号"一去不返，我就和他坐那艘送急件的船去天津，到天津后再根据情况安排行程。看来这是唯一可行的方案，我和林煌去了他投宿的那家客栈，一路上我骂了好一阵。旅顺港大约有六间旅店，其中三四间是简陋的茅舍，这些小店在这座城市初创时期就已经存在了。几家新建的旅社倒是颇具规模，房间宽敞，住起来很舒服。我们投宿的那间客栈离东北炮台的一座大门不远，店主姓沈（Sen），是个壮硕的中国人。旅顺口有许多"洋鬼子"（foreign devils），所以店里的伙计可以讲几句"洋泾浜英语"（pidgin English）。远东的"洋泾浜英语"就好像是黎凡特（Levant）的"混合语"（Lingua Franca）。只要稍加练习，他们的英语便能听得懂。尽管如此，有林煌在身边，我还是省去了不少麻烦。幸运的是，我兜里还有一些美金。在林煌的帮助下，我将这些钱兑换成的中国货币，但亏了不少。这间旅店很舒适，我感到十分满意，除了威士忌之外，我什么都不想。

（邢科译，来源：James Allan, *Under the Dragon Flag: My Experiences in the Chino-Japanese War*, London: William Heinemann, 1898, pp. 37–44.）

4

　　我们在客栈中住了一天半，在此期间并没有发生什么有趣的事。在夜幕的掩护下，那艘送急件的快船准时离港，林煌和我都在这条船上。但厄运往往是不期而至的，这次也不例外。启航后的第二天清晨，海面上下起大雾，我们的船只好降低速度，半速行驶。在没有任何预警的情况下，一艘日本炮艇突然出现在船首左舷。中国人有在任何情况下都挂旗炫耀的古怪习惯。看到船尾的旗子后，日舰毫不犹豫地用船头的机枪向我们进行扫射。子弹如雨点般落到甲板上，船上的人死的死，伤的伤。其中一颗子弹打掉了我的帽檐，但其余部分还留在我脑袋上，只是前后转了个方向。在船加速之前，一门速射炮击中了我们。船舱受损，船无助地左摇右晃，看样子马上就要沉了。我们有两条不大的救生艇，一条已经被击毁，另一条被我们尽快放入水中。这条救生艇上挤满了人，其余人则直接跳入水中。半分钟后，我们的船沉入海底，幸存者被敌方捞起，成了俘虏。

　　攻击我们的是严岛舰（Itsuku），重约500吨，当时它正和其他两三艘军舰巡航渤海，但它们在大雾中与它失散了。日舰上没有人懂英语，但他们会说两句汉语，这就足够双方进行沟通了。船上有位炮手能说点儿法语，这不禁让我想起，我的法语是花了8万英镑才学来的。日本人告诉我们，他们以为我们的船是艘危险的鱼雷艇，所以看到中国旗子后就毫不犹豫地开火了。得知实情后，他们显得非常不快。如果能缴获那些重要的文件，他们就有机会加官晋爵，至少也能受到嘉奖，但他们的莽撞使这一切都成了泡影。

我们在船上待了一个多月。中国人可以成为战俘，但他们没有理由扣押我。我告诉他们，我是如何被"哥伦比亚号"丢在旅顺口的，但我没说这条船曾经为中国运过军火。我想这些说辞能够使俘虏我们的人感到满意，但他们对我的身份似乎另有见解。一天，他们直截了当地问我是不是军人，是不是中国陆军或中国海军的教习。我可以心安理得地否认一切，但他们的问题却使我感到非常吃惊。很显然，他们对我的怀疑很深。如果辩解的话，我的麻烦将永无止境。舰长是个乖戾又自命不凡的家伙，他摇摇头说："我给你点时间，你好好想想。"

我确实有许多许多时间。我们得到了善待，那位会讲法语的炮手对我们尤其好。他叫菱田（Hishidi），是个上尉，后来我与这位好心的上尉逐渐熟悉起来。事实上，在所有船员中，他是唯一一个能和我交谈的人。他为我和林煌安排了一个独立的小房间，在其他方面对我们也颇为照顾。我这位中国朋友的右肋被机枪子弹击中，但身体其他部位并未受伤。他就在这种情况下成了俘虏。与其他囚犯相比，我们俩有更多的自由。要不是被拘押，还真没什么可抱怨的。

开始的时候，我很想看着周围的情况，于是我开始观察日本的水手和他们的军舰。这艘船处于高度战备，到处都收拾得干净利落，各项命令都能在全舰立即执行。这些聪明能干的小个子水兵足以匹敌世界上最好的海军，即英国女王陛下的海军。我记得他们每天都会训练射击，炮手的射击速度和射击精度都不错，难怪他们能击沉"高升号"（Kowtung）。

在巡视的时候，菱田上尉经常同我交谈，我们的话题也从战争转到了航海。他对中国人表现出来极大的蔑视，认为他们活该如此。他说，日本陆海军对战争结果毫不担心；面对这样的对手，他们想打哪儿就打哪儿，想怎么打就怎么打。"无论海上还是陆上，都是如此。"他强调。

"对于这场战争，我们已经准备很长时间了。"他说，"我们对所做的事很有把握。"

我们谈到了日本的发展速度。日本曾一度闭关锁国，但在明治维新后的30年里，通过与欧洲的贸易和文化交流，日本吸收了大量的西方文明。

"是的，"他回答，"我们愿意学习，而且正在学习。我们明白，知识可使我们获得巨大的发展优势。"

他到过法国，非常钦佩法国的造船业和航海技术。我告诉他，英国海军比法国海军强，不但现在强，而且从历史上看也一直比他们强。菱田上尉对海军史也有所了解，但他并不完全认同我的观点。

"是的，"他说，"因为你们的海军规模比他们的大。"

我向他解释了英国海军为什么能取得胜利："的确，我们的海军规模是任何一个欧洲国家海军规模的一倍。没有哪个国家敢单独挑战英国，因为他们知道，如果这样做，他们大部分舰艇都会在短时间内沉没。除去数量上的优势外，英国水兵也比法国水兵更能干。现在的海战已经发生了天翻地覆的变化，最出色的水手将制定出新的战争规则。"

菱田上尉怀疑地摇摇头，他说想看英国和法国一决高下。

"好吧，"我说，"在变老之前，你就能看到这一幕。你将看到英国是如何同半个地球的国家交战，你将看到英国如何胜利。事实上，这样的战争已经出现过一两次了。"

有一次，我们谈到了俄罗斯。

"俄罗斯想要吞并中国。"

"俄罗斯哪儿都想吞并。"我说。

"哈哈，别人也是这样说英国的。"他回答道。

还有一次，我问他对鱼雷艇的看法。

他回答说："鱼雷艇还没发展成熟，所以很难讲该怎么用，但它总是能给对方致命一击。舰炮可以压制住它，所以它必须与军舰保持一定距离。一旦被击中，没有哪种设计能抵挡住 200 磅火药棉（gun-cotton）的爆炸威力。对于这种攻击，隔水仓也起不了多大作用。有些巡洋舰速度很快，又装备了可以速射的重炮，这种船最适合对付鱼雷艇了，因为鱼雷艇很难靠近它。最近制造的一些军舰，船身有所加长，这无异于为鱼雷艇提供了更大的目标。大小适中、不要过多地安装铁甲，速度快，煤炭准备充足，多装备速射炮——这就是我理想中的战舰。如果可以被鱼雷艇击沉，那么是否要建造巨舰就要仔细考虑了。在这种状况下，与其看重大炮口径和装甲，还不如多关注机动性和速度，因为鱼雷艇只是攻击一点，而这一点无论如何都不可能做到坚不可摧。"

这就是我和上尉的谈话。尽管这种具有知识性的谈话对我很有吸引力，但我很快就厌倦了囚徒的生活。一天又一天，严岛舰到处巡航，有时候是和其他战舰一同完成任务，有时候是单独行动。敌船始终没有出现，也没有什么事能打破千篇一律的生活。有一天，我们在芝罘（Chefoo）外海发现了两艘中国炮艇，日本人停止了日常训练，用炮弹将它们赶回威海卫。这两条船可耻地跑掉了，丝毫没有表现出想斗争的样子。如果严岛舰速度更快的话，它就可以俘虏或击沉其中的一艘。它的最大航速不到 16 节。还有一次，我们在辽东半岛的西海岸发现了一支帆船船队，我猜它们是商船。船队迅速向岸边靠拢，与此同时军舰开炮射击，舰上的军官还在以射击取乐。当看到对方被击中起火时，严岛舰才满意地离开。

在我被囚的一个多月中，这种事屡见不鲜。这条军舰主要巡航渤海的入海口，有时候进逼威海卫，有时候威吓对面的旅顺口。尽管日本军舰不断徘徊在海面上，但它们似乎并不想封锁渤海。依我看，中国舰队只能躲在威海卫的军港里，不敢出海应战。有一次，我问菱田，他们打算什么时候进攻威海卫和旅顺港？

"哦，"他说，"我们正在等待时机，现在时机还不成熟。"

我经常能在海面上看到英国战舰，我希望他们能把我交给英国海军，或是至少把我送到日本的旗舰上，但严岛号的指挥官——我已经忘了他叫什么——完全不理会我的意见。十月已经过去了，但他们释放我的日子依然遥遥无期。因此，我不得不自己想办法逃离这里。11月4日或11月5日的晚上，我们的船正航行在旅顺港之外。在黄昏时分，军舰抛锚停船，并派一只小船去执行侦察任务。当时，我们离岸边还不到1英里，站在船头可以看到陆上的防御工事。我忽然想到了一个主意：如果可以神不知鬼不觉地跳下水，我就能轻而易举地游上岸。在韦伯斯特的指导下，我已经成为一名游泳好手。我环顾四周，发现没人注意我，而且我的身边也没有灯光。于是，我立刻下定决心。我偷偷地向前移动，仔细地寻找机会。我靠在吊锚架上，以便保持身体平衡，随后一跃抓住锚链，希望顺着它滑下去。在黑暗中，我冒险跳到船外。但当我纵身跃起的时候，船身发生晃动，我没抓住锚链，一下掉到海里，发出了巨大的声响。甲板上的哨兵听到了响声，立刻用步枪向我射击。我潜到水下，从水下迂回游向岸边，这才躲过了日本兵的子弹。很快，军舰上放下一条小船，在后面紧追不舍。但开始的时候我游得很快，所以他们一时搞不清我的逃跑方向。我奋力地向前游着，但在冰冷刺骨的海水中穿着衣服游泳总是件累人的事。海潮助了我一臂之力，我觉得我已经逃出了军舰的视线范围。但岸上有人，我还听到了来复枪射击的声音，他们正在用探照灯查看出了什么事。离岸还有四分之一英里的时候，那条小船已经追到了和我平行的位置，离我大约只有几百码远。我没发现附近有炮台，但在我左侧的高地上却发射出一枚炮弹。借助开炮时所发出的亮光，追兵发现了我的踪迹。他们掉转船头，全速向我驶来。他们迅速靠近，我想这回可完了。这时，岸边的一门重炮开始发威，炮弹从我身旁掠过。我挣扎着向前游，但仅凭我个人的力量很难脱险。岸边有一座装备了两三门炮的小炮台，如果追赶我的船胆敢靠近岸边的话，炮台就会开炮。这时，船离我已经不到100码了。我听到了炮弹呼啸而过的声音，看到炮弹在天空中划出的一道光亮。我用尽最后一点体力，努力潜到水下，以免被炮弹击伤。在水下，我听到了爆炸的声音。等我从水中露出头来的时候，那只小船已掉头逃跑，船上有三四支桨被打坏了。我不知道弹着点离他们到底有多远，如果中国炮手射击精度够高的话，他们一定挨了不少炮弹。严岛号向岸边驶来，也开炮还击。最后，我竭尽全力地爬上岸，只觉得全身麻木，精疲力竭，如果没有人扶的话，我连站都站不起来了。这时，我被一群中国士兵包围了。他们问了我一些问题，即便会中文，我恐怕也没力气回答他们了。看到我这副样子，他们就把我带到一个像警卫室的小房子里，这所房子的后面有一道壕沟。他们在屋中的石板地上生了一堆火，我脱去衣服，此刻全身大部分都已经被冻僵。他们又开始向我提问。我一句中文都不会，只能用各种手势讲述我的经历。他们对此并不满意，但他们很想知道我和日本人是不是一伙的。他们议论了一阵，显得是在谈论我。后来，他们其中一个人给我端来了一个木碗，碗里有些吃的东西。我不知道他们将什么稀奇古怪的东西混在了一起，我只能辨别出里面有米饭。这顿饭美味可口，我吃得很高兴，吃完后问能不能再添些，他们没有拒绝。疲倦和面前熊熊燃烧的火堆使我昏昏欲睡。我做了个手势，表示我想睡觉。我的衣服正在火边烘干，他们也没有多余的衣服给我穿。但他们拿出一种宽大的斗篷，一个士兵裹着斗篷躺在火边，示意我可以用这种方法过夜。另一个士兵递给我一支鸦片烟枪。我想，按照他们的观点，如果不抽的话就算是对人不敬。所以，尽管我不会抽烟，但还是对付着抽了两口，随后便躺下了。他们把我留在那间小屋里。他们出门后，我听到了锁门的声音。

　　我立刻进入了沉沉的梦乡。虽然只抽了一点点鸦片，但它还是起作用了，我做了许多光怪陆离的梦。在梦中，我始终在逃跑。我梦见我站在海边，这时海水突然上涨，马上就要没过我了。我回头就跑，但身后的海水却离我越来越近了。此时，我的眼前出现了一道深不见底的悬崖。我纵身跃下，但竟然能像鸟一样飞在空中，随后便落到了地上。回头一看，我身后的悬崖简直是高耸入天。我继续向前跑，海水从悬崖上奔流而下。太阳照到水上，折射出万道金光。这个壮观的场面真的很难用语言形容。鸦片就是利用这种幻觉来引诱人们吸食。我相信，中国军方是禁烟的。但纪律涣散的士兵只要能搞到鸦片，他们就像抽烟草那样普遍吸食。

（邢科译，来源：James Allan, *Under the Dragon Flag: My Experiences in the Chino-Japanese War*, London: William Heinemann, 1898, pp. 45–58.）

5

　　我一直睡到第二天中午。如果不是主人叫醒我的话，我还想再多睡会儿。我的衣服已经干了。我穿上衣服，被带出那间小屋。我首先看到一队骑兵，他们骑在毛色光亮的鞑靼马（Tartar ponies）上。我骑上其中一匹马，他们什么也不问，什么也不解释，就这样把我带走了。

　　这才看清楚，我昨天上岸的地方在西港附近。现在我要被带往蛮子营炮台（Man-tseying fort），这是一座重要海防工事，距海面266英尺。我见到了一名司令官，他的身边还有若干名官员和一名书记员。这些人坐在一起，准备审讯一名"番鬼"（Fan Quei）或"洋鬼"。那名书记员懂得一点英语，他的态度非常冷漠，以至于我开始怀疑他是否听懂了我的经历。他问我会不会说德语，他这样做是为了显示自己熟悉多门外语，除了英语之外还会说其他国家的语言。但我对德语知之甚少。这场审问持续了很长时间，我们沟通起来非常吃力，所以场面十分混乱。他们怀疑我是日本间谍，非常严厉地询问最初发现我的那个人，让他描述我上岸时的具体情况。我安慰自己，希望这一举动表明他们不再怀疑我是奸细。他们问我，谁能证明我之前到过旅顺。我回答，客栈里的伙计应该记得我。

　　这些人又自己议论了一会儿。最后，他们让我立刻去见他们的长官。我暗示书记员，我已经一天没吃东西了，感到非常饿。因此，在出发前，他们为我准备了一顿饭，这一餐包括鱼、馒头和一杯米酒

（rice wine），这种酒的味道非常淡，就像是带酸味的葡萄酒。饭后，他们把我交给之前送我来的那些人。我们来到蛮子营炮台的后面，穿过田野，走过两三座炮台，以及无数的壕沟和堡垒，最后来到的西港海边。那里紧挨着储存鱼雷的仓库，我们坐上了一只帆板。这是一种细长的船，两头尖尖的，船上还有个雨篷。我们乘坐这种船来到东港，经过造船厂，来到军队的总部。这个总部位于进入旅顺的要道上，旁边还有个大操场。我们到达的时候，夜已经很深了，所以第二天才被叫去问话。我在那里遇到了一位会说英语的副官（aide-de-camp），他的英语既流利又标准，这使我感到非常欣慰。我直截了当地讲述了我的遭遇。店主沈先生和为我兑换钞票的钱庄伙计出面证明：我和林煌在旅顺待了两天，之后和他一同登上了那艘送急件的快船。有了他们的证词，我就可以获释了。我说的每一句话都被记录在案。审问我的是几名中国官员，龚道台应该没有参与这次审讯。据说，他曾经擅离职守，之后才奉命返回旅顺。这事的真伪很难查清，但可以肯定的是，日军攻打旅顺口的前一天晚上，他确实逃之夭夭了，之后好像也没有受到指控。

那位副官告诉我，英国军舰"新月号"（Crescent）刚在一两天之前到访过旅顺，船上的军官也上岸转了一下。看来按照命运的安排，在看到什么值得回忆的事情之前，我是没机会离开这个地方了。获释后，我又回到了沈先生的客栈。一进店就开始发疟疾，毫无疑问，这都是最近几日的经历所致。病虽不甚要紧，但我的情绪却很低落，于是在旅店里窝了10天或12天。日军的步步进逼吓走了南来北往的客商，加之旅顺北边的陆路通道已经被封锁，所以客栈的生意相当冷清，只有我一个客人。沈先生非常焦虑，问我镇上的居民是否应该离开旅顺。我回答说，我仔细地考虑过了，即便日本人占领了这座城市，他们也不会伤害非战斗人员。但这次我真是大错特错了。

这家客栈是座两层楼的建筑——一般来说，中国的民居很少超过两层。客栈的中间是个院子，院子的周围是客房。我的房间非常好，位于二楼，或者用洋泾浜英语来说是住在"顶楼"。房间里没有壁炉，取暖主要靠炭盆。房间的一侧有个中空的长台子，里面可以放炉子取暖。我经常拿它当床睡，但中国人则用它当床架。屋里有一床很大的被子，你可以用这条被子将自己卷起来。我将被子抱到那个台子上，因为在上面睡觉更暖和，也更加舒适。服侍我的是一个钟姓的小伙子，能讲一口流利的"洋泾浜英语"。他是广东人，到过香港，因此很熟悉英国人及他们的生活方式。食物的价格还算公道，他们可以提供家禽、猪肉和各种各样的鱼，但不提供牛肉。因为按照中国人的观念，不应该杀害这种可以用来耕地的动物。钟姓伙计告诉我，在南方，猫狗养肥了是可以杀了吃的。如果我想吃的话倒是恰逢其时，因为日本大兵压境，猫狗满街都是。至于饮料嘛，这里有许多茶叶，但中国人把茶叶弄得非常湿。他们通常会把茶叶放在杯子里，然后往杯子里倒进热水，有时候也会放几片柠檬调味。

身休刚一康复，我就到外面去了，看能不能找到从海路离开旅顺的机会，但我很快发现，这是绝不可能的。港口里一条外国船都没有，本地人主要是经营帆船。经过钟姓伙计的交涉，船主都不愿冒险出海，除非我能付给他们高价，但我根本没有那么多钱。港口里也没有中国军舰，的确，它们在这里也无济于事。

我知道旅顺是座坚固的要塞，因此我觉得这里可能会出现一场旷日持久的围城战。身上的钱已经快花光了，"哥伦比亚号"也不太可能去而复返，暗淡的前景使我感到非常沮丧。但我的顾虑似乎有点多余。当时没人想到，这座城市将在三天内落入日军之手。

11 月 18 日，我离开旅顺的计划未能实现。与我第一次到访相比，这座城市有了很大变化。士兵的数量明显增加。造船厂已经完全停工，那里已经变成了兵营。和钟姓伙计从码头返回客栈途中，我们看到了士兵受罚的一幕。在路经一扇敞开的大门时，一群人吸引了我的注意。一个赤裸上身的人被绑在中间，四周是许多看热闹的士兵。这个人跪在地上，身体向前倾，头几乎挨到地。他的双手被绑在身后，一个人正在用皮带抽他的后背。皮鞭重重地抽在他的身上，这不禁使我想起了俄罗斯的鞭刑。皮鞭抽在人身上的声音让我心惊胆战，受刑者的后背都是血，带血的鞭子在空中挥舞，把血甩得到处都是。每挨一下鞭子，他的身体都会像芦苇那样弯曲一下，但我自始至终都没有听他喊叫过一声。我不知道他挨了多少下打，或许本来就没有定数。一分钟又一分钟，施罚者认真地履行着他的职责，直到受刑人生命垂危他才停手。那位受罚的士兵翻身躺下，就像是血泊中的一根木头，随后他被人抬走了。这场鞭刑使我感到惊讶，因为在我的印象中，中国人更喜欢使用杖击。我希望钟姓伙计能给我一个解释，但他好像没明白我的问题，回答说"受刑是便宜他了"，他们还能砍掉他的"脑袋"呢。看来，在中国军队中，杀头是件司空见惯的事。

日本军队在旅顺港制造的大屠杀受到强烈谴责，但也有不少人认为，是中国军队的野蛮行径招致了这场灾难。日本的海陆军联合出击，在一两天的时间里就攻取了内陆地区的炮台。中国军队对他们进行了骚扰和抵抗，两军经常爆发冲突。战俘会被残忍地杀害。19 日早上，我亲眼看到阅兵场附近的大樟树上吊着两具尸体。他们受到了可怕的折磨：肚子被剖开，眼睛被挖掉，喉咙被切开，右手也被砍掉了。两具尸体赤身裸体，一群孩子正在向他们投掷泥巴和石块。

其他地方——无论是在旅顺的城内还是城外——也出现过类似的

可怕场景。这还不是最糟的情况。贴在墙上的皇榜也在煽动暴行。这是钟姓伙计告诉我的，我出门的时候一般会带上他。他为我翻译了榜文："天朝皇帝诏告士兵和百姓，处死每一个日本鬼子，砍掉他们的头和手。以天子之名"之类云云。之后是日期和道台的签名。赏金的具体数额我记不清了，大概活捉一名日本兵赏银 50 两，砍掉他们的头或手赏银要少一些。因此，日本兵的尸体很少有保持完整的，他们的头颅或右手（有时是双手）被残忍地砍掉了。当旅顺陷落的时候，日本兵的尸体还悬挂在树上。看到这一幕，难怪他们以前的战友会发疯。当然，日本的军官也应受到谴责，因为他们允许部下进行长时间的疯狂复仇。大屠杀持续了很长时间，直杀到一个人都找不到为止。在此期间，军方并未制止。

　　当然，这是后话。19 日，敌军逼近炮台，旅顺陷入一片混乱。商店家家关门闭户，最引人注目的就是军队的调动。一大群人聚集在将军亭（general's pavilion）附近。当天下午，那里召开了一次会议。一群全副武装的士兵负责驱离老百姓。所有军事主官及其属下都从各自的防区陆续赶来，道台坐着十人抬或十二人抬的大轿从寓所前往会场。这座亭子结构精巧，色彩绚丽，还有许多用中国字书写的金字匾额。这次会议至少持续了 3 个小时。我的目光只能越过士兵头顶，从远处张望这位龚道台。城外的战事还在继续。第二天，充满仇恨的士兵运来了日本兵的尸体。我相信，被捉进城的日本兵都无生还的可能。

　　次日（20 日）正午，我第一次听到炮声。整个下午，远处都传来大炮的轰鸣声。直到夜幕降临，炮声才停止。这是一个充满狂野和焦虑的夜晚。没有人知道前线的确切消息，互相矛盾的谣言在坊间广为流传。街上都是惊慌失措的老百姓，他们手里拿着各色的灯笼，而且几乎每人手里都有一盏灯笼，因为没有灯笼的人将会成为巡防队怀疑的目标。

我决定，如果可能的话，明天就去前线看打仗。正如我在上文所描述的那样，旅顺港的周围以山地为主。在城市和西北炮台之间有一块名叫"白玉山"（White Boulders）的高地，那里满地都是白垩，因此得名。我决定站在这里观察战局。白玉山的前面是一道道的壕沟，但后面宜于攀登。在破晓时分，我努力地登上了这座山。山顶坑坑洼洼的，随处可见峭壁和深沟，藏在这里观战非常安全。

从白玉山望去，战场的局势非常简单，几句话就可以说清楚。我的后边是西港；左边是西北防御工事，即案子山炮台（Mountain forts）；右边是东港和大海；从正面放眼望去，可以看到大部分的旅顺城，再往前看就是东北炮台群。从我的角度看，东北炮台群大约有 8 座炮台，有一道墙将它们连接在一起。但我看到的并不是全貌，有一部分看不见。在东北防御工事和西北防御工事之间有一块平坦的洼地，那里有一座小村庄。那里遍布着堡垒，地势较高的炮台——尤其是东北防御工事——可以用炮火控制这一地区。但这里的防御仍有薄弱点，在我看来，防御力还可以有很大的提高。

天亮了，天气晴朗，但寒气袭人。虽然没有望远镜，但数英里之内的情况可以尽收眼底。中国的炮台上遍插龙旗，但我没有发现日军的踪影。直到炮声响起，我才确定了他们的位置。在七点半左右，西北方向传来了日军的枪炮声。他们似乎已经在夜间做好了准备，只等待天明时发动进攻。两边的中国炮台也开炮还击。炮台一座接一座地加入战斗。不久，战场上就出现了大炮的轰鸣声和白色浓烟。透过浓烟，大炮的炮火形成了一个巨大的半圆形。炮弹的呼啸声和爆炸声不断传来。右侧的海面上出现了几艘军舰，它们摆出一副无事可做的样子，想必不是来攻打海防工事的。一些面向大海的炮台已经将炮口指向了日本陆军，但它们的攻击不会给日军造成多大损失。

在前一天上午，一些无关紧要的小炮台就已经沦陷了，日军分兵两路攻打西北和东北两个炮台群。两个炮台群的中国守军并未协调一致。一部分日军佯攻东北炮台，在另一部分日军拿下西北炮台之前，他们的佯攻只是为了牵制东北炮台的火力。事实上，在炮击一个半小时之后，西北炮台就落入了日军之手。日本的步兵向炮台发动攻击，"英勇"的守军望风而逃。另一侧的中国炮台开始向那个山谷射击，希望以此来挽救败局。但它们很快便成为日军的目标。这里的中国守军要出色得多，他们的炮火猛烈而持久。大约11点，海岸附近传来一声惊天动地的巨响，他们最大的炮台——松树山炮台（Pine Tree Hill）——被炸毁了。看来是一枚炮弹击中了守军的火药库。在中午，日军发动冲锋。这里的天朝士兵还没等到敌人攻上来就已经狂奔而去了，因此两军并未进行刺刀见红的近身战。就这样，两个规模巨大的炮台群因为胆怯而陷落了。这两处炮台群建在山上，居高临下，上山的坡度很大，所以进攻一方很难保持常规队形，守军射术精湛的枪手可以干掉成千上万的敌人。如此坚固的防御工事怎么会以这种方式陷落呢？这使我感到很困惑。日军对陆防工事炮击了三四个小时，但对海防工事却一炮未发，他们就这样拿下了旅顺口。

胜利者又将注意力转移到了低处的堡垒和军营，这种有条不紊的进攻是他们的一贯风格。山谷中出现了大量的日本步兵，黑鸦鸦的一片，他们迈着整齐的步伐，一步步靠近那座即将沦陷的城市。他们的刺刀明晃晃的，即便透过大炮发出的浓烟也能看到。离我较近的地方遍布着炮台，这些本应给予旅顺足够保护的炮台却因守军的胆小懦弱而失陷。除此之外，我还看到大批溃不成军的中国士兵，他们正在做分散的、毫无意义的抵抗。当时，只有离城最近的黄金山炮台还在中国人手里。上午的时候，白玉山前面的战壕尚未失守。但此时，日本步兵开始涌向那里，不断开枪射击，来自高处的散兵壕和堡垒也传来了枪声。敌人从两翼稳步推进，很快就占领了这处阵地。日军可以巧妙地利用地形，从一个位置攻击到下一个位置，中国军队的抵抗逐渐减弱。

现在，我该离开这里了。我正身处山顶的乱石中，这个地方便于隐藏，十分安全，要不是来得早，恐怕还真找不到这么个地方。白玉山前有一条小河，这条河并不深，但却很宽。这条河穿过水师营山谷（Suishiyeh valley），流经阅兵场后到达白玉山。这时它将汇入一条更大更深的河，随后继续向西流去。在攻击山下的战壕前，日本人必须先蹚过这条河。在渡河的时候，他们被雨点般的子弹打退过两三次。后来，在重炮的掩护下，他们才到达河对岸。此时，中国守军已经顺着山的右麓溜之大吉了。我停下脚步，注视着这一幕，随后便向后山走去。天色越来越暗，下山的时候简直是九死一生，有几次差点掉下山谷摔断脖子。

这时，旅顺已经被日军占领了。中国军队正在从黄金山炮台溃逃，完全没有想守住炮台的样子。水面上遍布着许多小船，上面挤满了难民。但船上大部分都是士兵。在逃跑的时候，他们会丢掉手中的武器，脱去身上的军服，他们的无能和怯弱使我预见到了中国军人的未来。驻防旅顺口的2万中国士兵拥有非常先进的武器，但在11月21日那天，他们只消灭了大约60名敌军。按照沃尔斯利先生（Wolseley）和其他评论家的观点，他们是会在某一天征服世界的人啊！沃尔斯利先生认为，下一个拿破仑将出自一个人口众多的国家，好吧，那就让我们拭目以待吧。但这样一个不好战的民族会培养出一个拿破仑吗？或者说，他们能为拿破仑提供发展空间吗？谁听说中国出过征服者？难道他们不是世界上最自以为是、最无进取心、最无军事才能的人吗？这种性格是几千年来逐渐形成的，难道他们会突然产生尚武精神吗？

（邢科译，来源：James Allan, *Under the Dragon Flag: My Experiences in the Chino-Japanese War*, London: William Heinemann, 1898, pp. 59–75.）

6

　　下山之后，我向造船厂方向跑去，这样向南迂回进入城区，是为了尽可能地躲避正在入城的日本人。我没想到会发生大屠杀。我只想返回客栈，一直在那里待到风平浪静为止。旅顺的陷落意味着我不必在一座被围攻的城市中困很久，这使我感到很欣慰。因此，人们的四散奔逃并没有引起我的注意。我想，日军一定是被胜利冲昏头脑了，在他们冷静下来之前，这些老百姓一定是在躲避那些占领军，除此之外似乎也没有其他解释了。但我很快发现情况有些不对劲。肆无忌惮的复仇和杀戮使恐慌的人群充满街道。我继续向前走，声音也越来越大，其中包括步枪的射击声，士兵的怒吼声，以及被害人凄厉的尖叫声。有组织的武装抵抗已经结束，当这些恐怖的声音越来越大的时候，我意识到了将要发生的事情。我知道，一个地方陷落后通常会遭到怎样的浩劫；我知道，日本人做出了何等的暴行；我也知道，所有东方军人都具有何种特质。我停下脚步，仔细思考自己的处境。我顺着海边走，一直走到了船坞的外面，随后进入街道，沿着一条我熟悉的通往东港的路赶回客栈。我身边都是惊慌失措的逃难者，我第一次亲眼看到日本士兵在后面追赶他们。日本兵扑向逃跑的人群，用步枪向他们射击，用刺刀猛砍那些摔倒的人。我被人群撞倒，在爬起来之前，被他们踩了好几脚。当我摔倒的时候，一名日本兵就在我身边，他立刻用步枪向我瞄准。枪管离我不到一英尺远，我将枪管打到一边，这样子弹才没击中到我。我身边并无武器，刚才那个动作只是个本能反应，但这个本能反应方显示出我这个盎格鲁－撒克逊人的本性。在那个日本人给我第二枪之前，我就给了他一记漂亮的英国式的右手直拳，这一拳正打在两眼之间，他像木头那样倒在了地上。这似乎是他第一次受到这样的攻击。他直挺挺地躺在地上，就好像在仔细回味刚才那一幕。我撒腿就往客栈方向跑。心想，暴行都发生在街上，到客栈就安全了。我知道，那家旅店离我并不远。但我要在街道上七拐八拐地躲避日本兵，所以前进的速度并不快。当时，日本兵正在迅速占领全城，见人就杀。街上都是尸体，遇到杀人魔的风险每分钟都在增加。我一次又一次地闯入屠杀现场，还要在狭窄的街道上躲避飞驰而过的子弹。后来，我完全迷路了，只好徘徊在这座混乱的城市中，现在每一分钟都可能是我生命的最后一刻。最后，我走出一条黑暗的小巷，顺着一条路往高处走，随后我眼前出现了一片水。我立刻认出，这是船坞后面的淡水湖，这个湖并不深，但面积很大。看来，我似乎又来到了从白玉山回城区的路上。

这时，我眼前出现了令人毛骨悚然的一幕。我刚才说过，我驻足的地方地势较高，湖水在我下方大约15英尺的地方。湖边站满了日本兵，他们正将一大群难民赶下水，并从四面八方向湖里射击。如果有人想挣扎上岸，他们就会用刺刀将他们赶回去。湖面上漂着死尸，湖水被血染成了红色。那些日本兵带着复仇的喜悦，在岸上大叫大笑，对受害人所遭受的痛苦欣喜若狂。眼前的场景非常恐怖。浑身是血的难民在混乱的湖面上挣扎。这些人还活着，想尽快离开这个遍布尸体的地方。他们迅速沉入水下，但又用尽最后的体力浮出水面。他们在湖水和血水中翻腾，发出阵阵哀号，希望能博得怜悯，但这一切都是徒劳的。他们中还有许多妇女。其中一个妇女怀里抱着个小孩，她拼命游向湖边，将孩子举起来，希望日军能发发慈悲。当她到达岸边的时候，一个卑鄙无耻的日本兵用刺刀将她扎了个透膛。第二刀又刺向了那个只有两岁大的小男孩，随后用刺刀将孩子举到空中。那位妇女用尽最后的力气从水中站起来，想夺回她的孩子，但终因精力耗尽而死，重新跌入水中。她的尸体被日军剁成碎块。事实上，许多尸体都遭到了同样的蹂躏。一批又一批受害者被驱赶到湖边，直到水里再也容不下人为止。我实在不忍看下去了，只想赶快离开这个可怕的地方。

现在我知道自己身处何方了，我按原路返回，再次向客栈的方向走去。尸体和屠杀不断出现在我眼前。在一个地方，我看到十来个日本兵押着一群被捆绑起来的难民。他们枪杀了这些不幸的人，随后还用令人恐怖的方式将尸体切为碎块。就我所见，无论是男人、女人还是孩子，无一幸免。这些中国人并不反抗，他们在刽子手面前跪地求饶，但最后还是避免不了被枪杀或被刺刀捅死的命运。

我也有一段死里逃生的经历。我又不知不觉地遇到了一场屠杀，受害人——他们中还有妇女和儿童——发出了惨叫。这时，我被一名日本兵发现了，他向我开了一枪。我赶快逃跑，他在后面紧追不舍。我进了一间房子。他虽然在后面追我，但我先一步进了房子，所以他没找到我。我进的那间房子好像是厨房或洗碗间。在一堆餐具之中，我找到了一把奇形怪状的斧子，这把斧子很重，也很锋利。我在屋子里躲了一刻钟，觉得日本人没有找到我，一定是离开了。我准备离开这里，屋里比街上更危险，因为日本兵正在挨家挨户地搜罗财物。当然，他们也会杀掉能找到的每一个人。但我刚一露头就碰到了刚才追我的那个日本兵，他手里拿了不少战利品。看见我后，他立刻放下手里的东西，端起刺刀直向我扑来。我们身处一间小房子里，房子一角开了个门，可以通到街上。他用刺刀猛刺我，我很快地闪开了。刺刀从我左肋滑过，连同衣服一起扎到墙里。他拔刺刀的时候，我也还了他一斧子。这把斧子非常锋利；愤怒和绝望使我力量倍增，斧子从头骨一直劈到下颚。他顿时脑浆迸裂，死在了我的脚边。

我并不想在此久留，准备立刻就走。但忽然想到，我可以拿走他的步枪和子弹袋啊。这使我想到了一个更好的主意。这个日本人的体型与我相仿，我为什么不换上他的衣服呢？在夜幕的掩护下，我逃跑的机会将大增。此时顿觉心神不定，如果能从这场灾难中逃出去，那可真是个奇迹！我立刻精神饱满地准备行动。那名士兵与我差不多高（大约5英尺6英寸），但我的肩膀比他宽。好不容易穿上他的衣服，后面却撑破了一个口子。但这并不重要，我将他身上的东西迅速移到我身上，但帽子除外，他的帽子已经被我劈成两半了。他的腰带上别了一把短刀，我用这把刀割掉了我的胡子，因为日本人脸上很少有胡子。我也没忘了他的步枪，这是一把漂亮的李－梅特福步枪（Lee-Metford）。我将自己的衣物夹在腋下，然后动身出发。我这副样子不会引起日本人的注意，因为他们也都在搜刮自己的战利品。

出了门之后一时拿不定主意去哪儿。我可以去城北的荒郊野外，但那样的话我可能会饿死，也可能被误认为落单的日本兵，死在中国人手里。我想我最好是去港口，看有没有小船能把我送出去。但我首先要回趟旅店。事实上，我离那里并不远。我大摇大摆地往前走，没有一个日本兵怀疑我。有时候，他们会向我大叫，发出刺耳的声音，有一个士兵还向我摇了摇他的枪，随后喊了句什么就过去了。我用手势向他们打招呼，同时快步向前走去。我不知道如果这事发生在白天会怎么样，或许就不那么好蒙混过关了，但好像现在是一片漆黑。大多数士兵都忙着自己的事，他们手里拿着在中国城镇随处可见的各色灯笼，到处杀人抢劫。在灯笼的衬托下，他们的样子愈发像鬼了。屠杀并没有减少的迹象。射击声、叫喊声和尖叫声此起彼伏，街上惨不忍睹，到处都是血和被剁烂的尸体，一些小巷都被尸体堵住了。死的都是市民，那些"英勇"的守军早就不见踪影了。他们到底跑哪儿去了？这对我来说始终是个谜。或许他们脱掉了军装，假装成平民。但这也救不了他们，因为征服者几乎屠杀了他们见到的每一个人。

最后，我来到了沈先生的客栈。很明显，日本人已经来过这里了。屋里一片漆黑，我从大门口摘下灯笼，灯笼上还有店主亲笔写的店名。我用灯笼照亮，开始环视四周。我首先发现的就是店主本人，他躺在庭院里，脑袋差不多被砍掉了，肚子也被人剖开。一层客房的门大多朝向庭院。一个女仆的尸体横躺在门槛上，那具尸体以一种难以言表的方式被肢解了。店里共有十来个人，其中有八个人死在了不同的地方，这里似乎已经没有活人了。客栈被洗劫一空，没有留下值钱的东西。看到这种场景，我顿觉热血沸腾。就在不久前，我还见证了这里幸福和欢乐。如果能向刽子手报仇，就算牺牲我自己的生命也在所不惜。

二楼有一架竹梯通往屋顶，屋顶是平的，我爬上去看了看。那里相当黑，除了临近的几条街外，什么都看不到。只有远处高地上的炮台还闪着灯光。面向大海的几座炮台仍然控制在中国人手中。但这些炮台在第二天就轻而易举地沦陷了。事实上，它们是被守军抛弃的。我注意到，城市里的暴力活动在迅速减少。我慢慢地向前走，在灯笼微弱的亮光下，我发现黑暗中有两个人影。我向前走，他们就向后退。这时，一个人跪倒在我面前，痛哭流涕地磕头求饶。我用灯笼照了照他，惊讶地发现，他就是那位钟姓伙计。他没有立刻认出我。考虑到我这身打扮，这似乎不难理解。他似乎已经被吓傻了，我费了些劲才让他认出我是谁。他此时的喜悦丝毫不亚于恐惧。他的同伴是个陌生人，看样子斯斯文文的，我对他的印象很好。可以看出，他的家境不错，我后来得知，他原来是一名官员。日本人洗劫了他的家，杀害了他的家人。他和他的一位兄弟跑到街上，被人追杀。他的兄弟中弹身亡，他的左臂虽然也中了一枪，但好歹是跑到了客栈。当日本兵闯入客栈时，他和钟姓伙计跑到了屋顶上。好在日本人没上房顶搜人，他们才躲过一劫。那条受伤的胳膊使他备受煎熬。当年到处闲逛的时候，我曾学过一点外科知识，就帮他治疗。我将破裂的骨头拼接好，又用我的领带为他做了一个吊腕带。

我将我的经历和我的所见所闻说给伙计听，他又将我的话翻译成中文，告诉他的同伴，因为后者听不懂英文。随后，我们商量下一步该怎么办。屠杀已经逐渐停止，可能是日本兵杀累了，也可能是他们被召回了军营。日军的兵力超过两万。据我估计，参与第一天晚上大屠杀的士兵大概不到总兵力的一半，或者只有三分之一。因为还有相当一部分的军队在驻守炮台，另一部分军队在保卫这一地区的安全。我们觉得，随着夜静更深，他们很可能撤回了城外的军营，事实也确实如此。我们决定在夜幕的掩护下向海边走，看能不能找到最后的逃生机会。我们四下寻找食物，但只找到几块馒头和一点甜食。

整座城市陷入死一般的寂静，只有偶尔传来的不祥之音才会打破夜的平静。我们仿佛走进了一个黑暗迷宫，街上不时有灯光晃动，但根本看不清提灯笼的人长什么样。街上都是尸体，死相非常吓人。看到这个场景，我们又回到黑暗的屋顶上蹲好，对于我们来说，那里是最安全的地方，但此时头脑中还会浮现出支离破碎的尸体。就在一两个小时前，我们也可能遭到同样可怕的命运。在这个充斥着恐怖和暴行的地方，我之前种种不羁的行为忽然浮现在我眼前。在挥霍了巨额遗产之后，我成了一个堕落的人。但在地球的另一端，在一个完全听不懂我说话的陌生地方，那些野蛮士兵亲手制造血淋淋的杀戮却使我幡然醒悟，我不再是一个浪子了。我曾经对前途毫不顾忌，做事冲动，又缺乏经验。如果有哪位年轻读者和当年的我一样，我希望他能从我经历中得到警醒，适时地纠正之前犯下的错误。

大约10点钟左右，我们从屋顶上下来，离开客栈来到街上。我已经大约两个小时没听到枪声了。钟姓伙计对路比较熟悉，他拿着灯笼走在前面。我仍然穿着日本士兵的衣服，如果碰见日本兵或遇到麻烦，我就装作是让两个中国人引路带我回军营。倘若这招儿行不通，我就和他们以死相拼。

我们所走的路恰好穿越全城。我们所经之处，尸体都堆积如山，无论男女老幼，无论贫富贵贱，他们都不加区别地被杀害。悲伤的幸存者——只能说他们现在还是幸存者——举着各色的灯笼，边低声哭泣边寻找失踪的亲人，他们弯下腰辨别残缺不全的尸体，这个景象真是可怕极了。这一天我至死都不会忘，那天的恐怖将永远不会褪色。这些恶魔到处奸淫烧杀，真是无恶不作。这就是战争！那座华丽的亭子被占领了。龚道台和他手下的文武官员曾在这里商议如何取得胜利，如何博得全国的赞许和皇帝的赏识。但现在，这里只有荒芜的家园和残缺不全的尸体，夜的黑影遮蔽了这些文臣武将的骄傲。这还只是四日屠杀中的第一日！日本人在其他地方表现得宽厚仁慈，他们在旅顺的暴行也是中国人自取其祸。但日军高级指挥官亲眼看到手下士兵对无辜的平民痛下杀手，却不加以阻止，这足以将日本军队永远钉在历史的耻辱柱上。

许多可怜的中国人一看到我转身就跑，他们一定是把我当成日本兵了，感谢上帝，我还不是孤单一人。在一条街上，我看到一个中年男人和两个年轻人抬着一具半裸的女尸，这个女尸的胸腔和腹腔已经被剖开了。在昏暗的光线中，那名男人一看到我就面露凶光，他从胸前拿出一把长刀，一边用刀指着我，一边对他的同伴大声喊叫。看样子，这两个年轻人应该是他的儿子。钟姓伙计赶忙上去和他们解释，我们才得以继续赶路。我问他，刚才那个男人在说什么。伙计告诉我，他刚才说："这儿有一个日本鬼子，咱们劈了他！"

现在已经没必要为所眼前的惨景痛心了。我们快速向前走，但无论怎么小心，还是会踩到血里。我们走在一条大约宽 10 英尺的街上，听到前面有声音，好像是在叫喊，也好像是在唱歌。在前面大约 15 码外有个转角，我们犹豫了一下，但最后还是停下来。这时候，街角出现了一队日本兵。我们的右边是一扇低矮但宽阔的大门，我们立即蹑手蹑脚地溜进门里。里面非常黑，便于藏身。我们舍不得熄灭灯笼，就把它放在墙边的一处角落里，以免灯光被街上的人看到。我们躲在黑影里，不安地等待着日本人过去。他们的声音由远及近，发出刺耳的歌声，同时伴随着一种很大的声响，开始我还以为是什么乐器。他们很快来到门前，大约有十二三人。我屏住呼吸，等待这群人过去。他们的样子非常可怕。毫不夸张地讲，他们的身上散发着杀戮的味道，他们的衣服和武器上都是凝固的血块，刺刀上还挑着几颗人头。他们拎着灯笼，大摇大摆地向前走，灯光照在他们令人生厌的身体上和那张野蛮的东方面孔上。他们龇着白牙，斜着眼睛，长着一张张黄色的脸。手中的灯笼仿佛是摇曳不定的鬼火，正好和他们鬼一般的脸相配。他们看上去更像是恶魔，而不是人。走在最前面还是个没骑马的骑兵，他敲打军刀，为同伴鬼哭狼嚎般的歌声伴奏。他们踩着尸体继续向前走，这座沦陷的城市被他们的暴行弄得尸横遍野。在他们走过去后，我们还能听到他们的叫喊声和用军刀伴奏的声音。最后，他们的声音消失了，四周又恢复了安静，安静得我都能听见自己快速、沉重的心跳声。

在等待两三分钟后，我让钟姓伙计去拿灯笼，然后我们再次出发。但我们刚出门，就被黑暗中的什么东西绊倒了。仔细一看，原来是具尸体。他用灯笼照了照这具尸体，上面有许多很深的刀伤，其中一刀劈在了脸上，左眼被完全砍坏，肚子也被人豁开。他右手拿着一把刀，这说明临死前他还在努力保护自己。我用灯笼向后照，发现了一扇微微打开的大门，门前有三四节台阶。台阶上全是血，看上去血是从门后面流出来的。我推门进去，发现那是个宽阔、低矮、空旷的屋子，好像是办公的地方。屋子里有个巨大的木制柜台，柜台上有隔板，隔板上有许多小洞，这些洞好像是为了便于柜台两边的人说话才挖的。看样子，这里不是银行就是钱庄。我描述这里并不是因为房子本身，而是因为房子的场景。地板上到处是死尸，男人、女人，还有孩子，这些尸体被胡乱地堆在一起。他们是难民，逃到这里后被残忍地杀害。地上都是些没有头的尸体，柜台的木制隔板上有一长排钉子，血淋淋的头颅被挂在那些钉子上。在灯笼微弱灯光的照亮下，这些头颅仿佛在盯着我们发出狞笑。看到这一恐怖的景象，我的两个同伴不禁发出了一声惊叫。当我的目光与死者的凝视相遇的时候，我全身的血液都快凝固了。这些头颅向上昂着，就好像是在嘲笑生活。一位几个月大的婴儿被一只锋利的铁针钉在柜台下方，那只铁针完全穿过了他那小小的身体。从尸体中流出的血和内脏堆积在地上，足有两三英寸厚。被砍下的胳膊、大腿和头颅随处可见。总而言之，这是一般人绝对见不到的恐怖场景。眼前的惨状和令人作呕的血腥味使我们再也待不下去了，于是决定马上离开这里。就在此时，又一对日本兵从门前经过。走在最前面的士兵手里举着一支硕大的火炬，火炬发出了摇曳的红光，将周围照得一清二楚。我立刻发现，除了两三个人之外，其余的都是军官。他们是些看上去精明能干，颇有绅士风度的小个子，可能是从最后的屠杀现场返回军营，也可能是在查看这座城市是否已经完全放弃抵抗。他们高兴地笑着谈着，就好像这场屠杀是件令人愉快的事。等他们走过去了，我们才偷偷溜到街上，但刚走几步就看到一个拿着灯笼的日本兵突然出现在刚才提到的那个街角。他好像是在追赶刚才经过的那队日本兵。我们急忙往刚才那个门跑，重新回到钱庄，把门关好。但我觉得我们很可能已经被他发现了，而事实也确是如此。大约一分钟后，我们听到外面有脚步声，随后门被一脚踹开，进来了一个日本兵。他个子很矮，长得一副凶神恶煞的样子，手里拿着一把军刀。让我感到好奇的是，他的手非常白。在黑暗中，他发现了我，但看我穿着军装，就拿我当日本人了。他将武器放低，同时对我说了点儿什么，口气相当严厉。他说的话听起来有点像意大利语。他指着那两个中国人，好像在问他们是谁。我趁他不备，给了他一刺刀，他躲闪不及，被扎了个正着。他立刻摔倒在地，但还想挣扎着爬起来。我又给了他一刺刀，他再次摔倒，撞到柜台上，同时发出了一声呻吟。被他这么一撞，一颗挂在柜台隔板上的人头就从钉子上掉下来，正砸在他的肩膀上。他的眼睛痉挛地时睁时闭，好像在凝视这个可怕的东西。他又呻吟了几声，过一会儿就咽气了。我弯下腰，用灯笼仔细照他。这才发现，他的军装和武器相当不错，从面相上看，我杀的应该是位高级军官。他带着白手套，难怪我觉得他的手非常白。我忽然感到有些后悔，如果早知道他是个军官的话，我肯定会要求他保护我和我的同伴。但拿着灯笼的伙计躲在我身后，这位军官的灯笼又不亮，所以当时光线非常昏暗，我只能看出他是位日本兵。与其坐以待毙，还不如主动出击。用日本人的话说，我帮他完成了"切腹自杀"（happy despatch），他对我来说已经没用了。在离开前，我拿走了他的军刀，这是一件非常漂亮、非常昂贵的武器。刀柄上装饰着大量黄金，刀上还有许多大小不等的钻石和红宝石，看上去非常典雅。我将这件战利品带离旅顺口。1896年初的时候，我已身在利物浦。当时，迫于经济压力，我不得不将它抵押给一位商人，他认为这刀值600或700英镑。

他无论如何也不相信这把刀的来历。他哈哈大笑，说我在和他开玩笑。他的固执真让人啼笑皆非。"你是名水手，先生，这我看得出来。"他说，"我知道水手都会讲些什么故事，这样的故事我已经听过不少了。"

我们再次蹑手蹑脚地来到街上，在可怕的黑夜中继续走那条穿越全城的道路。我们在这条发生过大屠杀和日本士兵经常出没的街道上匆忙赶路，日本兵可能是经由这条路前往黄金山炮台。我们需要向右转，进入一条狭窄的小巷。但巷口已经被一大堆尸体堵住了，我们只好从死人堆上爬过去。正爬的时候，我突然听到一个可怕的呻吟声，我脚下的一具尸体好像还在喘气。我后退了几步，这具尸体居然站起来了！他身材高大，浑身是血，凝视了我好一会儿。随后，他又大声地发出呻吟，接着就张开双臂仰天摔倒。我没有耽误时间，赶快爬过人堆，去追赶我的同伴。他们被吓跑了，但我不怪他们，谁让一具尸体突然又活过来了呢。他们的行为举止可以很好地诠释"惊恐万分"（blue funk）一词：他们不停地颤抖，牙齿打颤，眼睛四处乱看，常常痉挛性地停步不前，就好像看见或听见有杀人魔靠近一样。至于我呢，虽然外貌并没表现出惊慌，但内心还是感到十分恐惧，在这里我也不必说什么大话。漆黑的夜和死一般的寂静笼罩着这个地方，恐怖的景象随处可见，就是足球裁判的神经也禁不住这份折磨。

我们到达了水边，北岸是几间砌砖的房屋，那里以前是家木材厂。到处都显得黑暗荒凉。月亮已经挂在了西港的天空上，但天空中只有一轮残月，提供不了多少光亮。除了月亮之外，天上也看不到有几颗星星。晚上寒冷彻骨，但我的精神高度紧张，倒也没觉得身体吃不消。在灯笼的照亮下，我们开始找船，但却一无所获。在造船厂附近一个方形水湾中，我们又看到了恐怖的一幕。一艘帆船在浅滩搁浅。船上和靠近船的岸边全是死尸。这条船可能是被追到这里，搁浅后船上的人惨遭杀戮。一条船，这不正是我想要的吗？这可能是我们能找到的唯一一条船了。船向一侧倾斜，我们涉水来到船边，但上船时遇到了一些困难，因为船上满是尸体。船上的人穿着军装，他们显然是被枪杀的。我们一共找到了两条船。一条船是像海扇（cockle-shell）那样的轻舟，已经被子弹打得千疮百孔，不能再用了；另一条船是船尾搁浅，上面全是尸体，这就是我们刚才发现的那条船。后者的状态尚佳，但首先要处理掉上面的尸体，这实在是太令人头疼了。于是我们回到岸上，看能不能再找到一条船。但一切努力都是徒劳的。我们只在附近找到了一条旧舢板，它的一侧漏得非常厉害。这条船需要三个水手，但我们中只有我是水手，而且我也不太会使用这种船。所以我们只好回到那艘装载着死人的船。这次，我们三个人都上了船，开始做准备工作。拖走死尸费了不少劲。利用船倾斜的角度，我们将船重新推回水里。船上都是血，但我们已经顾不了那么多了。在帆船的厨房里，我们找到了一些食物和淡水——或者说曾经的淡水。

午夜 12 点之后，我们开船上路。我的两名同伴都不会划桨，所以几乎帮不上忙。而且，中国的桨——中国的其他东西也算上——和世界其他地区的同类物品有很大区别，我要练习一下才知道该怎么使用。我们到达了港口的入口，但那里有许多的鱼雷和水雷。尽管我们不会遇到日本军舰，但如果在黑暗中偏离了深水航道的话，那来自水下的危险还是会威胁我们的安全。为了安全，我们只好低速航行。我们用了两个小时才穿过港口的入口。

我不知道下面该做什么。但毫无疑问，留在旅顺口只有死路一条。现在我们有了一线生机，这是个最好的机会，我们应该有多远就逃多远。思考片刻后，我决定向南航行，绕过这个极度不幸的半岛。

临海的炮台似乎没有发现我们，远方有几个迷迷糊糊的亮点，那就是日本战舰停泊的位置。对于它们来说，那里是进攻旅顺口的好位置。虽然天气非常冷，但并无暴风雨的迹象。但当我们从淡水航行到海水中时，就立刻感觉划桨变得越来越吃力。依照现在的处境看，我们的前途一片迷茫。我开始怀疑刚才的决定，留在港口是否会更好些？就算让日本军舰捉了去，也比在海上不知东南西北地漂荡强。如果继续漂荡下去，我们可能会被饿死。听天由命吧。我们从港口出来，艰难地向前划了两英里，这时我们发现了一艘在沙洲上搁浅的大船。船上没有灯光，也没有人，但看样子不像是一艘失事的船，开始的时候我们也搞不清是怎么回事。我们商量了一下，决定先开一枪，看船上会有什么反应。枪声响过，船上立刻变得躁动起来，甲板上挤满了人，他们手里还举着灯笼。我让钟姓伙计向他们喊话。他喊了几句，船上的人用中国话回答。我们靠近大船，我的两个同伴就和船上的人攀谈起来。得知我们的经历后，他们才允许我们上船。船上全是逃出来的难民，他们在等明天早上涨潮，潮水可以将船带离沙洲。他们告诉我们，有两三艘帆船离开港口时撞上了水雷，船身被炸得粉碎，不少人落入了敌人的魔爪。除了水手之外，船上大部分人都是士兵。东方人的等级观念根深蒂固，他们将最好的客房让给那名官员住，他坚持请我同住。我的两名同伴将我介绍给船上的人。对于他们来说，穿着日本军服的我一定是个奇怪的人。

逃亡和焦虑使我筋疲力尽，上船半小时后，我就睡着了。我一直睡到第二天，这时船已经成功离开沙洲，驶向大海，而且没有引起日本船只的注意。

（邢科译，来源：James Allan, *Under the Dragon Flag: My Experiences in the Chino-Japanese War*, London: William Heinemann, 1898, pp. 76–102.）

7

中式帆船非常独特，大多数欧洲人都不知道它是什么样子，所以我简单介绍一下。这种船大小各异，大多数都能适应中国纵横交错的河流和运河。最大的帆船大概可以载重约 1000 吨。船身的结构与众不同。我们是先建龙骨，但在中国，这项工作最后完成。他们会用巨大的钉子将船舶的主要构件连接起来。下一步建造上下两层甲板和安装船梁。甲板是弓形的，上面还会修一个平台，用以遮阳和防止其他东西伤害船上的人。中国人会用旧渔网和竹茹（bamboo shavings）填补缝隙，之后再涂上一种黏合剂，这种黏合剂的主要成分是牡蛎壳粉烧成的灰、上好的竹茹，以及一种从坚果中提取的植物油。风干后，这种黏合剂会变得异常坚硬，它永不开裂，因此接缝处非常安全，而且具有很好的防水性。中国的造船工作并不细致。找到合适尺寸的树就砍下来，工人会刨去树皮，再锯成心仪的长度，但他们不去改变木材曲直度，只找些曲直度合适的树木来用。中国帆船的结构、绳索、部件等，没有一样和欧洲的船舶相似。每一样东西都不同：船只构造、龙骨、船首斜桅、侧支索、使用的材料、桅杆、船帆、尺寸、船舵、罗盘，以及船锚——全都不一样。

我乘坐的这艘船名叫"金星号"（King-Siting），大约有 700 吨重。按照船长的说法，这条船的船龄在一百年以上，当年制造它的时候使用了一整根柚木。他告诉我，刚刚去世的一位水手已经在船上工作 50

年了。这艘船长 160 英尺，船梁宽 25.5 英尺，吃水深 12 英尺；船尾到水面 38 英尺，船头到水边 30 英尺。船上的大厅——或者说主舱——最引人注目，那里有漂亮的家具和装饰品，这与船舱本身的粗枝大叶形成了鲜明的对比。主舱的出入口有镀金和雕花装饰，还有一个类似于天窗的东西起保护作用。主舱壁上嵌有加工过的牡蛎壳。在中国，这种牡蛎壳是玻璃的替代品，因为后者的价格太高，所以很难广泛使用。主舱 30 英尺长，25 英尺宽，11 英尺高，舱顶上挂着各式各样的中国灯笼。每一盏灯笼的大小、样式和材质都不同。舱壁和舱顶是黄色的，上面绘制了各种花草、水果、昆虫、鸟类、猴子、狗和猫。按照纹章学（heraldic language）的观点，后几种动物是"四端呈叉状"（queue-fourchée）。船舱内有大量有趣而漂亮的物品，它们都是这条船长年积累下来的。如果给它们做个清单的话，恐怕会用掉好几张纸。如果将它们带回欧洲，那将会使许多家博物馆声名大噪。

主舱的一端是佛堂或神龛（Joss-house or idol-house），上面供奉着长有十八只手的准提（Chin-Tee），身边还跟随着两名侍者。这是一尊由樟木制成的镀金佛像，身上还裹着红绸子。神龛之前放着一张同样由樟木制成的红色供桌，桌上放着一个香炉。桌面上刻着各种花卉和昆虫，以及二龙戏珠的图案。桌子的前面用绿漆漆出几个方块，上面写着中国字，意思是要求礼拜者拿黄金和玛瑙石作贡品。

水手的卧房位于船尾的下层甲板。卧房的附近是这条船最惊人的部分，那里有一个巨大船舵。这条船没有艉柱，所以船舵并未悬挂在枢轴上，而是用三条由藤麻制成大绳索固定在两个绞盘上。一条绳索固定在下层甲板的绞盘上，另外两条绳索固定在上层甲板的绞盘上，这样就可以根据水的深浅上下调节船舵。最低点大概吃水 24 英尺，比船的吃水深度多 12 英尺，这时需要在下层甲板掌舵。有两条由竹丝制成的绳索将船舵固定在船尾的一处沟槽里，这两条绳索经过船底延伸到上层甲板，并固定在那里。要拖动如此巨大的船舵，至少需要 15 个人才行。

如果想爬到上层甲板，那就要经过一个由牡蛎壳制成的盖子，这个盖子与主舱的天窗类似。盖子下悬挂了一面巨大的旗子。在皇帝出席一个庄严的宗教仪式时，曾经悬挂过这面旗子。绞盘附近有一块木头，上面刻着一行字："愿大海永远不会吞没这艘船。"木头的旁边是水手的神龛，上面供奉着海神和他的两个随从，每尊神像上都披着一条红绸子。主神面前摆着一块木头，这块木头取自造船时使用的第一根木料。取下的木头会首先送到重要的庙宇，做过法事后再拿回船上，作为神明保佑的象征。神像前面有一个小香炉，香炉里面放着土和米，上面插着人们供奉神明的香。供桌上放着一盏长明灯。在航行的时候，如果灯灭了，那就会被视为厄运的预兆。神龛的左右两侧绘制了几幅画：第一幅画的是鸳鸯，第二幅画的是一个在梳妆的中国妇女，第三幅画的是一缸金鱼。这层还有供客人和押货人员休息的房间，房门上画着不同的图案。上面是高高的船尾甲板，甲板上有一个船舵绞盘。后桅杆大约 50 英尺高，位于船体的一端，便于在浅水时操作船舵。主桅杆大约 95 英尺高，底座的周长大约是 10 英尺。主桅杆由一根柚木制成，看上去就像是一颗去掉树皮的大树。按照我们的观点看，主桅杆并不是笔直的。但在中国人眼里，有一些弯曲的桅杆比没有弯曲的桅杆好，因为弯曲可以增加桅杆的载荷。中国人会把木材埋入潮湿的地下，他们认为经过这样处理，柚木就会变得像铁一样坚硬。为了防止桅杆在硬化的过程中开裂，人们又在上面加装了铁箍。桅杆插入底座不到 4 英尺——这条船没有内龙骨。为了加固，中国人又在桅杆上绑上了两根木头，木头下面有两块楔形木垫。船上既无支索（stays）也无侧支索（shrouds）。用柚木制成的主帆下桅横桁（main yards）相当粗糙。上半部分长 75 英尺，下半部长 60 英尺。

　　船帆由编织紧密的席子做成，这种材料比帆布要轻一些。这种帆很容易兜住风，又不容易破，所以几乎不会在风中晃动。"金星号"的主帆非常大，也非常重，在船长的协助下，需要 40 个人才能将帆升起。如果没有船长的话，就需要 80 个人。落帆的时候则需要 18 个人。落帆会渐渐下降，因此不用派人到桅杆顶上去。

　　风信旗是鱼形的，鱼的骨架由藤子做成，头和腮由席子做成，鱼头上还有两条触须。鱼尾上有长长的飘带，鱼身上有许多用于装饰的小旗。鱼身上还有几个中国字，意思是好运伴船而行。在主桅杆和前桅杆之间的甲板上有两个巨大的绞盘，主要用于将锚拉出水面。前甲板下的船舱入口处放了两个水箱，每只水箱能装 1500 加仑的水。前桅杆距甲板 75 英尺高。它向前倾斜，有一根大木头在后面起支撑作用，固定主桅杆用的也是这个方法。锚是木制的，锚爪上包着铁，锚链上有大量结实的竹丝。用藤绳将三块木头绑在一起，这就是固定在船上的锚杆。我们是将锚放在锚架上，但中国人是将锚放在甲板上，所以把锚放在哪儿都可以。与我们的锚相比，他们的锚爪要小一些。他们的锚爪是直的而不是圆的，而且没有锚掌。他们还有些只有一个锚爪的小锚。锚链由藤子编成。船上没有缆柱，但穿越甲板的结实船梁所留下的巨大空隙却可以起到类似缆柱的作用。船的一侧向外突出三英尺，那里是几个空气密封箱。这些密封箱是本船的另一特色，目的是使船获得更多浮力，可以装载更多的货物，防止船身摇晃。但在我看来，船身是否晃动，主要取决于船只的大小和船舵的位置。

　　这艘船的厨房位于主桅杆的后方。一般来说，欧洲船只是不会把厨房设计在这个位置上的。厨房的地面是由砖砌成的，炉灶的前方有两个洞，洞前有水。这样，从炉灶中飞溅出的火星掉入水中就会立刻熄灭。他们用木头烧火。灶台上放了几只铁锅，铁锅的周围是红砖。一只锅上有半个木桶形的锅盖，这锅是用来做米饭的，锅盖的作用是防止蒸汽跑出去，这样做出的米饭口感好，又不会糊掉。我们做饭的时候就经常犯这个错误。此外，在船颠簸的时候，锅盖也可以防止米撒出来。我们的定量是每人每天 3 磅米。所有的杯盘餐具都在厨房外洗净，所以厨房里很干净。我们每天去厨房前面打饭。厨房旁边有一个木制水槽，但上面做了些装饰，所以看上去就像是用砖砌的。这个水槽可以盛 3000 加仑的水。

这就是"金星号"，中国的船大概都是这个样子。中国人对船舶的认识正在逐步发生变化，但这种认识上的变化只局限在军舰方面。他们的民船依旧沿袭着祖先遗留下来的传统，像这样的帆船在中国随处可见，仿佛是昨天才刚刚出现的。当罗马和迦太基逐鹿地中海的时候，这种帆船就已经航行在中国的江河湖海上了。但当罗马、迦太基和其他海上强国逐个崛起，又像泡沫一样灰飞烟灭之后，中国人和他们永远存在的帆船仍旧航行在中国的河流大川上。

这艘船属于上海几位官员，他们用它跑中国到交趾支那（Cochin-China）的贸易。最近，这艘船运一批货到芝罘，但不料被大风吹到了渤海北部，不得不去旅顺口避风，这才有了逃离虎口的经历。在旅顺陷落之前，他们一直待在那里。船上共有 54 名船员。

离开沙洲后，我们依旧航行在渤海之中，准备驶向附近的某一个港口。但航行的第一天就遇到了西北风，当时风势很强，一下子把我们吹出了渤海。到了晚上，风势减弱，此时我们已经到了黄海。船主想把船直接开回上海。我不反对这个决定，和我一起逃出来的那位官员也不反对，因为他在南方有许多亲朋故旧。但船上的士兵强烈反对，他们的数量比船员多，如果处理不好，恐生事端。他们都来自北方省份，到南方后语言不通，所以不愿前往上海。事实上，中国各地的方言差异很大，这非常不利于将中国人团结在一起。那名官员承诺，到达上海后，他将联系当地政府，安排他们返乡。如果不成功，他愿自掏腰包送他们回去。此外，他还强调，如果返回北方，他们很可能落入日本人手里。大风将他们吹出渤海实乃大幸。他这几句话很有说服力，士兵们这才勉强同意前往上海。

在航行中，船员的迷信使我觉得非常有趣。他们崇拜偶像的行为真的非常有启发性。船长是个虔诚的人，他每天都会按时上香，鸣锣，以及进行其他可以取悦神明的仪式。但他也是个鸦片鬼。尽管笃信神明的力量，但在鸦片烟的作用下，他就像完全变了个人似的。不抽烟的时候，没有人比他更虔诚，但抽上两口鸦片，加上天气不好，他就会对神明破口大骂。他通常会在中午抽烟，午后就会逐渐变得狂躁起来。早晨的时候，他还既冷静又虔诚；但到晚上，他就会变得既忘乎所以又亵渎神明，正如我在上文所说，特别是在天气恶劣的时候。"你这个可恶的准提，"他用拳头指着神像说，"我们现在遇到麻烦了，这都是你的错。你有什么用啊，你这个懒惰的老太太！你什么时候才会保佑我们。"他会这样一直骂下去，直到精疲力竭为止。第二天醒来，回忆起昨天的弥天大罪，他就会后悔万分，跪倒在神龛前，用最可怜的语言乞求神明饶恕他前一天晚上的胡言乱语。此后的两三天，他会节制自己的行为。然而，一旦天气变坏，他就会拿起烟枪，到那时准提恐怕又要挨一顿臭骂了。船长的大不敬使其他船员感到恐惧。有好几次，我真的担心他们对船长下毒手。并不是所有船员都吸食鸦片，他们中有些人只是用金属制的水烟袋抽几口廉价的烟草。鸦片烟枪与水烟袋完全不同。烟枪的直径大约 1 英尺，烟杆上有一个用于放鸦片的小孔，这个孔比大头针的针尖还小。经过煮沸和蒸发后，鸦片就会变得像糖稀一样。对于新手来说，抽上一点点就能过瘾，但像船长那样的老烟枪往往要抽几个小时。

供奉神祇所烧的香主要由一些带香味的木头组成，还包括了银箔纸和锡纸等。指南针也是最受崇拜的东西之一，他们会在指南针前面摆上茶水、甜点心和猪肉，认为只要这样指南针才会准！众所周知，中国人使用指南针比欧洲人早了好几个世纪，中国指南针的材质与我们的指南针不同。他们不把磁针放在一个活动的硬片上，他们的磁针大约有 1 英尺长，平衡地放在木盘中光滑的小孔内，这个木盘是被仔细漆过的。木盘的边缘上有 24 个点，这些点还与一些最古老的占星术有关。盘子的圆周上还画有若干个同心圆，并刻有一些神秘的符号。我们说磁针指向北方，但他们认为磁针指向南方。因此，磁针的末端被涂成了红色。在他们眼中，红色具有一种不可思议的力量。我在上文说过，他们在神祇的身上披上了红绸子。除此之外，他们也会在船舵、缆绳、桅杆和船的其他主要部件上系上一小块红布，他们认为这样可以保佑平安。他们还会在船头一边画上一只眼睛，以为这样船就能认路了！开始的时候，我不知道这是什么意思，就让种姓伙计去问船长。他将船长的话翻译给我听："有眼睛就能看见，没有眼睛就看不见。"凡遇到特殊的宗教仪式，他们就会用红布条装饰着两只眼睛。有一次，我们疑似遇到了日本军舰，他们就用红布包上那些古老的枪炮。这样进行防御，他们就会感到安心。我相信，英国训练出的中国海军一定抛弃了这些令人惊讶的观念，学会了如何使用欧洲的指南针。但这艘船的船长和船员还在恪守着传统，他们的想法和这艘船一样陈旧。

我还没介绍我那位官员朋友呢。他叫吉昌（Ki-Chang），是个五品官。他的官帽上镶嵌着一颗水晶石，这颗水晶石象征了他的官职大小。

他46岁，聪明，和蔼，风度翩翩。在航行途中，我们经常聊天，钟姓伙计为我们做翻译。我教他一些英文，他学会用英文拼写自己的名字，这个成就使他感到非常骄傲。与大多数受过教育的中国人一样，他能写一手好字，是个富裕、有社会影响力的人。

"金星号"是艘不错的海船，但速度却出奇的慢，八节就是它的极限速度了。我们遭遇过一两次恶劣天气，"金星号"的表现都可圈可点。有一天晚上，天空中电闪雷鸣，原本的西南风变成了一场飓风。我们降下了所有的帆，只留下前桅杆上的半个帆，要25个人合力才能转动那个巨大的船舵。我们从舱面柜排出了大约8吨水，保住了甲板上的每一样东西——无论前甲板还是后甲板上。这艘帆船艰难地前行，但好在船舱里没进水。拂晓时分，天气好转，我们又升起了几面帆。但随后风向转向西北，吹得比以前更猛烈了，这时又下起了大理石般的冰雹。冰雹砸在我脸上，就好像参加中量级拳击比赛时挨了重拳一样。为了降低速度，我们再次降下主帆和四面前帆。三点钟，船身开始向一侧倾斜，海水冲走了一艘救生艇。天空一片黑暗，此时又下起了浓雾，30码之外什么都看不见。六点，飓风丝毫没有减弱的迹象，狂躁的大海几乎要将船横过来。海面上全是泡沫，海浪一浪高过一浪，但好在狂风把海浪压下去了。我们降下来所有的帆。随后，风势减小，我们重新挂上帆，但狂风又再次来袭，把我们甩到了船尾。又一条小船被吹跑了，舵手错误地转动了主帆，致使前桅杆的帆受损。但好在主帆经受住了考验，没有什么破损。幸运的是，船上的帆都可以容易地、迅速地降下：我们可以砍断吊索，这样帆就会立刻掉下来。船的表现令我很惊讶。船身没有进水，只有一些浪花落到了甲板上。船之所以走得慢，是因为它走得稳。总而言之，这是一艘非常安全的船。一天晚上，我们在一个背风的海岸下锚，这里非常危险。船员将红布系在锚索上，我们就在死神的注视下平静地吃了晚餐。我表现得和他们一样平静。他们的信心就像船锚一样，坚定不移，坚忍不拔。

尽管早就掌握了指南针，但中国人并不想远航，他们很少离开海岸线，因为陆地可以为他们提供帮助。我注意到，他们喜欢紧靠着海岸线航行。远航需要始终保持警觉和注意力集中，但他们的职责制度非常松懈，船员们经常是粗心大意的。船上没有认真的守夜人。当夜幕降临后，船长就会平静地降下主帆中的三个小帆，以及后桅杆上的所有帆。之后，所有的船员都会回自己的房间，只留一个舵手在甲板上。午夜时分，睡觉的人醒过来，再吃上一顿夜宵。饭后，守舵的人换班，其余人再次回房睡觉。

依照这个样子，我们的航行速度当然会比较慢。除此之外，船上还发生了不止一次的骚动，有时是因为船员拒绝工作，有时是因为士兵抱怨吃不饱肚子。我们拜托北上的中外船只，希望它们能顺道捎上这些心怀不满的士兵，但是它们拒绝了这份荣幸，话说得很婉转，但态度十分坚决。凭借着这位官员的承诺，我们的船得以继续艰难地前行。但这一切终将会过去，次年一月，我们终于到达了目的地。

我不必再多说什么了。为了表达感激之情，吉昌不但对我盛情款待，而且给了我很多钱，这正是我急需的。当然，我早就还清了这笔借款。

我乘坐一艘法国船来到了卡亚俄（Callao），之后再经陆路返回旧金山。我拜访了查布的船东，他告诉我，"哥伦比亚号"（那时不在港里）又进行了一次成功的航行，但这次没赚到多少钱，所以他决定不再让这艘船去冒险了。或许，"哥伦比亚"并不是这条船真正的名字。

之后，我又在悉尼遇到了韦伯斯特。他对把我丢在旅顺口一事说得非常简单。那天，这位"流浪汉"灌了很多朗姆酒，所以忘了我上岸这件事。而查布则认为我已经回到船上,特别是我已经将送我和林煌上岸的那艘小船打发回了"哥伦比亚号"。因此,直到第二天早上,他们才发现我不在船上,但这时船已经开出去很远了。韦伯斯特想要回去找我,但查布只关心他认为最重要的事,所以反对回航。他冷冷地说,可以在下次航行的时候去接我。他还说,把我落在岸上是韦伯斯特的过失,如果他愿意的话,可以游回去找我。听到这种无情无义的话,我只觉得怒火中烧,如果那位尊敬的查布先生在场,我一定会给他点厉害瞧瞧,这样他以后就能懂点事。但我之后再也没有见过他。

这就是我在中国的所见所闻。这个龙旗飘飘的国度看上去很辉煌,但实际上却衰弱不堪。过了很长时间之后,我才将这些事写下来。除了之前记录下的中式帆船的结构和船上装备之外,其余都是凭记忆写的,但我相信自己对一些重要事件的记忆不会出现差错。除了消遣之外,如果我这篇简短的故事还能给读者带来一些警醒的话,那我人生中这段颠沛流离、痛苦不堪的经历就有价值了。

（邢科译，来源：James Allan, *Under the Dragon Flag: My Experiences in the Chino-Japanese War*, London: William Heinemann, 1898, pp. 103-122.）

詹姆斯·克里尔曼：从平壤战役到旅顺大屠杀

我们弯腰检查尸体时，听到几码之外的路上有枪声响起，我们走过去看发生了什么。我们看见一个老人站在路上，双手绑于后背。他身旁的地面上有三具扭曲的男尸，均是绑着被杀。我们赶到时，一个日本兵开枪射倒老人。老人脸朝上躺在路上，呻吟着，眼珠还在转动。士兵们撕开他的衣服，看见血从他胸部流出来，然后向他射出第二枪。老人的脸抽搐着，身体因为疼痛而剧烈颤抖。士兵们向他吐口水，嘲笑他。

——詹姆斯·克里尔曼

【编者按】詹姆斯·克里尔曼（James Creelman，1859 － 1915 年）于 1859 年 11 月 12 日生于加拿大蒙特利尔，1872 年随家人移居美国纽约。1877 年，他进入《纽约先驱报》（*New York Herald*），由于其杰出的工作能力而很快得到重用，曾担任主笔。1889 年他被报社派往欧洲，负责巴黎和伦敦的《纽约先驱报》。他利用这个机会，在欧洲采访了一些颇有影响的人物，包括俄国文学家托尔斯泰、罗马教皇利奥十三世、探险家亨利·莫顿·史丹利（Henry Morton Stanley）、流亡意大利的匈牙利民族运动领导人科苏特（Kossuth）等，并撰写了一系列轰动性的

詹姆斯·克里尔曼（来源：James Creelman, *On the Great Highway: The Wanderings and Adventures of A Special Correspondent*, Boston: Lothrop Publishing Company, 1901, p. 2.）

文章，使他成为当时知名的新闻从业者。1891 年，他回到美国，随后当选为纽约新闻业俱乐部和英国国家自由俱乐部的成员。1893 年，他受雇于约瑟夫·普利策的纽约《世界报》(*The World*)，在中日甲午战争爆发后即被派往远东做战地记者。他于 1894 年 9 月初到达日本横滨，作为日军的随军记者去了朝鲜，报道了平壤战役。虽然他到达平壤时战斗已经结束，但他对朝鲜国王和大院君的采访在美国产生了较大反响。1894 年 10 月，他随日本第二军在辽东半岛的花园口登陆，对之后发生于金州、大连湾、旅顺等地的战斗作了报道。在旅顺，他目睹了日军对平民的屠杀和抢劫，并把日军的暴行如实地记录下来公之于纽约《世界报》。他关于旅顺大屠杀的报道震惊了美国民众，甚至引起了全世界的关注，使得日本政府和美国亲日人士为此进行辩解和反驳，"旅顺大屠杀"一时成了世界性的新闻事件。本章的第 5 节《旅顺大屠杀》便是对其 1894 年 12 月 20 日报道的摘译。他的报道使他成了不受日本政府欢迎的人，甚至被指控为"中国间谍"，危及他的人身安全。于是，1895 年 1 月 8 日他登上轮船离开日本，22 日回到美国旧金山。1896 年之后，他又作为战地记者先后报道了古巴人对西班牙的反抗、美西战争等。1915 年他被派往德国报道第一次世界大战，病逝于柏林。

克里尔曼的著作主要有《在大道上：一个特派记者的冒险经历》（1901 年）、《鹰血》（1902 年）、《我们为何热爱林肯》（1909 年）、《迪亚兹：墨西哥的主人》（1911 年）等，其中影响最大的是《在大道上》，这是他的战地记者生涯回忆录，本章的第 1 － 4 节便译自该书有关中日甲午战争的部分。

1. 平壤攻城战

请听这个故事，一个发生在隐士王国（the Hermit Kingdom）——朝鲜及其心脏地区的故事，在那里日本军队引发了一场风暴。我为了躲避胜利者的巨大喧闹声，在最外围城墙上的灯火下记录着这个故事。胜利者的狂欢声在这座古城的残垣断壁间回荡，而在漆黑的地面上，1000 名清军士兵的尸体半掩半露，腐尸的臭气翻涌上腾。与此同时，征程中的士兵们还在向北进军。

晚上，我躺在炎热的草地上，破旧的灯笼悬挂在一支插在地上的古箭上，微风吹拂着这里生产的劣质纸张，我正是用这些纸详细记录着这次历史性的战争。我的好伙伴弗雷德里克·维利尔斯吹着口哨，我能听见他愉快的口哨声，他是一个著名的战争画师，正在距我 200 英尺远的一座废弃的塔中绘画。

……

平壤这座古老的城市，曾经是隐士王国的首都，它向下延伸至大同江畔，这条江有半英里宽，江面上却没有任何桥梁。它也是东部边界线所在。城中弯弯曲曲的街道向西面和北面的高地缓缓延伸，在陡峭的悬崖处终止，悬崖上建有齿状的石墙，这些石墙俯瞰山谷地区。远处是一些林木繁茂的山丘。城南是平缓的平原，平原起于江畔，向西伸展 0.75 英里与一系列山丘相接。江水泥泞浑浊，自北向南流动。高地上建有防御要塞，从其上可以看到四周耸立的山尖。1000 年以前，平壤是亚洲最强大的城市。它厚实的城墙、巨大的城门恰到好处地矗立在平原之上。

在平壤城外，清军用42天建造了30多座土木防御工事。一座座新建成的堡垒相连绵延数英里。它们的许多城墙高达15英尺，清军以其充沛的精力完成了一个建筑奇迹，但却被一支只有一万人的军队击败，从他们巨大的防御要塞中败逃，这一点使人费解。

在平壤城的南部，清军建有20座巨大的堡垒，垒壁上设有射击孔，堡垒前挖有深沟。6000名清兵驻守其上，均配有刺刀和大炮，同时还有精挑细选出来的满洲骑兵作为后援，骑兵拿刀和15英尺长的矛。江的另一边，在那里他们也建筑了3座坚固的防御工事。

防守平壤城西部和北部的新建堡垒形成一条连贯的防御链，其中几座位于西北角的山峰上。有一座堡垒高出平原300英尺。城的这一角濒临悬崖峭壁，这里驻守着3500名清兵和来自中国古城奉天的骑兵，以及一小队炮兵。向西再远一些的地方，有3座堡垒矗立在山上，均装备了克虏伯炮（Krupp）和格林炮（Gatling guns）。

宽阔的城墙上遍插红色、黄色的军旗，有数百面之多。6个清军将领，每个人都高高挂起自己的大旗，旗面的尺寸说明了其主人的军阶。清军主帅叶将军的大旗据测长达30英尺，旗面上绣着一个汉字，代表他的名字。那面大旗现在为日本天皇所有。日军先遣队到达黄州（Whang-ju）时，其统帅登上一座距平壤5英里远的山峰，透过望远镜，他看到一连串的堡垒上有大量军旗迎风招展，形成一条绵延数英里的军旗线。清军将领们大摇大摆地在城墙上走来走去，各自的军旗高高举起在前开道，同时以击鼓声和号角声进行挑衅。

日军向前挺进，奋力解救平壤之时，清军将领们却在与平壤的舞女们戏耍取乐，平壤舞女的优雅和美貌，享誉全亚洲。他们所有人白天耀武扬威，晚上狂欢宴乐。清兵闯入平壤百姓家中，辱人妻女。醉酒和淫荡之事泛滥，一边是将领们与舞女狂欢作乐，另一边是士兵们洗劫城市。地狱之门仿佛大开。百姓惊恐万分，逃到荒野和丛林中，男人、女人和孩童藏在那里，日军进城时，他们才爬回来，其中很多人早已死于饥饿，暴尸荒野。

这就是大岛（Oshima）将军到达之时的情形，他率领步兵、骑兵和炮兵共约4000人，行军至能看见大同江东岸3座桥头堡的地方。朝鲜的官吏们最后一次向清朝统治者卑躬屈膝。攻打平壤的日本军队共有4队，从海岸登陆分别沿不同路线赶来。大岛的军队在其他3支日军到达之前摆摆样子，另3支日本从沿海各地赶来，偷偷潜入平壤周围就位。

清军将领们摆出巨大的排场，战士们仿佛身处古老的竞赛场上，绘制的、刺绣的或是雕刻出来的神话战争中的神兽像环挂在他们周围，全然无视现代军事科技，他们坐等的是一支训练有素、与时俱进的军队，却还在自以为是且无知地嘲笑后者。清兵的前胸和后背饰有夸张的汉字，身上套着艳丽的裙裤和怪异的宽袖短袄，手里拿着美式的来复枪，不过他们是最近才学会使用它们的。

古老而饱经沧桑的中国，掌握着青花瓷的烧制技术，极其深沉静谧，沉醉于古典辞章诗赋的学问之中——慵懒、奢华、梦幻的中国——却引进了数以千计的美国来复枪和德国加农炮。

然而，你可以在堡垒中装备军事科技所能提供的最强大的杀伤武器，你可以给士兵配备最精良的武器、最先进的弹药。但是，除非这些毁灭性武器的使用者的大脑、眼睛和身体受过专门训练；除非参与战争的每一个人服从整体的法则；除非军旗对于士兵来说，除了仅仅象征权力、战斗和有偿杀人之外，还象征着其他更神圣的事物；除非这些因素都表现出来；否则，来复枪、加农炮和那些连发的武器都毫无意义。

几个懦弱滑稽的朝鲜人穿着白色的棉衣，戴着他们硕大古怪的帽子，藏匿在平壤城的街巷里，看着满洲的战士们大摇大摆地走来走去，隐隐约约意识到训练有素、纪律严明、身着欧式系扣套装的日本军队正在赶来，而满洲人正在走向自己的末日。

宽阔的大同江横贯在大岛和平壤城之间。大岛军队的前方驻守着2000名清兵，分布于3座桥头堡上，堡垒之后是一座不稳固的船桥，它是由清兵在仓促之间用船拼凑出来的。若要靠近船桥，并过河到达平壤的东门，就必须攻下这3座桥头堡。

大岛将军对这3座桥头堡进行了2天的攻坚打击。后来，通过一次漂亮的挺进，他的刺刀直抵城的南部防护墙。

天黑之前，清兵出营开战，他们派遣一只牛和一队吹号手在前开路，这是一种蒙古式的小规模作战战术。日军队伍中则保持绝对的安静，等敌军靠近不足300英尺时，他们子弹齐发，横扫清军，清军败逃，大岛的骑兵在后追击，但是浓密的矮树丛妨碍了他们，以至于无法展开有效的攻击。

当晚大岛将军收到立见（Tatsumi）将军的消息，得知他已率军迂回抵达平壤城北部。另一支由佐藤（Sato）大佐率领的军队，从元山（Gensan）出发，已到达了平壤城西北方的据点，邻近立见的军队。日军中将野津（Nozu）率军从城的西南部偷偷逼近，在两座小山之间的山谷地区驻兵设炮。平壤城已被日军包围。

日军的情报员在夜色中往来于各个军营，日军的将领们意见达成一致，即按原计划实施攻城战。与此同时，清军仍在城中肆无忌惮地敲打着战鼓，舞女们还在诱惑着清军的将领们。

夜幕降临之时，疲惫的日军从四面八方悄无声息地向城逼近。月光朗照，一缕微风从东北方吹来。日军的队列整齐完美，就像在进行阅兵游行一样。清军的一个奇怪之处就是其巡逻站和哨岗离防御堡垒很近，故而在平壤城里的驻军没有发现敌军的逼近，直到凌晨3点，4队日军在前线开火时他们才发现。

　　立见尚文将军的步兵藏身在一座圆形的堡垒中，堡垒位于一个陡峭的绝壁顶上，这里正是300年前日本征服者小西行长（Konishi）将军率军攻破平壤的地方。一队持刺刀的步兵冲上陡峭的高地，同时另一支步兵分队散布在山脚及林木茂盛的山谷地区，那里到处是坟墓，其中还有朝鲜缔造者箕子的华丽陵墓。

　　清军迎战，从高地蜂拥下来，他们举着温彻斯特式来复枪，不顾一切地扫射。军队的前方和后方是军官，他们挥动军旗，督促满洲的战士们前进。堡垒墙壁上飞来一阵阵子弹，击落树叶和树枝，然而日军掩藏得很好，他们把清军一步步逼回山坡上。

　　就在黎明破晓时，两个连的日本步兵手持刺刀，冒着枪林弹雨，不顾敌军500支来复枪连续不断的齐发子弹，径直冲上山坡。埋伏于树丛里的、从绝壁悬崖上爬上来的一队英勇日兵也呐喊着冲向敌军，而此时，清军却陷入混乱，急忙退入堡垒，其中许多人弃丢了自己的来复枪。

　　一排排铮亮的刺刀横扫敌军，直攻到粗糙的城墙脚下，一路挺进的日兵中响起了欢呼声、呐喊声，声音在一座座堡垒上空回荡，清军放弃外围的堡垒，撤入内部的堡垒。一些人坠入悬崖，残缺的躯体滚入一条溪流。带领士兵拼刺刀的队长在攻打第二座堡垒时战死。8点时分，第二座堡垒中的驻军撤入最里面的堡中，日军从其中一扇门破门而入，杀死了那些试图逃跑的清兵。满洲的战士们每一个人都能征善战。他们面对日军可怕的炮火时，表现出来的勇气无人能敌，但是当日军迎面扑来时，他们却惶恐不已，撕去身上的制服，丢盔弃甲，像鸟兽四散而逃。

现在，城四周山坡上的堡垒中开始响起炮火声。野津的炮兵从西部的高地向北边的清军堡垒开火，而这些堡垒也正在遭受城市另一边佐藤大佐的炮击。佐藤大佐也对城南20座堡垒予以炮轰，使其陷入慌乱，进而阻止其集中火力对抗大岛将军及其军队。野津道贯的步兵和骑兵肃清了城西墙脚下山谷地区的敌军，驻守在城西北角的清军受到日军多方毁灭性打击，以至于他们无法逃离立见一队密集的弹火，此时，立见已经攻下了两排堡垒。

江的另一边，可怕的战斗也正在进行中。在那里，大岛将军的军队冒着骇人的炮火再三进攻那3座桥头堡，他的榴弹炮队在清军队伍中撕开了一个裂口。日本士兵看到远处的清军将战俘斩首处死，惊恐万分，震怒不已，在愤怒中他们奋力战斗，向着敌人每一个炮口冲去。大岛将军的一个营攻占了江边的一座桥头堡，攻破了外围的城墙。在那里双方军队交战数小时，近乎贴身肉搏，但是清军英勇地持守在城墙上，同时一队狙击兵埋伏在江畔的矮树丛中，不断向江左岸的日军进行疯狂的纵向扫射。堡垒这边的地里都埋了地雷，然而处于亢奋状态的清军忘记了清理它们。

平壤南部江畔的众多堡垒，无一不陷入枪林弹雨之中，飘散在空中的炮烟变成了红色，其中夹杂着格林炮和步枪齐发的硝烟。人与马濒死时的嘶喊声将战斗恢弘的吟唱推向高潮，然而其中能听到日本战士愤怒的呐喊声，他们在逼近堡垒，试图攀越城墙。

在战争的硝烟中，平壤城半掩半露，红色、黄色的清军军旗上布满了弹孔。鲜血遍地——城墙上、潺潺流动的河水中、郁郁葱葱的山

日军炮火轰炸过后的平壤郊区（来源：*Harper's Weekly*, New York, Nov. 24, 1894.）

坡上、繁花似锦的山谷中都沾满了鲜血。鲜血在墓碑上滴淌，溅撒在神庙的墙壁上、岩石上、屋顶上，钢铁发出的寒光在不断翻涌的炮烟里闪烁，火光弥漫天空；远处的树梢或庄稼地里躲藏着胆战心惊的朝鲜人，他们侧耳听着喧嚣的战斗声，不知道这场战争带给他们的是自由，还是更甚的奴役。

黑暗中交火约一个小时后，大岛将军的两队步兵乘着一种小型的朝鲜船只，在城南的20座堡垒脚下渡过大同江，继而勇敢地挺进错综复杂的城墙迷宫中。在偷袭的日军和堡垒之间是一条开阔的护城壕沟，其中有水，并布设有水雷。1000名清兵手持刺刀迎战日军，但是被击退，穿过护城河，撤入内部的要塞。

天空阴沉，下起了雨。令日军惊讶的是清军竟然在其堡垒墙壁上插上了巨大的油纸伞，以使自己在战斗时免遭淋湿。四面八方都能看到清军的油纸大伞，它们就像这些防御工事的外壳，在雨水中幽幽发光。

现在，这场战斗中最壮观的一幕上演了。城中驻军无力对抗日军毁灭性的火力，试图寻路逃跑。一队约有270人的满洲骑兵，均骑着雪白色的马，从平壤城西北角出发，沿着墙角下的一条路飞驰而去，在到达路的南端时，突然转向冲下山谷，而野津道贯早已在那里部署了军队，每一座山上都有他的炮兵。

这队满洲骑兵不断靠近日本勇士，他们冲入山谷，如同闪电，地面为之动摇。他们手拿黑色长矛，矛尖铮亮，上面悬挂的三角旗迎风飘荡。其中一些人拿着来复枪和刺刀。他们一路狂奔，越过溪流，穿过稻田，白马如波涛汹涌，兵器上的旗帜高高举起，大片的蓝色和红色随着白马的身姿起伏波动。

满洲骑兵向日军队伍中部迎面冲来，试图突破重围，逃脱敌军，而此时日军士兵无一不沉着冷静。当他们距日军不足 200 英尺时，团结一致的日本步兵和炮兵向他们齐开火，大地仿佛张开口，喷出浓烟与火焰，吞没这队在劫难逃的满洲战士。马和人一齐向前栽倒，躯体堆积成山。有 40 个满洲骑兵突破重围，但是被分散在后方的日本骑兵各个击破。

另有 300 名骑兵从炮火扫射的高地冲出来，他们身穿闪耀的盔甲，同样骑着白马。他们停缓片刻，拿好长矛，冲下山坡。他们策马奔驰时，清军炮兵在为其喝彩。山谷中浓密的烟雾，使他们无法看清其同胞先行遭遇的厄运。他们冲向的是死亡的雾霭，当其进入山谷中部时，日军汹涌而上。他们无一逃脱。一支 100 人的骑兵队发动了第三次进攻，结果也全军覆没。

当时的场面恐怖至极，难以言表，清兵的血染红了山谷中道路两边的溪流。战斗之后，在一片约有 200 码的区域内清理出 270 具马尸和 260 具人的尸体。

滂沱大雨还在一直下，城墙上的清兵挤在油纸伞下，疯狂地盲目扫射。与此同时，城西北角的 2 座已被攻陷的堡垒里，进攻的一方正在向里面的要塞步步紧逼，源源不断的子弹飞过城墙。此时正是交战的关键时刻。日军将领能看到清军统帅们的大旗就在不远处。

下午四时，清军在其内部要塞升起一面白旗，一部分日本军官从指挥进攻的位置上下来，走到城门口与清军谈判。清军将领们却严肃地宣称不能在雨中投降，因为雨天使其无法为投降协定作恰当的准备。如果日军停止进攻，那么到第二天，天空放晴时，平壤城就会投降。

警惕的日本军官注意到清军在休战白旗的掩护下，正在沿着墙脚偷偷向日军靠近。他们回答说可以在雨中战斗，就可以在雨中投降。他们坚信敌军阵营中举起白旗就是表示投降的举动，因而要求打开城门，让日军进城，以避免进一步的流血冲突。穿着艳俗的清军军官再一次要求推迟投降。他声称，倾盆大雨不停地下着，地面泥泞不堪。如果清军从堡垒里撤出的话，将是一件极为困难的事；但是到了第二天，他们会心甘情愿地离开。

虽然狡猾的清军官兵在力图争取时间，但日军还是开始了新一轮的攻击，战斗一直持续到黑夜。时而有朝鲜人的箭从夜空滑过。清军强迫当地的童子军加入战斗，用鞭子抽打他们的肩膀。饥肠辘辘、筋疲力尽的战士们在湿滑和浸满鲜血的山坡上一小时一小时地苦撑着。被杀死的士兵一头栽下垒壁，跌入山谷。他们在昏暗中行军，雨水击打在他们脸上，淋透了他们的衣衫，路上只有来复枪子弹的火光为他们照亮路途。平壤城其他方位的战火都已止息。全体清军除了奉天的军队仍驻守在城西北角，其他人都在佐藤大佐和野津道贯将军的打击下，趁着夜色逃跑了。

清军撤退途经山谷时，他们砍下日军尸体的头颅和手臂。他们闯入日本医院，斩杀伤员，然后带着他们的舞女和沾满鲜血的战利品向北逃窜而去。

正在高地上战斗的日军发现低处谷地的树林里有士兵逃跑，于是向其侧翼扫射。

经过连续 22 个小时的猛攻，立见尚文将军的步兵攻占了城西北角的内层堡垒。凌晨 1 点，他们登上了城墙。清军如同被围困的狼群一般嘶声嚎叫，四处逃窜，丢盔弃甲。他们跳过矮墙，在矮树丛里爬行。

就在那时，大岛将军已控制了那座简陋的船桥，并渡过了河。一颗子弹飞来击中了他的侧身，他身旁的翻译被打死，军旗也被子弹打破。

30 名日本战地记者手持大刀，先日本军队一步进入平壤城，他们与敌军厮杀，直至筋疲力尽。将军被迫下令，禁止记者参加战斗。

破晓之际，平壤已在日军的掌控之中。城四周的情景阴森恐怖。长约数英里的地面上，人与马的尸体遍野横躺。几千件色彩鲜艳的清军军装散弃在田地里。战败的军官和士兵在第一时间扯下自己的军装，以使自己获得像商人一样的豁免权。900 人被俘，他们中没有一个人是穿着军装的。

平壤战役中被俘的清军（来源：*Harper's Weekly*, New York, Nov. 24, 1894.）

城四周的垒壁脚下，地面被弹壳覆盖。有些地方的弹壳有一英尺厚。成千上万只食肉鸟飞来啄食死尸，断裂的长矛边、倾覆在地的大炮旁、无数残破的军营边、千疮百孔的军旗边、刀剑和马的尸体边，到处都是尸体。

日军这次胜利，终结了中国在朝鲜的宗主权。

搜集完这场战争的资料后，我搭乘一种中国帆船沿大同江南下，然后乘汽船沿朝鲜湾抵达仁川。在那里一位情报员带着我的新闻通讯稿漂洋过海到达日本，再从日本把稿件送到旧金山，然后又通过电报将其发送到大陆另一岸的纽约。

我到达朝鲜那个又脏又小的海港时，已疲惫不堪，平壤城的血腥使我作呕，一位情报员递给我一封来自俄亥俄州的电报。上面写着两个词："男孩，平安。"它告诉我，我的第一个孩子降生了。电报上有13个纸签，分别盖有日军13个指挥部的章，这表明这份电报经过一个又一个战场，最后送到我手上。一个新生命降生的消息从世界的另一端传递到我这里，就如同我将1000人刚刚失去生命的消息传递出去一样。

当晚，在我返回平壤的途中，我发现一艘日本主力军舰停靠在大同江口。军舰司令伊东（Ito）击败了清朝舰队，刚刚返回朝鲜湾，修复军舰并补给弹药。对于一个战地记者来说，这是一个天赐良机。还没有一个记者登上过这艘凯旋的军舰，我幸运地成为第一个报道那场海战的人，而那场海战是现代时期最重要的一次战役，即大东沟海战（the battle of the Yalu）。

我登上"桥立号"军舰时，伊东司令已经入睡，但是他穿戴整齐好后，叫来他的舰长协助我记录那一战的经过。

日本海军司令坐于案前，其他军官围坐他左右，粗劣绘制的战争

日军设在平壤的司令部（来源：*Harper's Weekly*, New York, Nov. 24, 1894.）

形势图平铺于前。他看起来就像一个海军将领，身材高大，鹰一般的眼神，方形下颌，宽阔的前额头上有一条刀疤。他紧闭双唇，上衣的扣子紧扣着一直到他的下巴。他弯着腰观看地图，用他指节粗大而有力的双手抚平图纸，灯光照在他坚毅的脸上，他是个让人过目难忘的人。

当他听完关于海上那场令人血脉偾张的战役的报告后，他微笑地回过头来。

"对你来说，这是个大新闻，"他说。

"是的，"我答道，"但是我还收到一条更重大的新闻。"

然后我从口袋中拿出那份关于我儿子降生的电报，读给他听。

"太好了！"将军大声说，"这件事我们要庆祝一下。侍卫，拿香槟来！"

司令还有舰长，我们围站成一圈，大家酒杯相碰，为我儿子的健康干杯。

（汪辉译，来源：James Creelman, *On the Great Highway: The Wanderings and Adventures of A Special Correspondent*, Boston: Lothrop Publishing Company, 1901, pp. 32–54.）

2. 访问朝鲜国王

　　一天晚上，我穿着工作服和衣躺在平壤一座被攻陷的王宫的地面上，突然被一阵怒斥声吵醒，于是我睁眼看到了那个反叛的朝鲜地方长官。他穿着华丽的丝绸袍子，被五花大绑放倒在地上，看起来就像一只红色的大蝴蝶，他旁边站着一位面容冷厉、身材矮小的日本上校，他令侍卫从那个恐惧颤抖的朝鲜长官的帽子上取下一枚白玉鸽子徽章，那是一种权力的神圣象征。

　　"除了投降，我别无他法，"那个地方长官哀诉道，"您的军队到来之前，清朝军队控制着这里。"

　　"你是个懦夫，叛徒。"日本上校怒吼着说，一脚踢开那个朝鲜官吏。

　　其实，几乎从基督元年以来，朝鲜民族就在日本和中国的强权威慑下，卑躬屈膝，在这两个针锋相对的政权之间游移称臣。

　　一位到朝鲜的旅行者，对 300 年的隐逸生活给这个陌生民族所带来的影响感到迷惑不解。他们不是野蛮人。他们有 13 个世纪的文明载于史册。在世界其他地方我从未见过如此魁梧健硕的人种。一般欧洲人站在这些高大、挺拔、强壮的朝鲜人面前，显得像个侏儒。他们行为举止中有一种难以言表的端庄严肃，加上讲究礼节，这些都给这个古老的民族添加了令人惊叹的优雅、力量和高贵。他们的男人们到花甲之时，会蓄很长的胡须，这自然而然地让他们更显威严。

　　然而，朝鲜却是诸多文明民族中最简单、最单纯幼稚的一个。他们是亚洲已成年的孩子。几百年前，是他们激发了日本人对于艺术的热爱，他们的文学像埃及的一样古老。他们温文尔雅，善于冥思沉想。在整个朝鲜半岛上，从中国典雅的古诗词歌赋中引摘庄严文雅的词句，印刷在公共建筑上，悬挂在古色古香的消暑宝塔中和居室的墙壁上。甚至连他们的战旗上也写着充满哲理的箴言。

但是朝鲜人痴迷于抽象的哲学义理和鬼神之学，且对这些深信不疑，甚至已超越宗教信仰。一个胡须花白、戴着眼镜的饱学之士，能背诵出所有中国的古典诗词，他会严肃地告诉你不能再在平壤打井了，因为这座城是一个小岛，如果在地底打太多洞，它会沉没。山丘、山谷、稻田、森林、河流、房屋等都各有不同的神灵，因此有着无数的神灵。朝鲜数千年来从不与其他民族积极交流，仍代表着神秘东方文明中最古老的一支文明。

这座半岛上山川遍布，寺庙众多，它曾经历过许多战争。公元前100多年，一位朝鲜国王在大同江畔击败了中国军队。约700年之后，一位中国皇帝遣兵30万远征朝鲜，但兵败而归。他的继任者又招兵百万，遣军来征，士兵的兵器大多是鼓号、军旗和铜锣，又一次无功而返。这支军队中有20万士兵死在了朝鲜的土地上。然而一代人之后，中国又派遣了一支军队来征讨这个隐士王国。朝鲜招兵15万人，分别手持长矛、刀剑和弓箭迎战。双方在平壤附近展开了一场大战，朝鲜一方有20万人被杀，之后朝鲜率军将领投降，中国士兵瓜分了5万马匹和1万件盔甲。

一次又一次的战争用鲜血染红了朝鲜的高山低谷，然而朝鲜国的隐士政权却一直掌握在其本土的王朝手中，百姓民众中也弥漫着一种急切的与世隔绝的愿望。

300年前日本人入侵这个弱小的王国。朝鲜国王向中国求助。日本人击败了中朝联军，并在一场战役之后，日本人从死去的 3700 具敌军尸体上割下耳朵和鼻子，装在木桶带回日本，在京都建造了著名的耳冢。日本入侵者将庆州（Keku-shiu）城付之一炬，30 万间房屋被焚毁。

虽然它经历了数个世纪的苦难，虽然它饱经侵略和反叛，朝鲜仍是各国中的一个隐士。它的国王心甘情愿向中国或日本俯首称臣，或者同时向二者臣服。他所要求的只是不要去打扰他及其温和的、好幻想的臣民，以及他那些眼波似水的舞女们。

这就是我在汉城与朝鲜国王交谈时他的态度。他感激日本人将他从中国人手中解放出来，但他也暗示，像美国这样一些国家能够轻易地将他从解放者的手里解放出来。他渴望回归到国家古时的宁静——充满哲学、诗歌和遗世独立的世外桃源。

如果我还不糊涂的话，我觉得我的现代气质在这个古老的国家中显得有点浅薄。那些严肃的老人，他们戴着硕大的眼镜，胡须飘垂胸前，头戴伞状的帽子，拿着 3 英尺长的烟斗，面容恬淡地踱着步，他们沿着狭窄的街巷，或是在蜿蜒曲折的山路上威风凛凛地走着，仿佛在斥责我身上那种搜集新闻的狂热。对于一个温和驯良、与世无争的民族来说，其文明在 3000 年的动荡中保存了下来，朝生夕死的美国报纸对它有什么益处呢？电报、电话、蒸汽机或是印刷术能给它增加什么样的幸福呢？

我乘搭当地水手掌舵的一种中国帆船沿大同江南下，避开平壤的叛乱。我叫来水手的首领，让他用我先进的望远镜瞭望。然后我又让他把望远镜倒过来看。随后我拧下一只镜片，对准一块木头，将阳光聚成一点，在木头上烧出了一个洞。

这一举动解决了一切，水手们服服帖帖散开回去工作了。他们甚至没人敢触摸我的衣服，生怕我对他们施法术。

在仁川，我看到一个高大的朝鲜搬运工，他能肩扛起 1200 磅的东西，当我的年仅 18 岁的日本翻译掌掴他的脸时，他突然哭了起来。他很强壮，只要他出手一击，就足以杀死那个翻译，但是他似乎从未想过反击。

我到达汉城这座风景如画的朝鲜首都时，已在一艘英国小汽艇的甲板上睡了一夜，脚上的马靴不曾脱下，睡在我身边的是美国公使西尔博士（Dr. Sill），我发现朝鲜国王因为在其国土上大胜的日本军队而焦虑惶恐，他拒绝接见来访者，甚至回避与外国公使的直接往来。

对于在朝鲜的战争有不计其数的版本，而对朝鲜国王的访问将会带来一个与众不同的描述版本。美国公众应该了解这个王宫中最深处的君主；美国新闻业应该深入到这个隐士王国的君主身边（尽管与他亲身接触是罪当该死），去一睹其真容，去质问他，去把他的不幸纳入当代的政治道德中。毕竟，在现代新闻媒体来势汹汹的权威面前，国王们那些人为的威严是微不足道的。新闻媒体可能会侵犯隐私，可能粗暴无礼，也可能冷酷缺乏同情心；然而，却是它正在慢慢瓦解着将人类相互隔绝的传统与偏见，也是它使乡野村夫认识国王，它使西方以一种自己能理解的方式认知东方，它是现代文明化学反应中最敏锐、最迅速的一个元素。

那时只有一个外国人能接触到朝鲜国王，就是国王的医生。那个人是霍勒斯·艾伦（Horace H. Allen）医生，他也是当时美国公使馆的书记官，现在则是美国驻朝公使。一个每天害怕被下毒的一国之主必然会和他的医生保持密切且友好的关系。通过艾伦医生的周旋，我获得了国王的批准，可以对他进行采访。

然而，我如何获得进宫必穿的燕尾状传统礼服呢？一套粗劣的骑马服、一双带有马刺的靴子、一件法兰绒衬衫和一顶宽边的软帽，这是我所有的衣服。情况令人沮丧。和美国公使馆的人坐下商量后，解决了这个问题。公使借给我一顶高高的帽子、一件白色衬衫和一条白色的领巾。一个海军中尉借给我一条黑色的裤子，另一个海军军官贡献了一件燕尾服外套以及一件相配套的马甲。我从公使儿子那里借到了一双鞋。然后一切准备就绪，我顶着公使的硕大的帽子，帽子滑到我耳朵上，这样我和艾伦医生一起去觐见国王李熙（Li Hsi），他是这个静谧之国的统治者，而我代表的却是聒噪的、崇信新闻报纸的美国大众。

我们乘着四围有帘子遮挡的轿子，穿过汉城拥挤曲折的街道，到达了王宫的一座宏伟大门。下了轿，我们跟着一位面容严肃的大臣（chusa）往前走，他穿着一件蓝色的丝绸外跑，戴着一条白色宽领巾，脚上是一双很正式、宽大的黑布靴，吃力地行走在我们前面。

在几面巨大的石墙之间，四五百间布局散乱的房屋构成了王宫。一片片低沉的瓦屋顶下，屋壁被涂成了红色、蓝色、黄色和白色，艳丽且俗气；怪诞的亚洲式屋檐下，到处都是向外凝视着的奇形怪状的木雕滴水嘴怪兽。

这里的一切都散发着一种衰败的气息。途经的院宇和荷花池已被废弃，进门的地方蛛网横结，国王和他成群的黑眸舞女们曾经在这里嬉戏，懈怠朝政。无拘无束的水从一个破败的喷泉中流出，一扇彩绘镀金的门脱落下来，倒在一座空神龛旁边。时常有慵懒的官员，戴着巨大的帽子、穿着丝绸外袍跟跟跄跄走出门口，看看我们。当我们走过王宫禁地中年久失修的街巷时，困倦的、衣衫褴褛的哨兵举枪致敬，其中很多枪没有保险栓。有一次，我们瞥见一个女人，半遮着脸，倚靠窗边，她可能是国王的一个美貌的女奴隶。

平时有3000人住在这里，但是那一天这里就像一座废弃的镇子，只剩下几个没精打采、忧虑不安的侍卫。每一个阴暗的角落里都藏着背叛；每一条道路上都蜷伏着谋杀。那天之后，仅仅过了几个月，王后毒死了她大批的敌人，也是在这片宫殿里，她被人谋杀了，并被烧为灰烬。

在这片古建筑群中，我们走了约250多米，来到一个四周有格状屏风的露天亭子，在这里，美国公使馆的翻译洪武坤（Hong Woo Kwan）接见了我们，招待我们围绕一张小桌子坐下。这个圆脸的翻译身着华丽的刺绣朝服。过了片刻，一个洋洋自喜、满面笑容的朝鲜人窸窸窣窣地走进来，他晃着手，向我们鞠躬。他是国王的厨子，在一个君主性命常常被毒药左右的国家里，厨师是个不能忽视的人。我们面前摆上了香槟和香烟。我们坐在那里一直等到国王传话来说他准备好了，并有侍卫前来向我们行礼。

我们起身走上一条小路，通过一扇小木门，木门旁边有七八个看上去笨拙的士兵把守，其中三个人还没有枪。沿此曲折的小径前行，小径两旁是一些色彩华丽的小房子，走了几步后到达了另一扇更小的门，同样有士兵严密把守。进了门，我们发现自己身处一个地面铺砌平整的考究的庭院，对面是一间高于地面的没有主座的房间，像剧院里的舞台，周围有木质的台阶引路向上。我们穿过庭院，登上台阶，看见了国王及其四周的宫廷官吏，他们仿佛是戏剧中的人。

再过片刻，我就要和这个忧郁的朝鲜君主面对面了。他站在一张桌子后面，身后摆着一张华丽俗气的欧式软垫椅。他双手小巧、结实，轻轻交叉放在他的腰带上。他是个纤细、害羞的人，脸呈椭圆形，上面长着稀疏柔滑的络腮胡和山羊胡，嘴唇丰满柔软，双目乌黑，眼神柔和。他的眼睛像一个美貌少女的眼睛。他笑起来时头向一边倾斜，眼睛半闭，向着我们看时，眼睛再缓缓睁开，表情就像一位羞涩的女子。国王没有伸出他的手。刻意碰他是死罪；无意间碰到他的人，就意味着那个人要在手腕上带一根红绳度过余生。过去在街上望见他也是一项死罪。国王的人身是神圣的。他出宫时，城里所有的门户必须紧闭，每家每户的主人必须跪在自家门口，手里拿着扫帚和簸箕，表示自己的卑贱。所有的窗户也必须封闭，以免有人从上往下俯视君主。国王本人被封为神明，所以他出行时，侍卫们会抬两顶完全一样的轿子，除了最上层的大臣，没有人知道国王坐在哪顶轿子里。

但是，为什么一个美国记者在这个尊贵的人面前不能怡然自得，我不得其解。在当时来说，他仅仅只是"一条大新闻"而已。

国王穿着一件深红色的宽袖丝绸外袍，袖子与双肩用一种金线织物连接，腰间系着一根松垮的金扣黑色腰带。袍子外面罩着一层朦胧的黑纱，一块晶莹闪耀的宝石将黑纱交叉固定在胸前。他小而尖削的头上戴着一顶形状奇特的黑色硬网帽，形状类似于美国妇女戴的那种半透明的系带无边软帽。这种耸立起来的帽子就像一顶肥大的弗吉尼亚无边便帽，它两侧黑色的帽翼形状怪异，垂直向上伸展。国王的双腿套在宽松肥大的白色丝绸裤子里，足下蹬着朝鲜绣花鞋，露出脚踝用布紧紧包裹着。他两边各站着一个目光如鼠、谨慎戒备的太监，他们穿深蓝色的袍子，面色黝黑阴沉，双手掩在宽大的袖筒里。

太子在国王的右边站着，依靠着桌子，张着嘴，这个有些智障的少年人装扮类似于他的父亲，不过他的外袍是粉色的。李将军（General Yé）站在太子的右手边，他是军队的总统帅，他长着天鹅绒般的眼睛，穿绿色盔甲，身侧锋利的宝剑上镶着宝石，闪闪发光。

文武官员分散站开形成一个半圆，就像一把五彩缤纷的扇子。头顶的天花板雕梁画栋，五颜六色使人头晕目眩。墙壁是格子状的，贴着当地生产的半透明的纸。

朝鲜高宗李熙（来源：*L'Illustration,* Paris, Nov. 2, 1894.）

朝鲜高宗的闵妃（来源：*L'Illustration,* Paris, Nov. 2, 1894.）

我们缓缓鞠了三个躬，然后稍稍停顿了一下。第 28 任朝鲜国王将要经受一场新闻采访的考验，这是其先王们做梦也想不到的经历。年迈的翻译双手交叉放在胸前绣着的鹤上，谦恭地垂下头来。

"我很高兴接见美国记者代表，"国王小声对低头弯腰的翻译说，后者又小声地对我说了这些话，头也不敢动一下。"朝鲜完全自由独立是我的心愿，也是我的臣民们的心愿。现在，我正在并将一直向世界上的文明国家求助，请求他们帮助维护我国的完整。我尤其仰赖美国。美国政府是第一个与朝鲜签订贸易条约的政府，并且条约中包含了美国在朝鲜危难之际出手援助的承诺。我希望美国履行这一承诺。我对你们国家的信任没有动摇。其他国家威胁我国时，我便转向美国。"

"但是，美国政府现在该如何帮助您呢？"我问道。

国王看上去有些尴尬，他的声音变得比刚才更加微弱了。显然，国王在其朝臣面前感到局促不安。他犹豫不决，紧张地环顾四周，然后开口说道：

"如果美国能派遣一些军队进宫来保护我的人身安全，那么就会扭转形势。"

我曾风闻许多有关日本人向朝鲜国王施压的消息，比如，国王一直被软禁；用刀放在他颈项上，强迫他签订日朝军事同盟条约；削减他宫廷的侍卫，直至只剩下几个未经训练、军备不齐的笨蛋，他因此一直处于惶恐之中；他害怕晚上有突发事件，危及其性命而无法入睡。但是，这却是第一次由国王自己公开承认他在其国都实际上是个囚犯。采访的其他内容多与当时人们感兴趣的事件有关，但不值得记录在此。

国王说话时，我能看见一双闪着光的黑眸从一块敞开的屏风后望来。屏风后站着的是那位著名的王后，不久她的骨灰就洒在了她自己的花园里。这个女人非比寻常，1884 年她化妆外逃避难时，曾袒胸露乳蒙骗敌人，哭喊着说："看！朝鲜的王后会如此做吗？难道她不会先死了吗？"整个访问过程，她从其隐藏之处一直看着我们。在那些岌岌可危的日子里，她决不允许她的国王丈夫离开她的视线范围，她唯恐可怕的前任摄政王大院君（Tai Won Kung）意欲发动政变，罢黜国王，继而扶持其孙子李将军登上王位。

我正从国王面前退下时，李将军倚靠着他那珠光宝气的随从，迈步向前。他是一个健壮的、充满生气的年轻人，举止风度像一个欧洲绅士。

翻译严肃地告诉我说，将军希望我知道他已到这里，这我早已知道，其实他就站在距我不足 10 英尺的地方。翻译说将军祝我身体健康。然后他又说，将军想告诉他要离开了，根据当时的情形，我怀疑他已经转身往外走了。

然后，我们去拜访大院君，走近这个朝鲜近代历史上最有权势的人。我们走过先前那条引我们走向国王的小径，穿过一扇严密把守的门，看见了这个朝鲜实际掌权者的居所，那是一栋灰瓦低檐的低矮建筑，宽阔的回廊连接着石阶。这位年迈的英雄站在门口，像一个美国政客一样向我挥手。尽管他已 70 高龄，但声音仍像喇叭一样洪亮。他笑时声音高亢，带动着全身一起颤动。

"我们已经准备好了向世界开放朝鲜，"他说，同时令人为我们上茶。"这个国家不能再对外国人封锁了。然而这一变化太突然。朝鲜是个独特的国家。数千年来我们的人民坚守自己的传统。历代传统不能在一日之间抛弃。接受（surrender to）西方文明必须是渐进的。这就是古老亚洲的方式。"

这个了不起的人物笑着靠在他的座椅上，四肢舒缓地展开，与我们说笑着，屋中茶香四溢。很难相信，就在 30 年前，他恨恶"西方野蛮人"，斩杀数百名无辜的基督徒来泄愤，并下令屠杀其大批同胞，因为他们竟敢支持现代文明的事业。

可怜啊，如梦如幻的朝鲜！将会有一天，美国的辛迪加企业会控制它，它那违反常识的罪过也将得到救赎。

现在，朝鲜国王已成为一个皇帝。他的领土上已经能听到有轨电车的鸣笛声和开采金矿的机器轰鸣声。那里还会筑造蒸汽机车铁路和纺纱厂。那个皇帝已经得到了他要求的援助，但不是美国军队的援助，而是令其如饥似渴向往的美国资本。那些严肃而无知的隐士们听着朝鲜一步步走向西方文明的脚步声，使他们感到一种虚幻的恐惧，因为永恒的恬静安然之神无法与功利实用之神和平共处。

（汪辉译，来源：James Creelman, *On the Great Highway: The Wanderings and Adventures of A Special Correspondent*, Boston: Lothrop Publishing Company, 1901, pp. 55–73.）

3. 与日本入侵者的满洲之行

日军在朝鲜大败清军后，日本天皇派遣了 23000 名矮小英勇的日本人前往征服中国，征服那个有 4 亿人口的古老帝国，而且他们做到了。

长谷川（Hasagawa）将军以及他的熊本军团（Kumomoto troops）乘着汽船赶赴满洲海岸，与那里的侵华日军汇合，船上的时光给我和弗雷德里克·维利尔斯带来无数的欢乐。维利尔斯这个英国战地画师一直忙着在其素描簿上记录下日本士兵跳的怪诞战舞和行军时唱的战歌。然而，在这只挤满士兵的船上，到处都能感觉到一种无法言喻的秩序感和整洁感，一种在行军转移时远超欧美的纪律和服从感。

我们抵达海岸时，一片荒凉沉闷的海滩铺展在我们面前，海滩的尽头是一条光秃秃的山，海滩四处散布着瓦顶的农舍，所有日本军人以及马匹、军火、粮食和大炮都搭乘一种平底小帆船着陆。那真是一项惊人的壮举。

然而，最奇怪的事却是在我们即将登录时，出现了几百个面带微笑、身材高大的满洲人，他们徒步涉入浅海，帮助这些入侵者将其帆船拉上海滩。这些梳着辫子的壮汉们被诱骗来帮助敌人入侵自己的家园，这点还不足为忧，令人担忧的是他们完全没有民族情感。在此之后，我们见识到了大量这种对国家漠不关心的事例，那一天，日本人在心底暗暗嘲笑满洲人没有爱国精神，并且预测清朝将会迅速瓦解。

"3 个月之内，我们将从北京把皇帝绑走。"长谷川好道将军的一个

日军在花园口运输物资登陆（来源：Jukichi Inouye, *The Japan-China War: on the Regent's Sword: Kinchow, Port Arthur, and Talienwan*, Yokohama: Kelly and Walsh, Limited, 1895, p. 67.）

陆军上校如此说，当时他正骑在一个乐意帮他的当地人的肩膀上通过泥浆，并用自己的脚尖开玩笑地挠着那个人的大腿。

沿着海岸，始终能看到几艘汽艇，司令官大山岩伯爵率领的日军主力刚刚从那里登陆，同时还能看见大批护送日军渡过黄海的军舰。

我们现在身处辽东半岛，这里曾经是令人生畏的满洲骑兵的古老家园，他们强迫汉人像他们自己一样梳起辫子，作为被其征服的标志。

大山岩司令官一路向前，去攻打城墙环卫的金州城以及大连湾的7座炮台，那7座炮台横亘在我们和旅顺这座亚洲最坚固的防御城垣之间，我们不得不立刻跟上，并力图在战争开始前追上他。

维利尔斯先生和我从一个日本军官那里借来两匹矮马，我们骑着它们沿着军队的行军路线赶路，我们的翻译们以及行李都被丢在后面；

他们会想尽一切办法追上我们。

　　我们在一片荒郊野岭中走了一整天，那里几乎草木不生，山上岩石覆盖，山之间的平地上零星生长着几亩水稻、玉米或者小米，路边废弃的小房子还很完好，华丽的佛教神龛也被弃在路边，其门窗破碎，小花园被人踩平。

　　到了晚上，我们能看见村民居住区的炊火。有几次我们路过几个满洲村庄，都已被烧为废墟，没有一个人搭理我们，只有成群的饥民，几只狗猛扑过来咬住我们所骑马的腿狂吠不止，后来一支转轮手枪的枪声转移了它们的注意力。

　　路面被月光照亮，因此我们能够继续赶路。日本军夫的营火把地面照得通红，那群军夫没有武器，全程陪同着军队。赶路途中，我们能看见他们光着脚、筋疲力尽地围在煮有热气腾腾的米饭的锅边。偶尔，我们能赶上一队安静赶路的日军分队。

　　夜色渐深，我们的小马露出疲惫的征兆，维利尔斯先生决定去后勤营吃点东西，休息一下，明早再走。我却不敢驻足。一个画家可以在路上滞留，用画笔收集素材，但是一个肩负新闻责任的记者却一定不能在半途停步。司令官就在前方，可能会有竞争对手的报社记者和他在一起。谁知道这一晚会发生什么呢？我奋力赶路，把我那经验丰富的战友留在后方。一路上，哒哒的马蹄声更加剧了我的孤寂。过了一个小时，我路过一具农民的尸体，他恐怖的脸向上，躺在一堆火星尚存的农舍灰烬旁边。这里的村庄更加荒凉。明月下沉。找路变得困难起来。我不得不一次次下马，提着圆天窗灯笼寻找日军行军踏出来的路。有时我能听见日军队伍传来微弱的铮铮声，他们就在附近的什么地方，正在架设野战电报线。过了一会儿，我在黑暗中撞到一个骑着马的日兵，他大叫了几句我听不懂的话。

现在这里四周没有生命的迹象，没有同伴的灯光，除了我疲惫的马的踏步声，一片寂静。我的小马走起来开始变得跌跌撞撞。我迷路了两次。我独自走得太远，并且身处一片充满敌意的土地，情况很危急。黑暗中我无法看清周围的村落。我从马上下来，提着灯笼仔细察看道路，找不到军队走过的痕迹。我心灰意冷。饥饿加上旅途的疲惫使我几乎瘫倒在地。我试着再次爬上马背，但是这个可怜的小崽子已经跪倒在地上了。

就在那时，我听到了一个日本哨兵的质问声，我喊着回答说："日本！"我跑过去，发现自己正处在大山岩司令官护卫队哨兵线的最外围。过了不久，走出来一个军官，我用法语向他解释说我正在寻找司令官。他告诉我，我已经超过了司令部，多走了2英里的路。于是我又往回走，他派了一个士兵来引导我的马上路。

我到达司令官休息所在的农舍后，高兴地爬进一床毯子里，躺在一张木床上，在两个热情的军事参谋中间睡下。他们昏昏沉沉地告诉我，除了先遣部队要在次日攻打金州外，没有发生其他大事。谢天谢地！我没有迟到。不到一分钟，我就睡着了。

第二天拂晓之时，我们踏上行程，那个肥胖的日军司令官走在队伍的前头，他是个和蔼的老政客。我们赶路途中，一个士兵从前方送回消息说，先遣部队已经能看见金州城。我们策马加速前进。中午，我们在一颗巨大的松树下稍作停歇，和司令官一起吃午饭，他传过来一小桶火烤的干豆子。每个人抓起一把豆子，放入嘴里嚼着吃。

"我们只有这些，"大山岩伯爵笑着说，"但是大口地吃，先生们；如果攻下金州，我们今晚就能吃到更好的食物。"

远处突然响起一阵炮火的巨响，打断了这顿艰苦朴素的午餐。金州的战斗开始了。每个人飞身跃上自己的马鞍，飞速离开。但是，

在金州附近阵亡的清军士兵（来源：Jukichi Inouye, *The Japan-China War: on the Regent's Sword: Kinchow, Port Arthur, and Talienwan*, Yokohama: Kelly and Walsh, Limited, 1895, p. 73.）

唉！当我们赶到战场时，金州已被攻陷。300年前满洲勇士们建立起来的这座四面高墙环绕的城市，在开炮交战一小时后，它就被弃之不顾。我们穿过被大炮击碎的城门，看见街道上血迹斑斑，许多妇女、儿童和老人意外被炮火击中而死，恐惧万分的居民跪在地上向征服者叩头。

我们径直穿过城市，来到城外的平原，我们发现了山地将军的后备军队。这位著名的独眼将领个性极为可怕，但也是日本军队中最优秀的战士，他命令乃木希典（Noghi）和西宽二郎（Nishi）带兵攻打距金州6英里远的7座炮台，那7座宏伟的炮台散布于大连湾周围，是巨大的砖石建筑，其上均装备有四五十吨重的克虏伯炮，并有防御工事环卫，一些地方的土木工事从海拔300英尺的高地上垂直入海。这些建筑是德国工程技术和军事科技的成果，体积庞大厚重，牢不可破；

它们相互之间有电话联络，并能抵御海军从海上发起的密集鱼雷弹攻击。

日军的将领们预计在这里会遇到一支清军劲敌，他们打算在这场战斗中折损数千名士兵。

攻打的对象有三处。大连湾左边的徐家山（Jokasan）炮台，其上有 5 门口径 5 英寸的克虏伯炮，主控水面区域；还有一个防护工事，配有口径 3 英寸的克虏伯野战炮，其射程覆盖炮台附近区域。大连湾右边山上的 3 座炮台，即西台山（Seidaisan）炮台、黄山（Cosan）炮台和老龙头（Lo-Orrian）炮台。前 2 座炮台分别装有口径 6 至 7 英寸的克虏伯炮，第 3 座炮台上则装备着口径 6 至 8 英寸的克鲁森炮（Creusot guns）。大连湾的中部是一片岩石区域，呈舌状伸展开来，直至一座高山脚下，在那座山上建有和尚岛（Oshozima）3 座坚固的炮台，备有口径 6 至 7 英寸的克虏伯炮。

徐家山炮台的大炮调转对准日本军团的左翼即我们这边时，一阵

大连湾黄山炮台（来源：Jukichi Inouye, *The Japan-China War: on the Regent's Sword: Kinchow, Port Arthur, and Talienwan*, Yokohama: Kelly and Walsh, Limited, 1895, p. 79.）

阵意料之中的恐慌感在军中弥漫开来。炮火的声响震得地动山摇，如此约有 2 个小时。海湾四周的炮台形成炮台链，其他大炮疯狂向其附近区域轰炸。左翼军团迅速冲向徐家山炮台，然后占领了它。日军最先是靠近 3 个大防御壕沟，在那里遇到一阵迎面扫射而来的步枪弹。两三波弹雨之后，日军看见一些清兵爬出壕沟，并在逃跑时脱去制服。

突然间徐家山炮台上寂静无声。日军装上刺刀，冲上这座巨大的砖石炮台及其防御工事，结果发现整座炮台已空无一人。其上的炮兵已乘着小船逃离海湾，其余的驻军沿着海岸偷偷溜走了。日军几乎兵不刃血占领了这座宏伟的炮台，缴获了炮台中精良的大炮和大量弹药。当时的情形令人震惊不已，其缘由使人百思不得其解，故而山地元治将军还认为这是个欲擒故纵之计。但是那场战役在当晚就结束了。

当天晚上，我在金州城里的一间商铺里休息，黑暗中我躺在一些柔软的已被毁的货物上睡着了，天亮醒来时，发现自己躺在一堆堆绫罗锦缎上，其中有满洲高官穿戴的帽子、鞋靴和一些精美的衣服，闪闪发光的首饰散落一地，我的枕头是一个彩绘的无头木偶。在这样一个珠光宝气、金光闪闪的环境中醒来，就仿佛身在仙境一般。然而，我必须承认，在那个房间里最诱人的东西是一罐普通的芝加哥酱牛肉。一个战地记者，在一段仅靠豆子和水充饥的急速行军之后，这就是他天然质朴的本能需求。

乃木希典的军队在和尚岛三座炮台附近区域潜伏了一整夜。他们预计在那里将会有一场大杀戮。当行动所需光线足够亮时，先遣部队的士兵开始穿越崎岖多石的山谷。炮台上突然传来一阵巨大的锣鼓声，不断逼近的日军因此停歇了 30 分钟。实际上，当晚清军就已经逃走，弃守和尚岛炮台。他们派四五十个清兵回来取走军官们的个人财物。这些人看见日兵惊恐万分，企图震慑住敌人，争取时间，所以他们猛击炮台上的警报装置。日军径直冲上巨大的壕沟内壁，但是没有大炮向他们开火。他们开始意识到前方根本没有敌人，只看到清军四处逃跑躲藏。

然后，位于海湾右边的老龙头炮台上的大炮开始向这边和尚岛的炮台开火。西宽二郎的部下勇敢地冲向和尚岛三座炮台。震耳欲聋的炮轰声持续了3个小时。我们能看见克鲁森炮发射的炮弹轰炸整个山腰地区。但是没有一炮击中目标。清炮兵在炮台垒壁后面混乱地跑上跑下。当日军散兵线逼近到射程范围内时，他们的子弹如雨点般打向清军的大炮，炮台上的守军跑下山坡，逃往旅顺港。

所以大连湾的7座现代炮台全部落入日军手里。到早上9点时分，所有的战斗结束。本来2个团就能抵抗一支大部队的堡垒，就这样被清军放弃了。

日军攻打和尚岛炮台时，我与山地元治将军及其随从一同骑马来到一个小的防御壕沟，它在地下。一颗清军的炮弹在我身边爆炸，炸伤了我的马，并将我掀倒在地，我的一根肋骨折断，膝盖也受了伤。这种情况下，我只能骑马返回金州。我的伤势并不严重，但是日本医生给我包扎的绷带却夸张得骇人。当晚，维利尔斯先生赶来，他是在丢失了马并走了30英里路程之后才找到我的，他发现我身上的绷带绑得像个英雄，因此他看起来对此非常羡慕。

喜出望外的老司令官将金州的一件当铺给维利尔斯先生和我当做休养之地。那是一个很有意思的地方。清军撤离该城时，洗劫了城里的店铺，在这里我们发现皮毛、贵重的丝绸和金银饰品在院子里散落遍地，其中有罕见的古老珐琅头饰、项链、腰链等当地官宦人家的珍宝，还有堆积如山的银手镯。第二天，一位胡须花白、身穿蓝袍的高大男子跪在地上向我们道谢，因为我们让他进来坐在自己的房子里，他是这间店铺的主人。我们给他一瓶香槟，还有两只活鸡，那是司令官送给我们的。这位年迈的满洲人闻了闻泛着泡沫的酒，满腹疑惑地看着我们。我们是不是在毒害他？他再三把杯子举到唇边，颤抖着再放下，不敢尝一口。最后他吞下一整杯酒，静静等着身上的反应。他黑色的眼珠向上转动，面色柔和了下来。他苍老的脸上呈现出一种无法言喻的平和。他嘴对着瓶口，喝完了一瓶酒，咂吧咂吧嗒了嘴，瘦骨嶙峋的双手满意地交叉放在胃上。他的目光变得炯炯有神起来，双颊泛红。现在他再也感受不到死亡的恐惧了。

"你们从哪里得到它的？"他对我们的翻译说。

"法国。"

"那个国家有多远？去那里要多长时间？"

2 天后，我们在高大的城墙上面散步，城墙环绕着破败不堪的城市，同时，我们看到了恐怖的一幕。

在一个破旧的花园里，人们从一口井里打捞出来 7 具妇女和 3 具女童的尸体，她们身上不住地往下滴水，僵硬地躺在残花与落叶之间。日军炮击这里时，她们跳井自杀了，她们害怕亚洲式胜利给妇女带来的厄运会降临到自己身上。

她们躺在那里，死前相互拥抱在一起，用无声的语言诉说着满洲妇女的气节。其中 4 人是一些上层人士的妻子，其余的人是她们的女儿或婢女。

胜利之师从街上闹哄哄走过，马、人、驮行李的推车、大炮以及司令官的部下们，浩浩荡荡的行军阵容扫过街上各个角落。然而没有人去关注高墙之内花园里那 10 个僵死的人；没有人去保护那群伤心流泪、胆小怯懦、无力保卫家园的人，也没有人帮助城墙上面两个可怜的战地记者。

然而，金州曾是侠士和英雄之乡。300年前满族的世袭贵族在这里筑城砌墙，把他们的旌旗立于此地。然而今天在一座主要的庙宇中，在已被遗弃的满洲之神面前，在曾经有无数战士立誓效忠国家的地方，一个全副武装的清军士兵却在日军进城之时在那里自戕己命。

　　谁能解释一个曾经英勇无畏的民族现在何以沦落至这般懦弱呢？男子如何才能拥有政治上的忠诚并培养出爱国情感，这点不难做到，也易于理解；但是妇女们视自己的节操和其丈夫的名誉高于自己的性命，以至于值得她们在战争中以死维护，这却是令人不解。

　　休养了几天之后，我们动身前往旅顺港。日军的30门攻城炮仍在军队后方艰难地向前赶路，不过长谷川好道的熊本军团已与司令官汇合，侵入中国的所有日军集合起来约有23000人，这些人以及48门大炮出发走向最后一击。

　　大山岩的陆军正在崎岖的陆地上行进时，海军司令伊东率领的日本主力舰队也正在沿着半岛海岸缓慢地航行着，持续不断地同陆上司令官交换情报。

　　日军壮观的大部队翻山越岭前进，或是蹚溪涉水，或是在坚硬嶙峋的碎石路上痛苦地缓缓而行，或是在沙地中迈动沉重的步履，日本军人表现出了自身卓越的素质和坚韧的毅力。没有旌旗，没有音乐，没有排场，只有一支无声的、高度组织化的军人队伍，他们出色地用一个共同的信念装备起、供给着并凝聚了数千人的队伍，这个信念就是日本的荣誉。

　　我和维利尔斯先生离开了司令官的指挥部，转而与山地元治这个独眼将军一同骑行，他是一个粗鲁、沉默寡言和阴险的人，精力极为充沛，但为人谦虚，是东方最优秀的战士。这一段行程十分艰苦，食物短缺，有时还没有水。当我们所在的先遣部队逼近即将开战的战场时，一队清兵从旅顺出来，向前行进。一小队日本侦察骑兵对此深感意外，他们潜伏在山中，这座山毗邻的山谷通向旅顺。我先行抵达时正好看见西宽二郎的军队，当时他正在调遣山中的军队侧翼，令他们前去歼灭那队清兵。

我看到那队清兵列队从西南和西北方向走来，五颜六色的旌旗招招摇摇，仿佛在进行游行，从队伍中隐约传来铜锣声和刺耳的喇叭声。

日本骑兵取道向左，在主路上踏起一阵尘土，红白相间的军旗在尘土中翻腾，遮住了他们回撤的路。矮小英勇的日本侦察骑兵从马上下来，拿着卡宾步枪向清兵开火，同时有一小队日本步兵悄悄地过去支援他们，同样表现出不逊于前者的英勇气概。清军有 3 列，至少1500 人。

但是敌军看见了我们所在的侧翼军队迅速赶来，就逃跑了。清军消失在山里时，我正从山上骑马下来，与侦察兵汇合。这场战斗中有 8名日兵战死，42 人受伤。死去的日兵躺在路边，身首异处，四肢残缺不全。有几具尸体没有了双臂；两具尸体像被屠宰的羊一样。这种对日军的残杀，成为后来日军为自己在旅顺屠杀平民辩护的不正当理由。

次日，我伙同《泰晤士报》的一个记者与日军侦察队一起，前往通向旅顺的那片开阔的山谷。我们把主要的护送人员留在后方的树林里，然后和一小群手里拿着转轮手枪的日本军官，小心谨慎地朝远处的一座有大炮的山峰走去。一个日本中尉和一个陆军中士骑马走在队列前面。就在我们走到一处高地时，突然亮起一阵来复枪子弹的火光，那个中尉独自一人猛跑回来。清巡逻兵打伤并俘虏了那个陆军中士。后来我们听说那个可怜的家伙在旅顺被活活钉死在十字架上。

"快跑！"陆军上校尖叫着命令我们的队伍，同时他用靴刺催促马奔跑。

我们退到一座野草丛生的小山里，看到清狙击兵匍匐在地上，他们企图包围我们。但是他们太过怯懦，不敢靠近。没过多久，我们看见一阵尘土泛起，从我们路过的山谷方向朝我们翻滚而来，几分钟后一营日本步兵赶到，营救了我们，当时我勇敢的战友维利尔斯先生一马当先。

日本散兵逼退了敌人，使其退到旅顺前方的一处坡地上。在那里，我们看到他们挥动着锦绣的军旗，拖拉着一门野战炮就位。

在他们后方耸立着多座炮台，但是没有一门大炮开火。山谷西边的山顶上散布有清军哨兵，而其对面的山顶上同样也聚集着一队警觉的日兵。日本骑兵擦去山谷中和道路上各个方向的痕迹，以免意外发生。当时的场景有些像印第安人格斗的情形。

（汪辉译，来源：James Creelman, *On the Great Highway: The Wanderings and Adventures of A Special Correspondent*, Boston: Lothrop Publishing Company, 1901, pp. 74–93. ）

4. 旅顺之战

攻打旅顺的一切准备工作已准备就绪，日军已经走了一夜，赶路至发起攻击的据点，准备天亮时袭击那里的 16 座现代炮台。

一小队鞍马劳顿的外国记者站在一个火堆边，几个兴奋的军夫正在喂着他们的马。宽敞的山谷中侵略者的营火熊熊燃烧着，数千名军夫灰头土脸，在夜色中运送着弹药和食物。我看到一个矮小男人在一堆余温尚在的火堆旁缓慢地踱着步，几个随行的军官围在火堆边窃窃私语。他低着头，双手放在背后，行走时手一动不动。他就是山地元治将军，那个可怕的小分队将领，他在学校时故意挖出自己的一只眼睛，以向他的战友们表明他不是一个懦夫。我们的命运系在他身上，因为他是先头部队的主要将领，在当时的情况下，那矮小年迈的司令官只是一个政治上的代表，而非军事的。

山地元治将军转身离开火堆，并向他的部下们僵硬地点了点头，然后骑上自己的马。他的部下们也纷纷上马。我纵身跳上马鞍，与将军及其右翼军队一同穿过山谷，来到西边的山脚下，预备迂回攻打敌人，这是此次战役的关键。

夜色中，我们在巨大的地缝边缘，沿着陡峭的绝壁行走，队伍的行动整齐一致得可怕，在布满碎石子的干涸的河面上，大炮声叮叮锵锵，和负重行军的炮兵的喘息声此起彼伏；马驮着山炮跌跌撞撞地走着；侦察骑兵快速往来传递着敌人的消息，其马蹄声与步兵沉重的脚步声、低沉的说话声交织在一起；缓慢行进的军夫们，边走边服侍着战士们；不时有马连人摔下岩石；受惊的战马躲在营火旁，畏缩不前；路上一队队的弹药箱就像黑色的棺材；偶尔能看到谷底闪闪发光的刺刀汇聚成河；忧心忡忡、饥肠辘辘的散兵用腹部在绵长的山腰上匍匐前进，然而队伍弥漫着一种奇特的安静，笼罩着一种严守秘密的氛围。

没有信号旗，没有击鼓声，没有号角声；有的只是人急促的脚步声，哒哒的马蹄声，吱吱呀呀的车轮声，以及冰冷的钢铁的铮铮声。

靠近山地元治将军时，看到他那只独眼中的光芒，令人不寒而栗。情报员们在昏暗的天色中急匆匆地来来回回，他身边响起很多声音，在一个纽约的新闻记者听来，那是一连串奇怪的、模糊不清的亚洲方言，在这里的人潮中，这个记者是多么微不足道。

如果一个人意识到相较于高度组织化的社会力量，他个人是多么渺小，如果一个人认识到他在这个世界所占的分量仅仅是他那五六英尺长的坟地，如果他曾感受过从人群中迎面压倒而来的孤独感，那么在当时情境中他会有这种感觉。

夜色中，我们骑马翻山越岭走了一里又一里的路程，与急切的大军一路随行，当东方的天空泛出冰冷的微弱白光时，我们到达军队右翼的前方，山地元治将军从马上下来，受到了乃木希典的迎接。

我们爬上一座石山的山顶，看到在我们前方山上的案子山（Isuyama）炮台，这座三重炮台是此次战役的关键。炮台呈矩形，台墙是高大、厚实的土墙，与该土墙相连的是另一面更高大的掩体墙，通向一座高地上更加坚固的正方形炮台，而此炮台上有一面墙一直延伸到一座宏伟的圆形多面炮台，这座多面炮台俯视山谷地区和旅顺城。

四周群山环绕，我们只能看见这座三重炮台及其成排的灰色军旗，因为我们又绕行了8英里路以便从西部袭击清军，而不是直接下到山谷。左边是我们的炮兵连，他们已于前一日偷偷埋伏在山腰上了。

在我们的前方和下方，黑压压的一排排日本步兵跪在耕地上，等着天亮一拥而上攻向案子山炮台，我们右边的溪谷中停驻着另一支刺刀队，他们也已准备就绪，等待着信号。我们后方还有数千名士兵枕戈待旦。

微弱的晨光中，周围寂静无声，大家一动不动。山地元治举起帽子示意，日军山炮连开始向案子山炮台开火，我们下方跪在田地中的步兵开始向粗糙的棕色墙头扫射。

顷刻之间，炮台的城垛上挤满了身着红、黄、蓝、绿各色服装的清兵，从那座三重炮台上的大炮发射出的火焰和浓烟淹没了山腰。清军拥有口径 5 英寸的克虏伯炮、口径 9 英寸的辅助旋射炮和速射炮。

炮弹开始从四面八方飞来，甚至连海边的大炮台也将其口径 12 英寸的来复炮对准我们这边的山区轰炸，旅顺山谷一线的所有炮台均将

一支日军山炮部队在旅顺附近的方家屯作战（来源：Jukichi Inouye, *The Japan-China War: on the Regent's Sword: Kinchow, Port Arthur, and Talienwan*, Yokohama: Kelly and Walsh, Limited, 1895, p. 91.）

炮口瞄准我们；因为案子山炮台是关键，一旦它失守了，那么清军的整个左翼就会失去屏护。攻陷这座三重炮台对于日军将是一个信号。我们看不见远方巨大的炮台，但能听到炮弹在头顶咆哮。

清军的大炮撕裂了山腰，耕地上的尘土滚滚翻腾，案子山炮台前方原本跪在山坡上的日军站立起来，顶着炮火前进，一边往前冲一边用枪扫射。大炮震得三重炮台墙上的军旗乱颤。清兵坚守在他们的大炮边。日军聚成狭长的一线，黑漆漆的人影向前奋力逼近，弹药的火花和烟雾随着队列上下翻滚。日军行进的队伍丝毫不乱，好像是在阅兵游行一般。然后，静候在山峡谷右边的军队分成小队向前进发，从边缘向最近的炮台发起进攻。就在稀疏的一线散兵抵达炮台高墙前方的绝壁时，突然掉头转向，与右部的小分队汇合，聚集起来的大军加上早已部署在此的刺刀队一齐冲上通向侧墙的山坡，然而清军的炮弹将其列队从中撕裂为两半。

与此同时，一个日军山炮连也已爬上了山地元治将军所在的山脊，那里的悬崖峭壁令人头晕目眩，士兵们的身体紧贴着马，以免跌倒。5分钟后，6门大炮开始向第一重炮台的垒墙内部发射炮弹。清军炮兵被炸得向后跳。

一阵铃声响起，日军随即向炮台猛冲上去，士兵将刺刀猛插在土方上，踩着刺刀爬上垒壁，射击、刺杀清守军，在彼此相连的垒墙上追击敌军。

初战告捷的日军攻入第二重炮台时，高山低谷中爆发出一阵欢呼声，并且日军最终攻陷了山顶上的那座宏伟的多面炮台，同时逃跑的清兵汹涌爬下炮台，逃入另一侧的山谷。

一旦登上多面炮台，整个战场尽收眼底，绵延数英里的战场上浓烟滚滚，炮声轰鸣。在山谷的入口处，闲适的老司令官及其后备军停驻在那里，还有所向披靡的野战炮和攻城炮的炮队。我们位于主体山谷的右侧。山谷左侧正对着我们的方向有 7 座清军炮台。望过去偏北的 3 座是松树山（Shoju）炮台，而面向西的 4 座炮台是二龙山（Nerio）炮台。山谷的尽头是旅顺港，城围绕海湾而建，并且在城外有 6 座巨大的现代炮台矗立于海岸之上，均为高大坚固的砖石建筑，相互分散，各分布于一座山顶之上，其前方均设有庞大的土木防御工事，各炮台都配有吨位最大、最新的来复炮和臼炮。世界上没有任何军舰敢从海上对其发动袭击。其中一座海岸炮台是黄金山（Ogunsan）炮台，它所在位置高出旅顺城约 450 英尺。它的东面是老蛎嘴（Lo-Leshi）炮台。其他 3 座海岸炮台位于海湾以西的一座小半岛上，即我们所知的馒头山（Manjuyama）众炮台。长谷川好道的军队沿着海岸行进，正从松树山和二龙山炮台的东部对它们发起进攻，并从海岸上攻打老蛎嘴炮台。

我们登上多面炮台俯瞰巨大的战场时，山地元治的下属军官们从一顶白色的清军帐篷上扯下一块白布，并从一面红色的清军旗子上裁下一片圆形的布块，做出了一面简易的日本国旗，将其悬挂在一根满洲长矛上。每一座炮台上都能看见这一胜利的标志。这座多面炮台马上成为炮击的目标。炮弹轰炸使其附近的地面在都在震动。海岸炮台投射来的大量炮弹从头顶飞过，刺耳的声音在空中回响。

然而山地元治却走了出去，站在距我们一步之遥的多面炮台上，一言不发，傲然屹立，就像一座雕像，碎石、尘土像雨水瓢泼般打在他周遭。那是一张陷入沉思的面孔，一张冰冷、坚毅的亚洲面孔。这场战争仿佛让他有些苦恼，它太过轻而易举了。流的血太少。他的独眼巡视着战场，就像一台无生命的机器的眼睛一样。他开口笑了笑，露出鬼魅笑容。

然而就在几天前，我看见山地元治把在大连湾炮台发现的几只会唱歌的小鸟放飞了，因为他惟恐它们在笼子里饿死，怜悯和残暴就这样奇怪地同时存在于一个人的心里。

日军野战炮和攻城炮正在源源不断地向山谷另一侧的 7 座炮台开炮，山地元治的山炮连队也加入助其一臂之力。这是一场壮观的武器对决战。火焰与硝烟喷涌而出，形成一道道拱形的烟门，炮弹从门中呼啸飞来，密密麻麻的来复枪弹在耳边呢喃，这些看不见的死亡使者向每个人一一传递着问候。

旅顺港的军械库失火了，火势蔓延，咆哮的大火肆虐，堆放了半亩地的弹药爆炸，当时如同火山爆发，烈焰和浓烟翻滚上涌，遮天蔽日。在对面山脊上，城墙在 7 座炮台之间盘垣，墙上红色、白色的军旗招展飘扬，绵延数英里。我们看见战士们在那些墙上慌忙跑动，听见他们喧嚣的号角铜锣声。低一些的山上有 2 至 3 个营的清军及其大旗，他们在日军炮火射程之外，如果他们穿过山谷，就能与山地元治相抗衡。长谷川从山谷东部利用参差不齐的地面沟缝攻上来，攻陷了松树山和二龙山炮台。两颗地雷在他的军队前方爆炸，但是清兵引爆得太早了。整个山谷中都埋有地雷，并通过电线与各营地和炮台相连，但不知为什么清军并未启用它们。

就在长谷川的部队冲上松树山炮台时，一颗日军炮弹引燃了其中一座炮台，炮台上堆放着重型大炮的弹药发生爆炸，巨大的声响和震颤使战斗停歇了片刻。清守军逃离山坡，长谷川的人蜂拥攀上怪石嶙峋的山坡，发现炮台上火舌乱舞，跳动的火焰不断向另一处弹药库逼近。防守这 7 座炮台的希望破灭了，清守军相继弃守一座座炮台，向后撤退。长谷川占据了松树山和二龙山炮台所在的山峰。

然而，此战中最壮烈的一幕还未上演。攻陷案子山炮台后，山地元治的步兵从险要的峭壁上爬下来，进入山谷，在将清军从一座坚固的营房赶出去后，他们在一座巨大的建筑墙脚下挤成一团。该墙后就是旅顺港内平整的海军操练场，而它的另一边是一条不深的溪流，上面架着一座狭长的木桥。桥的另一端是散兵壕，清步兵埋伏在那里，守卫着两小山之间通向城里的道路，清军一方仅有的优秀炮兵操控着小山上的野战炮。

长谷川占据了山谷一侧。山地元治控制了另一侧。旅顺城还未被攻陷。山地元治有些紧张不安，他心急如焚。显然，如果他的军队不赶快行进的话，长谷川好道这位除他以外唯一的大将可能就会攻陷城市以及黄金山炮台，攻下这座宏伟的海岸炮台之王，赢得荣耀。

每次山地元治的人企图从清军的营房冲出去，战壕中清军狙击手就用温彻斯特连发来复枪向他们开火，源源不断的子弹扫过平整的操练场打向日军。日军数次冲出去，但都在弹雨中被迫撤回来。

山地元治牙关紧闭，脸色气得发青。他的下属军官站在多面炮台上，朝着下方的士兵大喊，命令他们攻过桥去，但都是徒劳。即便山地元治将军下达严厉的命令，也是枉然。自立见尚文的军队攻陷平壤西北部的高地以来，这是日军第一次与优秀的清军战士对决。

山上小炮台向日军狂轰不止，其射程覆盖桥和通向城的道路，但却没能击中营房墙上的日本狙击兵。偶尔有黄金山炮台上的重型大炮向这里开火，但是炮弹飞得太远，偏离目标太远。从山那边传来的远程射击声尖锐而急促，不绝于耳，在那里，长谷川的军队正在歼杀从7座炮台上撤逃的清军。数以千计的敌人奋力向东逃跑。戴着羽毛配饰的满洲人骑着白马借道峡谷，飞驰而去。

站在多面炮台破损的垒壁上，我们能看到八、九艘日本战舰连成一线，平行于海岸，停泊在海面上，海岸炮台发射的炮弹击不中目标，落入大海，激起一排排浪花翻涌散开。鱼雷舰向海湾入口处投射鱼雷，鱼雷却落在装载着逃亡百姓的帆船上。

山地元治站在那里，双手剧烈地抽动，怒不可遏，单眼怒视着埋伏在营房后面战壕里的清军，没有言词能够形容他那可怕的怒容。

其实日军是被清军堵在了旅顺港的门口！再进半英里，中华帝国就会被征服了。

突然，从营房里冲出来两队日本散兵，分别向左右方向跑去，以操练场边缘两侧的矮墙为掩护，向侧翼清军的战壕进行剧烈地扫射。另一队日军在营房后方的台地上跪成一个半圆，也不停地向路上顽强的防御者们开火。

在第三队的掩护下，另外一小队日军冲过了子弹横飞的区域，穿过木桥，赶走战壕的清狙击兵，控制了战壕后面山上的大炮。与此同时，司令官下令后备军从水师营（Suishiyeh）出发进入山谷，数千人沿各条道路涌向旅顺城，他们前方的军队也正在向那座如临末日的城逼近。

此时，我离开了山地元治，爬下陡坡，进入山谷，设法穿过操练场，走过木桥，爬上城边缘的一座山顶。我在那里遇到了几个英美的驻外武官。我们看到日军先头部队正在进入，他们一边行进一边向城中开火。

没有任何开炮还击。甚至连黄金山炮台也安静下来并被弃守了。清守军逃跑了。恐慌的平民百姓蜷缩在街道上。

然后开始了一场毫无意义、毫不必要的大屠杀，它使文明世界为之震惊，使得日军战胜对手的荣光尽失。在屠杀前的那一刻，日本国旗上从未沾染上任何污点。

当这支胜利之师进入旅顺时，看见他们被杀战友的头颅挂在绳子上，鼻子和耳朵被割了下来。城门入口处的一扇拱门上饰挂着这些血腥的战利品，十分野蛮。也许正是这一幕勾起了征服者的杀戮欲望，消解了他们心中的人性和怜悯之情；或者仅仅是渴望杀戮。对此，是非功过世人自可判断。但是，日本人屠杀了其目之所及的一切。

手无寸铁的百姓跪在街上，乞求饶命，但是却被枪杀，或被刺杀，或被斩首。整座城市从头到尾被洗劫一空，平民在自己家中惨遭杀害。……

我们能看见各条街道上苦苦哀求的店主们被军刀砍死。门窗被打破卸下。……

当晚是我所经历的最寒冷的一夜。温度计上的数字骤降至华氏20度。虽然我疲惫至极，不得不两次躺下在路边休息，但是我还是找到了穿过山谷去水师营的路。我睡觉的小房子里没有一点儿吃的东西，不过有司令官之前送给我的一瓶勃艮第葡萄酒。两周以来，我的靴子没有离开过我的脚。

清晨，我和《泰晤士报》的记者一起走进旅顺城。街上的情景惨不忍睹。到处能看见仿佛被野兽撕裂的残肢碎体。狗在他们被冻僵了的主人尸首旁悲鸣低吠。受害者多是店主。到处看不到武器，也没有反抗的痕迹。街上的一幕幕足以使［日本］这个世界上最能言善辩的国家无地自容。……

旅顺是一座小民舍和店铺杂乱布局的城市，并由此发展成为清朝一座现代的海军基地，其中庞大的船坞居亚洲之首。

大山岩从金州动身出发时，他的参谋长官神尾（Cameo）少佐派了一名被俘的间谍进入旅顺口，给带兵从大连湾逃走的清军将领徐将军（General Ju）送去一封信，信的内容如下：

黄姜程张军门麾下：

久仰大名，未得接见，常以为遗憾。弟向龚观察以使馆武员在燕京数年，往来津沽之间，亲与其驻在诸统领交吐露胸襟。常以厚两国军队之交情为心，今者不幸相见于兵马之间，亦无可奈何也。顷者我军一举拔金州。将督其众进逼旅顺。

阁下所统率兵数不多，且概系新募。以如是之兵当我训练素熟戎器精锐之大众，假令以阁下之智勇督战，胜败之数盖可知也。向者贵国之师一败牙山，二败平壤，三败鸭绿江，乃至海战未曾获一利。是岂非天运乎？大势所归，可概见矣。当此时阁下固守无援之地，徒困无辜苍生，盖非良策也。我军固以仁义动，苟敌我者虽歼灭而不假惜，至一旦弃兵器投我则毫不窘迫之。其将卒皆各从其官级礼遇之，无敢加不敬。

阁下幸信我言而自处之计，则不独阁下之幸，抑亦贵国臣民之幸也。弟虽未亲与阁下相见，已与阁下之诸知友相识。情义不能默默，因敢布腹心，阁下裁之。

顺请

时安。

神尾

1894 年 11 月 15 日[①]

旅顺城中 2000 名手无寸铁的平民被日军无情屠杀，此事无需详细描述，它已揭穿了这位日本军官的虚假承诺。在日本寻求步入文明国

---

① 中译文参见关捷、唐功春、郭富纯、刘恩格主编：《中日甲午战争全史》第二卷"战争篇"（上），吉林人民出版社 2005 年版，第 813 页。——译者注

家之列时，我所记录的一切关于那 3 天的大屠杀，是想说明那只是日本利用人类战争机器时犯下的错误。作为一个文明的目击者，我无法在这一罪行面前保持沉默。……

渡过黄海抵达日本后，我将旅顺口的消息发给《纽约世界报》，我本人就是该报纸的战地记者，并前往东京参加日本庆祝胜利的国家庆典。上野公园（Uyeno Park）里的美景令人称奇，难以忘怀。据说有 40 万人齐聚一堂庆祝那一盛大的庆典。

人们戴着怪异的面具在枝叶婆娑的松林荫下起舞，动人心弦的歌声在空中回响，从一片宁谧的树林里传来一阵悠扬深沉的隐隐钟声。

古老的日本，男人们头上梳着发髻，母亲们表现得优雅且一身诗意，这些质朴的日本人在色彩缤纷、生气勃勃的人潮中窸窣攒动，起舞游行。在欢呼雀跃的人们的头顶上方，悬挂着仿造的中国人的头颅，它们在绳子上摇来摆去，让我又回想起我们刚刚摆脱的恐怖场景。

皇太子和日本贵族们也在场，他们随着大队伍前进，并高声吟唱日本诗人福士（Fukushi）的现代诗：

朝阳之旗；

朝阳之旗；

穿过大海的滚滚波浪，去往一个遥远的国度。

那里将目睹我帝国之明君的英明神武，

我们的战士将所向披靡，谁人敢抗衡？

副歌：大和帝国！冲吧！前进吧！

朝阳之旗；

朝阳之旗；

你的恩泽下，我们彰显国土的荣光；

我们全速前进。

敌人的要塞每每陷落；他们的船舰化为碎片。

我们战无不胜。

副歌：大和帝国！冲吧！前进吧！

朝阳之旗；

朝阳之旗；

日出之地，我们的家园，天下无双。

我们全心效忠。为了帝国，男孩和少女愿意献上生命；

为了家园，我们绝不吝啬己躯。

樱花啊！向着朝阳吐出你的芬芳。

副歌：大和帝国！冲吧！前进吧！

回想中日这场战争令人惊讶的结果时，关键要记住决定战局的是一方具有强烈的民族国家（national）感情，而另一方几乎完全不存在爱国精神。除此之外，没有其他原因可作解释。清军的装备精良，还在其国土上战斗，他们依赖的堡垒宏伟坚固，装备着现代军事科技的杀伤性武器。但是他们不具备国家自豪感，没有强烈珍惜国家荣誉的意识，而这些正是激励日军士气的要素。至于与清军息息相关的，是其大旗所代表的一个仅为抽象的、触不可及、看不见的、几乎难以想象的权威，它与每一个人没有直接关系，它通过那些老态龙钟的满族官员及其粗暴的侍从，在一个无边无际的压榨体系中彰显着自己的权威。为这样一面旗帜而死，就像马克·吐温在亚当坟墓前流泪一样愚蠢可笑。清朝皇帝在战争最关键的阶段颁发谕旨，呼吁满洲的百姓起来反抗侵略者，这不是因为侵入其国土的来犯者使其男子汉气概和颜面受辱，不是因为自己的家园受到威胁，也不是因为自己可能会沦为外邦的奴隶，而是因为皇帝先辈们的坟墓在奉天，坟地有被亵渎的危险。

对于一个日本士兵来说，日本国旗代表着自己的荣誉。他们的爱国情感只是个人尊严的延伸。深植在他内心的信念是全力为日本人服务，就是为神明、为世界服务。正是这种情感，这种信念，激发了日本士兵战斗的精神。

凡是见过这两个民族交战的人，他会怀疑中国人和日本人对死亡是否有相同的轻视态度。他们都是宿命论者。然而冷静、超然、晦涩的中国文明体系，皇权的神秘，帝国君主的与世隔绝及其切断了他与臣民之间一切人之常情的联系，这些都在逐渐瓦解着中国这个民族国家（denationalized China），抹杀了中国人流血保卫国土的个人意志。

自旅顺之战和威海卫战役以来，"义和团运动"使其政治家们注意到一种国家情感正在中国萌发，这不是因为帝国政府，而是出于对它的反抗。

也许，当中国人学会了热爱祖国，爱到足以为它而战之后，他们对它的爱就会足以去除它的残暴、腐败、慵懒虚伪（idle scholastic vanity），这种爱使他们希望看到它在各国中因其人道和脚踏实地而受到尊敬。

（汪辉译，来源：James Creelman, *On the Great Highway: The Wanderings and Adventures of A Special Correspondent*, Boston: Lothrop Publishing Company, 1901, pp. 94–119.）

5. 旅顺大屠杀

一场解放朝鲜的战争突然变成一场野蛮草率的征服战争。战争不再是一场文明与野蛮的对决。日本摘掉面具，在此战的最后 4 天里，文明在其征服军的足下被践踏。

攻陷旅顺口的故事将是历史篇章中最黑暗的一页。轻而易举战胜一群清兵乌合之众，并攻取一座世界上最强大的炮台，这些对日军的性情来说是个巨大的冲击，几个小时后，他们崩溃了，沉睡在一代人身上的野蛮残暴复苏了，他们退回并陷入其前代人的残暴状态中。

街上堆满了死尸

旅顺港中几乎全城人口被屠，百姓手无寸铁，束手就擒，屠杀一天接着一天，直到街上堆满尸体，并且尸体皆被残损。我记录此事时，仍能听到来复枪声。

在 19 世纪的此时，正当日本寻求作为一个平等成员步入文明国家之列，日本犯下的这一罪行令人震惊，与此相比，进攻软弱无助的北京或是使清王朝屈服都显得微不足道。

一种强烈的责任感迫使我记录下我在这里的所见所闻，记录下这一场毫不必要、毫无意义的大屠杀。

暂不论这一战役巨大的战场，或是陆上、海岸炮台链上威力强大

《世界报》插图：旅顺大屠杀（来源：*The World*, Now York, Feb. 11, 1895.）

的大炮，旅顺城的沦陷是这样一个事实，即一支规模庞大、受过良好训练的军队偷袭一群乌合之众，作为一场战争，仅此事实就使战争的尊严尽失。大炮的狂轰乱炸，军队在崇山峻岭之间科学地调度部署，但步兵的冲锋陷阵仍无法避免，日军老奸巨猾、铁石心肠的出谋划策者们罗列出的"阵亡者名单"实为无关紧要。

肆意妄为的暴行

日军在攻打一座炮台时，50人阵亡，250人受伤，如果是由欧洲和美国的军队来攻占的话，可能会折损10000人，然而，一种不可控制的力量导致了随后肆虐而来的残暴，这种残暴一直被日本人用文明外衣掩盖着，这充分证明这个国家完全经受不住一场真正的考验。

这盏亚洲之灯本来在黑暗的东方发出宁静祥和的光芒，看到此光芒的熄灭令人痛心，它在满洲的城墙上贴满告示，呼吁中国人放下武器，相信它的军队，而它的军队却以其冷血暴力在旅顺施行残暴，制造出一幕幕难以言喻的惨烈情景，看到这些同样使人心痛。

日本无颜面对世界。它侵犯了日内瓦公约，羞辱玷污了红十字会，它的统治机构泯灭了人性和怜悯。对战争胜利和奴役他人的新渴望绑架了它的意念。

屠杀旅顺城中可怜的百姓和对其躯体的残损，任何为此辩护的企图都无济于事。事实无可辩驳地清楚表明，这是日本文明在意识的压力下突然崩溃了。

没有中国军人

到目前为止，这场战斗揭示出的惊人事实是：

［被屠杀者中］实际上不存在中国军人。

日本一直在用文明的外衣来点缀自己，却没有经历过道德和精神上的发展，而这些正是现代文明的根基所在，掌握其内在理念是必需的。

日本本质上是一个野蛮国家，还不能将文明人的生命和财产托付其管治之下。

直至日军进入旅顺的那一刻，包括在场的日军，他们对待敌人还是仁慈宽容的，这我可以见证。它的国旗上还没有沾上任何污点。然而，全是因为不理智的情感。像对待一个新玩具一样，日本一直在戏弄红十字会，它的军官们乐此不疲地吸引各国的目光，吸引别国来观看日本的表演。

旅顺陷落之时，日本的真面目暴露出来，甚至在惊吓不已的英美武官和负责记录此次疯狂屠杀的外国新闻记者面前也毫不避讳。我屡次尝试通过抗议或恳求来救助那些可怜的人们免遭杀害，但都无济于事。

日军嘲讽红十字会的标志，在满地的血污中，在抢来的赃物堆中，在失去家园的受害者身上，日兵肆意踩踏。肥胖的老司令官和他的将领们在其中微笑地踱着步，欣赏着夹杂着来复枪声的国歌音乐，相互碰杯祝贺。

日军从金州出发的行军以及攻打旅顺的过程，在大屠杀这一事实面前都变得微不足道，所以我要进一步讲述此事。

日军涌入旅顺时，看见他们被杀战友的头颅悬挂在绳子上，鼻子和耳朵都被削去。城中的主街上有一扇简易的拱门，上面用日军血淋淋的头颅作装饰。一场大屠杀随后而至。愤怒的士兵逢人便杀。

我亲眼见证旅顺城中可怜的人们从未企图反抗侵略军。日军现在声称有子弹从门窗中射来，而这一说法完全是谎言。

日军根本不想抓俘虏。

我看见一个男人跪在日军面前，祈求饶命时，他的头被砍下，身子被刺刀钉在地面上。

另外一个中国人蜷缩在角落里，一队日兵用枪把他射得千疮百孔。

一个跪在街上的人几乎被砍成两半。

还有一个可怜的家伙在屋顶上被射死。另一个人从屋顶摔到路上，后背被刺数刀而死。

我的下方就是一家医院，红十字会的旗帜插于其上，然而日军仍向走出家门的无助百姓扫射。

一个戴着皮帽的商人跪在地上，举手乞怜。日军向他开枪时，他用手遮住脸。第二天我看到他的尸体时，已面目全非，无法辨认了。

妇女和孩童被杀

妇女和孩童被护送着逃往山里时，遭到日军的追捕和射杀。

城从头到尾被洗劫一空，居民在家中被屠杀。

成群结队的马、驴和骆驼，还有成群的受惊吓的大人孩子从旅顺的西边逃出城。那一群逃亡者涉水淌过一条狭窄的水道，在冰冷刺骨的水中不住颤抖，走得摇摇晃晃。一队日本步兵在水道前方停下脚步，向衣服还滴着水的逃难者扫射；但是没有一颗子弹击中目标。

最后走过水道的是两个男人，其中一个领着两个小孩子。他们跌跌撞撞地走出水道，到达对岸时，一队日本骑兵出现了，他们砍杀了其中一人。另一个人和两个孩子退回水里，像射杀狗一样被打死。

我们能看见各条街道上苦苦哀求的店主们被军刀砍死。门窗被打破卸下。每家每户都遭到入侵和抢劫。

第二军团的先头部队到达黄金山炮台时，发现它已被弃之不顾。后来他们发现海湾中有一只帆船，上面挤满了逃亡者。一队日兵沿着码头岸边一字排开，向船上开火，直至杀光船上男女老少所有人。海湾外的鱼雷艇击沉了 10 只载满惊慌百姓的帆船。

屠杀中的幸灾乐祸

大约 5 点时分，从操练场上传来一阵音乐声，所有的日军将领在那里齐聚一堂，恭贺司令官的胜利，不过乃木希典不在其中，他还在山里追击敌军。多么兴高采烈的欢呼声和握手！乐队的表演如此庄重！我却始终能听到子弹在旅顺街巷中嗖嗖穿梭，我还知道那些无助的人们正倒在血泊中，他们的家被洗劫。

《世界报》插图：忠诚的小狗守在被杀的主人身边（来源：*The World*, Now York, Feb. 11, 1895.）

当夜是那一年中最寒冷的一夜。温度计上的数字骤降至华氏20度。逃往山里的妇女和孩子被冻僵了，而同时屠杀城里男人的活动一整夜不曾停歇。

早晨，我从街上走过。看见到处的残肢碎体，仿佛是被野兽撕咬所致一般。店主被杀，尸体堆叠在路旁，眼泪结成冰，身上的伤口处挂着血红的冰锥。

狗在其冻僵的主人尸首边悲鸣低吠。到处都有饥饿的畜生在撕咬余温尚存者的尸骨。

哨兵的嘲笑

我和柯文先生在一起时，遇到一具无头死尸。距其两三米处是其头，一只狗正在撕咬脖子。一个日本哨兵看着这一幕，并且大笑。

随后我看见一个胡须花白、口中无牙的商人被人开膛破肚，躺在自己店铺的门槛上，店铺已被洗劫一空了。

另有一个受害者，他的胸膛也被一把日式刀剖开，一只宠物狗在其手臂下不住颤抖。

一具女尸被压在一堆男尸下面，这堆尸体以各种能想到的或痛苦或哀求的姿势躺在地上。

在一个角落里，25具尸体堆成一堆。日军朝他们开枪时，站得太近，以至于他们的衣服被烧焦，其中一部分人是被烧死的。

在此20英尺以外的地方躺着一个胡须花白、满脸皱纹的男人，喉咙被割断，眼睛和舌头被挖出来。

到处都没有武器的痕迹，也没有反抗打斗的痕迹。这里的一幕幕足以使［日本］这个世界上最能言善辩的国家无地自容。

在这幕惨烈的屠杀情景中，有一个战栗的老妇人，她是唯一的幸存者，她在死尸中徘徊，四肢颤抖，其沟壑纵横的脸上因为恐惧而抽搐不已。她能去哪？她该怎么办？所有的男人都被杀死了，所有的女人都逃进了冰冷的山中。然而，她没有获得任何同情的目光，反而被推挤、被嘲笑，直至她转身进入一条血污满地的小巷子里，苍天知道她又将面对怎样的可怕场景。

屠杀和劫掠

日军尝到了血腥的甜头后，其暴行第二天仍在继续。

我看见有4个男人沿着城市边缘安静地走着。其中一个人抱着一个婴儿。几个日兵突然向他们开枪，但是他们的枪法太差，那几个男人逃跑了。

从早到晚，日军持续地将人们从民舍中拽出，枪杀或是用刀砍杀他们。

奄奄一息的人们在地上抽搐，我看见日兵在他们身上踩来踏去，抢劫他们的家，从未企图掩盖其骇人的罪行。羞耻心泯灭了。人像被围困的野兽一样蜷缩在角落，跪求饶命，却不能如愿，看到这些惹人心碎。

第二天的暴行持续了一整天。数百人被杀。仅路旁就堆放了227具尸体。至少有40人被杀时，手是背在后面的。

有谣言说两名欧洲人被捕，并将被枪决。我追查了此事，发现那两人被囚禁过，但是已被释放。其中一人是路透社的记者史蒂芬·哈特（Stephen Hart），另一人是他的翻译奥尔伯格（Olberg）。

哈特先生搭乘一艘中国帆船途径烟台来到这里，为了搜集新闻，开战前3天，他已经到达这里。

他发现一艘拖船的船长约翰·麦克卢尔（John McClure）曾被任命为一艘军舰的舰长。旅顺当地官吏友好地接待了他，并允许他进入军营走动。

悬赏人头

他在道台衙门看见有以金钱悬赏日本人头的事。开战当天，那位官吏试图乘一艘小汽船逃跑，但却被日军的鱼雷艇赶回岸上，现在他正躲在山里的某个地方，对他的搜捕也正在进行。

第二方面军一进入旅顺，就有一个日本士兵用来复枪对准哈特先生，但是一个军官把枪向上挡开了。我见到他时，他刚刚从旅馆出来，日军为了洗劫那里，杀了一个厨子和两个男孩。

日军有24小时的时间冷静下来，然而其暴行却未停歇。日军对死尸的羞辱恶劣至极，残损尸体的行为令人作呕，我甚至无法用语言表述。

试探新闻记者

当天晚上稍晚一些时候，大山岩的法律顾问有贺长雄先生来到外国记者的驻地，他坐了一会。当时他戴着一副金边眼镜，面带笑容，温文尔雅，但十分警觉深沉。突然他转过身来对我说：

"您如何看待发生的这些事？"

"这是一次漂亮的战略行动。"我回答说。

"不，"他说，"您知道我的意思，我是说在旅顺杀人一事，您如何称呼它？您会称之为屠杀吗？我希望您坦诚相告。"

其他记者紧张地看着我，害怕我会口是心非，害怕日本人会禁止我们离开中国，强迫我们通过军事审查机构来发送新闻消息，进而掩盖我们所目睹的那些骇人事件的经过。我尽力回避问题，但是他紧抓着不放。

"您会称其为屠杀吗？"他又问，"还是，您称它为一场文明的战争？我们急切地想知道您将如何报道此事。例如，您是否认为它是一场针对旅顺和平居民的大屠杀？"

我再一次把问题引向别的方面。他放弃了对我的询问，转头面向弗雷德里克·维利尔斯（Frederick Villiers）先生，伦敦《黑白》画报的记者，维利尔斯也尽可能地巧妙回避直接回答问题。

然后他又问《泰晤士报》的柯文先生，柯文先生直截了当地回答他自己将如何报道在开战当天日军的状态，以及告诉有贺长雄说，他认为在随后几天日军对手无寸铁的居民的所作所为完全是一场屠杀。有贺长雄沉思片刻。

"您也这么认为吗？"他转回来询问我。

"当然是的。"我说，"一个文明的国家理应俘虏犯人，而非屠杀。"

害怕曝光

有贺长雄显然是在试图让我们作出承诺，使我们保证在通讯稿中不使用屠杀一词，他用一种严密的亚洲方式为此事辩护。

"这不是同一个问题，"他说，"如果我们选择处死俘虏，这是另一个问题。"

"但是你们不是在杀死俘虏，而是在直接任意杀害无助的居民，从未试图俘虏他们。"

"啊，"有贺长雄一边说话，一边轻轻将双手交叠，以加强他的争辩。"就算是同一件事吧，我们在平壤抓捕了几百个俘虏，我们发现供养、看守他们的成本太高，太麻烦。根据实际情况，我们在这里就不抓俘虏了。"

屠杀第三天

开战的第三天，天一放亮，我就被来复枪声吵醒。他们还在忙于杀人。我走出去，看见一个军官带着一队日本兵正在追击三个人。其中一个人手臂中抱着一个光着身子的婴儿。他跑的时候婴儿掉到地上。一个小时后，我发现这个婴儿已经死了。第二个人被枪杀在地。第三个人是孩子的父亲，他失足摔倒。立刻有一个手里拿着一把出鞘刺刀的日兵冲上前去，抓住他的后背。

我跑过去，露出缠在我手臂绷带上的红十字会非战人员标志，但是没用。日兵用刺刀向俯伏在地的男人连刺三四刀，然后走开，任由那人在地上喘着气，等待死亡。

我赶忙跑回驻地，叫醒维利尔斯先生，我们一同赶往那个奄奄一

JAPANESE ATROCITIES AT PORT ARTHUR—CARTING OFF THE SLAIN.
(From the London Daily Graphic's illustration, made from a sketch by a British naval officer.)

《世界报》插图：旅顺大屠杀后运走尸体（来源：*The World*, Now York, Jan. 20, 1895.）

息的人所在之地。赶到时，他死了，伤口处还冒着热气。

我们弯腰检查尸体时，听到几码之外的路上有枪声响起，我们走过去看发生了什么。我们看见一个老人站在路上，双手绑于后背。他身旁的地面上有三具扭曲的男尸，均是绑着被杀。我们赶到时，一个日兵开枪射倒老人。老人脸朝上躺在路上，呻吟着，眼珠还在转动。士兵们撕开他的衣服，看见血从他胸部流出来，然后向他射出第二枪。老人的脸抽搐着，身体因为疼痛而剧烈颤抖。士兵们向他吐口水，嘲笑他。

我们转身离开那里。记起来，那已是开战的第三天了。

挖出心脏

次日，我和维利尔斯先生走进一个院子，看见里面堆满了残肢碎体。我们进去之时，惊讶地看见两个士兵弯着腰围在一具尸体旁。一个人手里拿着刀，剖开尸体，将心脏挖出来。他们看见我们时，退缩到一边，试图遮住自己的脸。

我确定有超过 100 名清兵在公开的交战中身亡，但有至少 2000 名手无寸铁的平民被屠杀。

也许，这是一群军人看到战友的残肢后怒不可遏的自然后果，或者称之为一场复仇。但是，我在旅顺所闻所见的暴行，一个文明国家无法做出来。我所记录的每一个场景，均是我亲眼所见，同时身边还有其他人在场见证，要么有英美的武官在场，要么是与柯文先生或者维利尔斯先生在一起。

也许这就是战争，不过它是一场野蛮的战争。它用超过一代人的生命来使一个民族文明化。

司令官和他的所有将领都知道屠杀一直在进行，一天接着一天。

……

（汪辉译，来源：James Creelman，"The Massacre at Port Arthur"，*The World*，New York, December 20, 1894, pp. 1-2.）

托马斯·科文：旅顺与威海卫的陷落

想要将日军攻占旅顺后所发生的一切当时就报道出来几乎是不可能的，若这样做甚至会给自己带来危险。所有的外国记者都尽快逃离了这一人间地狱，去往言论自由可以得到保障的地方。8 天前乘坐长门丸号驶离旅顺时，我们万分惊讶地发现，自己竟然从一场疯狂漫延开来的、令人难以置信的残暴杀戮中得以生还。我们最后听到的是嬉笑着的日军不停射击的声音，旅顺陷落后这样的屠杀一直持续到第 5 天。

——托马斯 · 科文

【编者按】托马斯·科文（Thomas Cowen，生卒年月不详）是英国《泰晤士报》（*The Times*）的记者，1894 年中日甲午战争爆发后作为《泰晤士报》的特派记者到战地采访报道。他的采访活动是跟随日本第二军进行的，因此对旅顺战役和威海卫战役作了较为详尽的报道。但根据当时新闻报道的惯例，记者并不在刊登的报道或通讯文章中署名，因此科文在《泰晤士报》上的报道都是以"我报特派记者"（Our Special Correspondent）的名义刊发的。

1894 年 11 月 20－25 日，科文亲历了日军攻占旅顺及其后发生的大屠杀，因此他于 11 月 29 日乘坐"长门丸"号船到达广岛后，第二天便去见了日本外务大臣陆奥宗光，告之"日军攻占旅顺时的不当行为"，并问及日本政府对此事的态度。可以说，他是西方战地记者中，首先对屠杀事件极为重视并去质问日本政府的人。科文把他会见陆奥宗光的情况写成简短报道发回伦敦，刊载于 12 月 3 日的《泰晤士报》。文中说道："在接下来的 4 天，我看到城内并无任何抵抗，但日本兵洗劫了整个城市，屠杀了市内几乎所有的人。也有少数妇女和儿童被杀，虽然这有可能不是故意的。我还告诉陆奥子爵，我看见许多中国俘虏被捆绑起来，脱去衣裤，被枪杀，被刀砍，被开膛破肚取出内脏，被肢解碎尸。很多尸体中的一部分还被焚烧过。"这一报道由于《泰晤士报》在西方主流媒体中的地位而产生了不利于日本的国际影响。日本政府试图贿赂收买科文，但未能如愿。随后科文又发表了两篇有关旅顺大屠杀的长篇通讯，即本章中的第 2 节《旅顺陷落后的日军暴行》和第 3 节《旅顺暴行》。当然，科文虽坚持报道旅顺真相，但从《旅顺暴行》一文来看，他的立场似乎在发生改变，口吻逐渐接近于日本政府

WAR CORRESPONDENTS COOKING THEIR DINNER.
(From a sketch by Mr. Creelman.)

在旅顺的战地记者正在做饭，托马斯·科文即在其中（来源：*The World*, Now York, Dec. 20, 1894.）

的辩解，认为旅顺屠杀事出有因。也许，科文是迫于日本政府和《泰晤士报》的压力而不得已如此，因为此时的《泰晤士报》经营者已被日本政府收买。

1904 年日俄战争爆发后，科文又来到远东作战事报道，并即时撰写了《日俄战争：从战争爆发到辽阳战役》一书于当年 11 月出版。

1. 旅顺陷落

一次小规模战斗

我们从金州到旅顺的行军路程已经过半，并已能远远地看到目的地。（若清军不能进行有效抵抗的话）我们明日就将能驻扎到群山安全的一侧，那里距此地骑马仅需 1 个小时；后天（20 日）军队将进行休整，并确保为将要到来的战斗做好万全准备；山地元治信心满满地说，21 号晚上我们就能在旅顺城内盖着龙旗安然入睡。当我们向他询问作战计划时，他冷冷地开了这个玩笑，这也是我唯一一次看到山地放松的状态。

今晨，敌军进行了大规模的侦查活动，但他们只发现了一个日军侦察队，其他并无甚发现，因此他们很快就撤退了，这支侦察队也由此得以幸免。这一事件发生之时确实激动人心，但并不能说明什么。日军一直在稳定有序地前进，西宽二郎少将率领着先锋部队，山地元治中将、参谋人员以及记者们都和大部队在一起，由乃木希典少将殿后。司令官大山岩及其参谋人员也在后方，长谷川好道少将率领着右翼军队，他的队伍实际覆盖着南部海岸以北的乡间地带。前方一直到不远处的北方海岸右侧，沿山谷分布着小规模的骑兵和步兵队伍。这处乡间是绝佳的防守地带，那里遍布着中等陡峭的山地，其中有低矮的土丘，也有 2000 英尺高的悬崖峭壁，数百条乱石密布的山涧和沟谷分布其中；广阔而又总是高低不平的肥沃谷地为迷宫似的蜿蜒水道所切割，而在这个季节水道里几乎是干涸的。每隔两三英里就有一些小村庄，简陋的房舍都是用石头盖成的，整个村子就像是筑在低洼处的巢穴，四周散乱地长着一些树木。在村子里面及其周围，我们能看到很多当地人，他们挤在一起，畏惧而又好奇地看着我们这些外国人。站在山顶上，我们能看到一些更加胆小的村民，他们会向我们所在的地方望一会儿，之后就很快跑开，也许是要去向中国军队报告他们看到的情形；但除了有时会为了问一两个问题外，日军并没有阻拦过这些村民。

我们所走的是连接旅顺与金州、牛庄以及北京的军用道路。这条路开通已有25年，没有丝毫迹象表明有过任何的整修与维护。路面较软的地方布满了深深的车辙印，如若下过大雨之后肯定几乎不能通行，参差不齐的石头路面上散落着大小不一、形状各异的石块。平原之上，黑云夹杂着沙尘，笼罩了我们的队伍，这就是中国北方严重的沙尘暴。这几日天气明媚而少风，但气温较低，有时甚至寒冷彻骨。

今日的行军并始于早上7点，最终我们到达了一大型村庄营城子（Ye-jo-shu），这一村庄位于一个不规则平原的东部，该平原沿着海岸延伸出有5英里，靠近海岸的部分有几座小山，还有由一巨大T型岬角分成的两处广阔浅湾，这是旅大半岛（Kwangtung Peninsula）北岸最引人注目的特色景观。在进村之前，一位副官带来了前方发生战斗的消息，位置在此地至旅顺的半路上，山地中将听取他的报告。我立刻强烈要求前往，因为在这一战役中几乎未爆发过战斗，"各行动间已隔了太长时间"，一场无伤亡的小规模战斗也将是一个积极的转变，尤其是旅顺有可能不战而降。所以山地略一犹豫就同意了我的请求，我和一位同事骑上马向西南稍偏左的方向疾驰而去。在5英里以外的群山间，我们看到了一座像是堡垒或瞭望塔似的小型方形石质建筑，在它的四周，我们隐约能够看到烟尘里移动的人影。我们下到山谷里，在分岔路口我们立刻就能知道要往哪边走，因为在那条路的两边绵延着很长的人畜队伍，都向着同一方向行进，他们似乎是从某个堡垒或狭谷中涌出的，相互鼓励与帮助，唯恐敌人会太快撤退。那时是午后1点钟，西宽的队伍刚刚开始在营城子南部扎营，这时来了一个情报员宣布说外围的警戒岗哨遭到了攻击并被切断了联系。交火在11点就开始了，但直到1个小时之后战斗才变得激烈起来。骑兵最先冲向战场，之后是步兵，再之后是炮兵和弹药运输队，他们就像是被统一集结起来，开向战场。只要道路条件允许，我们就快马疾驰，超过了排成两列跑步前进的士兵，他们正查看着自己的步枪和子弹袋；超过了缓慢前行的重炮运输队伍和奋力奔跑的骡子，超过了气喘吁吁的军夫和红十字会的工作人员；我们从行军队伍中穿过，给那些被抬往后方的伤员鼓劲，而他们忍着伤痛坚毅地朝着我们微笑。队伍行进到一个美丽村庄的狭路上时耽搁了一些时间，该村庄位于一个树木茂盛的小山谷里，炮兵队伍陷在了一条宽阔的浅溪中，但是经过顽强努力终于解决了问题。军队继续行进，炮兵队伍爬上岸，涉水蹒跚地走过半干的沟渠，不时会陷入松软的泥沙或绊到水里的石头，在冲出峡谷爬上山坡的过程中，人和牲畜都使出了全力。山顶上有一方形的碴石界标，我们之前错把它当成了一处堡垒，西宽少将正站在界标的矮墙之上，观察着前方平原上清军的"战略撤退"，并指挥军队采取行动，想要将清军拦腰截断。两队精兵分别从左右两个方向推进，形似新月的两个尖角，从山上慢慢包围了山谷，一队向着西北方的海岸，另一队向着东南方的旅顺。阵地上的炮兵已经准备就绪，但迄今还未投入战斗。在总攻旅顺之前，日军没有必要向清军展示其全部的实力。

这一交战最初的导火索只是双方侦察兵的一次不期而遇。清军正悄悄地行进到谷地内和周围的山上，他们有的沿着山谷，有的位于山脊背后。日军三三两两，至多6人一组深入敌方阵地数英里进行侦查活动。突然间，枪声响起，双方均向着中间的主道展开了大规模进攻。日军最初死守着阵地，因为他们看到前方的清军无甚战斗力，并且知道后方的援军很快就会赶到。然而中午时分，3队精锐清军，骑兵与步兵共约3000人，经由东南、正南和西南的主道以及两条通往水师营和旅顺的支道，越过山地向日军涌来。在前卫营赶到之前，这队日军陷入了被包围的极大危险之中。他们只有20名骑兵和约200名步兵，而清军已攻到了近前，他们必须自己杀出重围，有时甚至要近身肉搏。其中有七人战死，包括一名骑兵，他们的尸首未能被带离战场。高举无数面旗帜的清军不断前进，几乎到了二宽少将所在处下方的山脚；但被派出牵制清军的一小支由300名骑兵组成的日军吓跑了，到1时30分的时候，清军已秩序井然地沿着来时的路全面撤退，恰巧躲过赶到的日军侧翼部队。没有必要向着旅顺周围的山地方向追击清军；因为西宽的部队在古老的石堆纪念碑处全体集合的时候，清军已消失在了6英里外的山坳里。

2点钟的时候，我和一队7人的骑兵巡逻队赶往前方，小心翼翼地沿着主道一直走到日落，之后调转马头来到一个位于山脚下的村庄。我们在那看到了日军的尸体，均赤身裸体并遭到劈砍与斩首，其中两具右手被剁去；甚至骑兵的战马也遭到部分剥皮，皮肤外翻的地方有两大块肉被割走了。每隔数米，我们就能看到清军留下的痕迹，但未发现一具他们的尸体；清军的尸首肯定是被运走了，因为萨摩的士兵不可能无缘无故地死在这里。在缓慢地骑马回到营城子军营的途中，除几支巡逻队及扛着担架前去收敛尸首的人外，我们一个人也没看到；

十多英里的回程路况极差，我们的马匹经过一整天的长途奔波已近乎力竭而死，每一步都踉踉跄跄。最后，我们只得将马托付给军夫，徒步走完了大部分路程。那些军夫真是极其出色，尽管肩上背着40磅重的装备，在急行赶到石堆纪念碑的数分钟后他们立刻就又精神抖擞了；当我们进入敌军阵地时，都将手指放在了扳机上，因为不知道什么时候可能就会发现清军的藏身之处，而那些忠诚的军夫坚持一同前往，他们什么武器也没有，却在我们试图把他们护在后面的时候微笑着阻止我们这样做。

11月18日写于营城子。

一抵达土城子，我们就得知大山司令已外出巡视战场，可能随时会回来。在这里，我们终于有机会吃午饭了。突然，重炮的轰隆声传来，清军最终还是采取了进攻。我们快马疾驰，很快就到达山顶的背面，发现战斗才刚刚开始。清军兵分两路前来，右路取道我们眼前的

日军救护队从土城子抬走尸体（来源：Jukichi Inouye, *The Japan-China War: on the Regent's Sword: Kinchow, Port Arthur, and Talienwan*, Yokohama: Kelly and Walsh, Limited, 1895, p. 85.）

水师营，左路经由谷地的西面，群山丘陵后的情形无法看见。他们最终意识到自己几乎被入侵军包围了，如果可能的话一定会逃出来。但现在已无此种可能，一切都太迟了。左路清军一前进到 1 英里的射程内，一组日军炮兵就立刻用榴霰弹进行攻击。日军位置一暴露，清军炮台就予以了回击，这就是让我们顾不上吃午饭就赶来的那几声炮响。之后不久，约下午 3 点的时候，清军右路进入了日军炮兵连的近程射击范围内，头两发炮弹正中队伍中央。愚蠢的旗兵立刻就被击倒了，清军队形也散了。他们英勇地两次重整队形，但日军的炮弹威力巨大又十分精准。日军炮手的发射堪称完美，而清军旗手成了极佳的目标。清军的野炮准备就绪，但无甚作用，因为实际上没有一名日军暴露在清军野炮部队及其炮台的视野中。双方均用步枪进行了零星的射击，但没有什么重要影响，炮兵已决定了战局。在我们观察点的正下方最右面的位置出现了一小支清军，但仅持续了数分钟，我们后方山谷内的日军已准备好行动；到 5 点的时候，所有的清军都撤回了营地。远在海岸边的数个炮台在日落之前开始发炮，但其射出的数枚 12 英寸导弹均未命中，都落在了我们后方一公里处的山顶上；当最后一线阳光消失之后，整个战场都安静了下来。在此夜余下的时间里，双方均无任何声响或示意。

总攻计划并不十分复杂。日军将针对水师营北方及东北方的中间战场做出一些战略部署上的改变；大多火炮将经由群山背后运往西面，那个位置能更好地为步兵提供掩护，那是一片凹凸不平的丘陵地带，一直延伸到西北方的清军炮台处。日军的中心目标远在炮台之后，将用重炮进行攻占；战场东面，长谷川少将率领着左路日军，面对着成线型排列的 8 座炮台，旁人看来其任务异常重要与困难，但实际上并非如此。这里的战场十分开阔，山地既不高又不密，因此不是很适合

鸟瞰旅顺口（来源：Jukichi Inouye, *The Japan-China War: on the Regent's Sword: Kinchow, Port Arthur, and Talienwan*, Yokohama: Kelly and Walsh, Limited, 1895, p. 103.）

作为炮兵阵地。我认为对战略要地的主攻将集中在西北方那 3 座相距很近的炮台。

土城子军营的大部分日军将在凌晨 1 点时从土城子军营向战场进发。

11 月 20 日写于土城子。

总攻击

日军于 11 月 21 日凌晨 1 点从旅顺城前的土城子村开拔，经由外围群山背后的行军路线迂回难走，数次几乎到了鸽子湾的海边，天亮之前作战部署已经完成。时值下弦月，光线暗淡；晴空万里，天寒物燥。

战场位置正如我在上一封信（11 月 20 日记于土城子）中所描述的一样。

战略要地是西北方的三座炮台（位于案子山上），日军集中火力猛攻此处。陆军司令及其参谋人员几乎就在战线中央的位置，重型攻城炮已被尽可能地部署在最佳地点，但该位置仍不是很好，靠近战场中央，位于旅顺东面北偏东到正北的方向上，距其有五六英里远；攻城炮正对着水师营及数座清军炮台，射击距离正合适。山地中将率领的第一师团为左翼，其进军道路最为崎岖难行。9支野炮与山炮部队已准备就绪，它们所在的山脊几乎与清军炮台高度相同，距其也几乎不到步枪射程这么远；炮兵的后面是大批步兵队伍，他们已做好冲锋的准备。西宽少将率领最左路日军，而乃木少将掌握中部偏左的日军，其位置距大山司令官不远。左路方面，长谷川少将率领的混成旅团分布较为分散，因为此处的群山之间相距较远，地形对日军攻占炮台无甚帮助。此处的山区也不十分适合作为炮兵阵地。据我所知，长谷川只有2队炮兵；但由正光中佐率领的快速突击队（Flying column）已被从三十里堡（San-ju-li-Ho）调来与他合到一处，彼时正位于南方的滨海道路上，这只突击队包括1支山炮部队、2营步兵以及1000名骑兵。尽管如此，面对着旅顺东北方的一长排有围墙互连的炮台，在没有来自西面的实质性支援的情况下，日军在东面几乎很难有所作为。

我当时所在的地方有一支由30门大炮组成的炮兵部队，他们在早晨7点过后的两三分钟内打响了战斗的第一炮，当时的天光亮度刚刚达到发射火炮的需要。在接下来的1个小时里，50门日军大炮齐向案子山炮台开火，而后者也用其20门规格不一的火炮坚持英勇回击。围墙下的山坡上挖有步兵壕沟，连同炮台内共有约1000名步兵。日军已连夜在那附近多石的土地上挖了炮兵战壕，并已精心挑选了作掩护之用的山谷，事实上整个第一师团至少10000名日军都埋伏在那等待行动。很多清军炮弹从我们耳畔近距离飞过，在背后小谷的另一边爆炸或落地。该山谷本身并不能提供遮掩，其坡度几乎和炮弹下落的路径相一致。我们周围的很多大石块都被击中了，但奇怪的是没有一个人丧生。草木超出三英尺高的部分都被削去了；距我三码远的一匹马被炮弹击中左肩，炸成了碎片；后方的沟内另有一匹马被炸死；但以上就是清军造成的所有破坏。在前半个小时里，肯定有300枚炮弹越过我们头顶，落在后方很远的地方，但其平均高度仅有一点点过高——刚刚足够让我们感到非常不适，但从未正中目标。同时，整条战线上的日军都开始加入战斗。就我所观察到的，每队炮兵都有一台带有三脚支撑架的望远镜，此种装备可用于精确瞄准目标，尽管清晨的浓雾及厚密的烟云经常会使日军一时半会几乎无法瞄准。但很容易看出日军自一开始就掌控了战局。我们都满怀兴趣地观看了此日发射的第一枚炮弹，这一"试射弹"击中了距炮台内一门克虏伯炮仅五码远的地方，该炮台是西北方三座炮台中距日军最近的一座。这一精确射击出自菱田（Hishida）中尉之手，他是一名热情、乐观的年轻军官，且一直特别注意保证我的安全。天亮之前，日军在月光及灯笼的昏暗光线下平整了安放火炮的地点，菱田透过夜色看到我打了十分钟的盹，我当时所躺的地方后来遭到了猛烈攻击。他将我带到另一处，在战斗打响前我们一直在那里（用简单的法语）交谈。之后他将我介绍给了他的长官藤本（Fuzimoto）上尉、松本（Matsumoto）指挥官及今津（Imazu）大佐。

日军不知道具体的攻击距离，估测距清军为一千米，天光半明半暗时发射的"试射弹"十分靠近目标，为之后日军的炮击提供了一个很好的标示。配有望远镜的日军炮队每一发炮弹都十分精确，但只要我一偷偷跑出去观战，就立刻会有人用日英双语警告我"危险"，所以我只得躺下来，不过还好有双筒望远镜。采用卧姿的话，烟雾对视野的阻碍就会变得小得多，可能这样也更加安全。

　　快到 8 点的时候，清军的大炮一门接一门地停息了下来，突然间炮台那里经由山谷传来巨大的喊叫声。有人告诉我（虽然我自己听不懂）那是攻占炮台的步兵在唱进行曲，几分钟后部署在山顶与谷内的日军爆发出巨大的欢呼声，声音响彻整条战线，他们高喊着："胜利了！"日军从三面涌上炮台，每隔几步就停下射击，接着再往前冲，而此时清军已打光了枪炮里的弹药。敌军人数有限，没等日军到达进行近身肉搏，就已奔下山去，逃往旅顺城前筑有防御工事的军营，就这样案子山上升起了太阳旗。

　　据我的观察与估计，这一战斗是在 7 点 45 分打响的，但日本官方报道中的时间与我所说的全都不同。我不知道他们采用的是当地时间还是东京时间。5 分钟前太阳才从山后升起，所以 7 点 45 分这一时间似乎并不准确。

　　初战告捷之后，赢得余下的战斗实际上就只是时间问题了。尽管如此，初战中清军竭尽所能进行抗击，日军接下来将面临大量恶战。西北方的战斗中，双方伤亡均未超过五六十人，而日方在进军的路上还将面对成千上万名清军。假如炮台守兵充足，再配有大量精心挑选的神射手，那么清军杀敌即使不到数千也应有数百，而且本该抵挡更长时间。假如中国的炮兵像日军一样精准而稳定的话，双方位置和掩护的迥然不同将极大地弥补人数上的差异。日军计划缜密、进攻迅速、个个英勇。正如我之前所说，清军的确没有闻风而逃；他们勇敢地坚守阵地，拼尽全力射击到最后一刻；但他们从未试图与敌人展开肉搏，从未奋战到底。

　　清军只组织了一次真正意义上的反攻：由约 2000 名清军步兵和少量骑兵组成的大军，向西绕过群山与旅顺潟湖北面，前去攻击日军右翼。一整天都未见倦色的山地中将一直坚毅冷静地紧随前线部队，他立刻发现了清军的意图，命令西宽少将率领第三旅团和一支山炮部队前去应战。极其崎岖不平的地面导致双方行动缓慢，这一部分的战斗一直持续到下午。

第二旅团在 8 点过后不久就攻占了椅子山炮台，之后炮兵部队接到命令离开前夜的位置前进。我不确定在之前的信件中对火炮的描述是否正确。运自下关和横须贺的"攻城炮兵连"由 30 门 9 厘米口径和 12 门 12 厘米口径的大炮组成，这些炮是在大阪铸造的。这些炮兵自大连出发时比计划要晚，经过日夜不休的急行军与艰难跋涉，在 20 号夜间才抵达土城子。当晚，这些大炮中就有 20 门被布置到阵地上，在战斗中我曾看到过这些炮，它们位于水师营的西北，距离最近的炮台有 1 到 3 公里。整个第一师团为这些炮兵提供火力支持，有不到三个营的 2400 名日军奉命留守金州和大连。还有一个团的 2400 名日军被调去阻击清军对西面侧翼的进攻，在案子山炮台前还剩下 10000 名日军。实际上只有不超过三分之一的日军参与了进攻。其余日军都在原地待命，时刻准备着一有需要就加入战斗，包括潟湖附近由西宽率领的先头部队，以及米家子（19 日在此处发生了小规模战斗，一名侦查骑兵被杀）附近由乃木率领的中路军俱是如此。此地正处于土城子和水师营村中间，午前大山司令官及其参谋人员一直位于此处，通过副官向右方的山地和左方的长谷川传达命令（从未使用过旗帜、信号弹或军号）。米家子位于水师营北面大约 1 公里处，而水师营距旅顺城北约 5 公里，距西面的案子山炮台和东面的松树山炮台均约 1 公里。米家子和东南方海岸的中间是太子山，长谷川的部队正在那里，他们面前是由五六公里长的围墙所连接的 8 座炮台，当然他的旅团覆盖不了整片区域；他的队伍有 5000 人位于中部，有 2000 人靠近海边。中部的 5000 人被均分成两队，分别进攻松树山和二龙山，每队都有 1 个旅的大约 2400 名士兵以及一些炮兵。在进攻过程中，两队都分别组织了两个营的各 800 人的先头部队，另有 1 个营的士兵紧随其后，直到进入战场。之后所有的士兵都展开成小规模战斗队形，开始冲击炮台。清军引爆了数枚地雷，但毫无作用，因为导火索的燃烧时间未能控制好。清军也使用了一些电控地雷，但引爆时间错误。这些资料是官方提供的，比我之前所说的更加准确。

　　山地中将在进攻西北炮台的时候，长谷川的队伍引开了东北方炮台的注意，以防他们集中火力攻击日军右翼。第一师团胜利推进之前，混成旅团未进行任何正式攻击。因此，清军右路基本上将其火力浪费在了空地上，而日军的重点进攻几乎完全包围了清军左路部队。日军的作战计划取得了完全胜利，等到中国军队发现他们的错误时，一切都已经太迟了。松树山炮台猛烈炮击占领了对面山坡的日军，大量炮弹越过两者之间的水师营所在平原；但椅子山已被攻下，日军炮兵的全部火力都集中到了最大的松树山炮台。因此，虽然日军左翼曾一度受到左侧炮台和右侧清军的威胁，但其从未真正陷入过危险，因为在西宽率领的第三旅团猛攻椅子山的时候，背对着第三旅团的第二旅团击退了敌方步兵，同时山炮、野炮和攻城炮打得松树山炮台守军毫无还手之力。看到清军坚守炮台的场景着实令人吃惊，他们像英雄一样战斗着，他们瞄准时的姿势就像是在接受女王嘉奖一样。但日军的火炮藏在山里，一找到机会就转移到更好的位置，并朝着一个固定目标持续不断地发射；面对这样的情况，一座或几座清军炮台又能如何反击呢——他们还能期盼些什么呢？双方持续猛烈的炮轰历时近 2 个钟头；但随着日军攻上山坡，清军炮击的方向变得越来越宽，最后松树山炮台的弹药库发生了爆炸，堡垒内的棚舍也都着了火。上午 11 点后不久，长谷川开始沿直线进攻，一个接一个地攻下了所有8座炮台。最大的松树山炮台在战争中起到了重要的作用，当然它着火之后清军立刻就撤离了；2个小时之后，受损的木结构都被严重烧毁，弹药堆发生了爆炸。第二大的炮台二龙山炮台坚持时间最长。日军曾两次沿山谷进攻，试图从隐藏的地方冲出攻上山，但遭到白炮的攻击，不得不回到隐蔽处再次用步枪进行射击；但他们一接到长官的命令，就英勇地冲上前，不顾枪林弹雨，最终从侧面冲上了山。那时堡垒里一个中国人也没有了，他们沿着高墙从一个炮台跑到另一个，边跑边射击，一直未放弃抵抗，直到日军攻到近前，此时已无法使用步枪。他们被日军追赶得漫山逃窜，以不到100码的堡垒区域为中心的数公里范围内，没有一名战死的"勇士"。逃脱的士兵下山跑进了城内，清军的主力部队就在那里。

同时，在水师营、椅子山和旅顺之间交战激烈，其中主要是步兵。清军步枪手的位置在一大块面积约为三平方英里的平地上，其上遍布低矮的石丘与土丘。他们试图保卫住椅子山下筑有高墙的军营，但很快就被日军的炮弹和榴霰弹所击溃了。之后日军在此进行了集结，共有左翼和中路偏左队伍的士兵共约2000人，人数一直在增加，日军已经做好了进军旅顺城的准备。这些军营和旅顺城门前的练兵场之间有大约3000名清军，他们列成小规模战斗的队形，拼命向日军射击，这些清军合在一起为旅顺提供了一道屏障。他们身后是清军的野战炮，据说有12门，而我只看到7门，清军炮兵正试图阻挡日军前进的步伐，并且偶尔有些成效；一发炮弹击碎了最大军营的一角，那里的墙后站有大量待命的日军。后方更远处有一座叫做"白玉山"的大山，日语中称为Hakugoku，位置正好俯视全城，那里挤满了步枪兵，他们用石堆做掩护并且弹药供应充足。最后，所有的海岸炮台都发射了一些炮弹，但这并不能为混战中的清军提供多大帮助。在攻占练兵场及其上方的将军亭之前，日军一直在水师营炮兵部队的掩护下稳步推进，至此清军手中就只剩下白玉山上的战壕、海岸炮台以及旅顺城了。练兵场南面有一条宽阔的浅溪，它自水师营山谷流下，汇入白玉山西面的海湾。日军曾三次从练兵场围墙后冲出想要过桥，但被一阵阵极具杀伤力的弹雨所逼退。最终，他们欢呼着冲了过去，在山前分散开来，把那里的清军赶回了城内。日军司令部下令暂缓进军，因为在攻城前日军还未集结。这一延误使得清军有机会登船出逃，等到我登上白玉山顶的时候，已有大量舢板和小帆船正驶离旅顺，有些出了潟湖，驶向西面老铁山海岬处的山地堡垒，有些逃往大海，正进入了日军舰队的视线之内。后一类船只中有一艘小型汽轮，也可以把它叫做大型拖船。日军的野战炮部队现在已前进到了水师营下的平原之上，它不时任意地炮轰位于城另一侧的港口，但我们看不出这有什么作用。此时，已有大量新闻记者和外国武官来到了山顶上。我们看到那艘汽轮驶离港口，绕出了我们的视线；之后我们听说这艘汽轮及其他一些船只被一艘日军鱼雷艇击沉了。此时（2点至3点之间）舰队开始向海岸炮台开火，但其攻击十分有限，目的只是吸引炮台的注意力以掩护陆上日军。海岸炮台并未强烈回击，但因为某种原因（我们一直未能弄清这个原因）根本就没发现我们，尽管大炮旁大量士兵清晰可见，也有大批日军暴露在他们的射程之内。

当第一师团在旅顺城前全部集结完毕后，左翼部队被派往东北方，以防敌军汇合、冲出包围圈。司令部下令进入旅顺城，同时猛攻护卫城区的黄金山炮台。第二旅团打头阵，他们一排排地走过城内的街道、码头和已经着火的军储库，同时不断进行扫射；他们冲上山，进入黄金山炮台，实际上那里的守军未做任何抵抗的努力就弃垒逃跑了，攻城战就这样结束了。

夜间，长谷川率领的旅团翻过群山，占领了东面的两座海岸炮台，即"老蛎嘴"炮台。第二天早上，山地率领的第一军团绕过了潟湖，占领了半岛上的炮台，这些炮台在夜间已经遭到毁坏。即使我们获得的清军人数只是"东方式"的准确，清军都去了哪里看起来仍是一个谜。据说大部分清军沿海岸逃窜，摆脱了追击的长谷川队伍，剩下的清军分成小队乘着夜色向西逃去了。在如此宽广的多山地带，几乎不可能确切估算出死亡人数，但我想在战斗和日军进入旅顺城的过程中可能有一千名清军丧生。剩下的清军，无论数量有多少，肯定已换上平民的服装（正如大多数被杀死的人）仍在附近游荡，并且很多仍持有武器。

在此战役后的第二天，我们听闻战斗当夜一队100人左右的逃亡者在土城子附近袭击了一辆辎重车，他们还杀死了4名军夫，但日军骑兵一赶到他们就消失得无影无踪了。

我们还听说战役当天（21日），有8000名清军自北方袭击了金州，在与1600名守城日军激战后，最终不敌被迫撤退。援军立刻赶回了金州，这支部队将在那里驻扎一段时间。

22日，旅顺港外的水雷被引爆，日军舰船当晚进驻了旅顺港。1天后，8艘英舰、2艘俄舰、1艘法舰以及1艘德舰到达旅顺，它们在此一直待到25日，之后离开前往烟台。英国舰队司令弗里曼特尔于24日拜访了大山岩司令。

市民达数千人的旅顺城内只剩下两三百名中国平民，因此日军有足够的住处。战役当晚，只有第一师团的部分队伍住在了城内，其余日军都驻扎在水师营。我曾一度怎么都找不到自己的行李，并和我的马匹（实际上是一头骡子）走散了，而我的毯子绑在了鞍子后面；日出之前，温度计显示气温从华氏 55 或 60 度降到了 22 度。第二天起了大雾；而此前的天气据当地人说可以算是这个季节里最为晴朗的。

23 日，日军在造船厂辖区举行了一场露天宴会，乐队演奏了日本及外国乐曲，食物酒水供应充足，超过 1000 名军官聚集在此向指挥官们道贺。21 号战役结束当天下午 5 点，这些军官就在练兵场集合了一次，彼时乐曲高奏，全体日军都兴高采烈、热情欢呼，苦战之后他们终于赢得了巨大的胜利。

我们在旅顺见到了路透社的战地记者史蒂芬·哈特先生，他三天前冒着可能被战争双方杀害的危险从烟台赶来，战时处在中国一方。他在旅顺的短暂停留期间一定有一些激动人心的经历，对于旅顺发生的一切他应该要比我描述得更好。

哈特先生曾被日军拘留，他被怀疑可能是清军的军事顾问，直到后来他证明了自己的身份。据他说，旅顺有 22000 名士兵，分别由程（Tsung）将军和徐（Ju）将军统帅；但日军估计的数字只有 13000 名。

据官方报道，日方共约 60 人阵亡，150 人受伤。就我们所知，这一数字是准确的。这一伤亡看起来很小，但我们要考虑到此战中未出现过近身肉搏的情况。伤亡最为严重的地点是椅子山、旅顺城前的平原以及东面呈直线分布的 8 座炮台处，其中攻占椅子山时的伤亡最为严重。可能有 400 名清军死于此次战役，之后又有 600 名被杀。21 号当天没有一人被俘，但之后有 20 名俘虏。

道台在此战役前一天就已逃离。

11 月 26 日写于旅顺至日本的船上。

（李磊宇译，来源："The Fall Of Port Arthur"，*The Times,* London, Jan 07, 1895, p. 6.）

2. 旅顺陷落后的日军暴行

想要将日军攻占旅顺后所发生的一切当时就报道出来几乎是不可能的，若这样做甚至会给自己带来危险。所有的外国记者都尽快逃离了这一人间地狱，去往言论自由可以得到保障的地方。8 天前乘坐长门丸号驶离旅顺时，我们万分惊讶地发现，自己竟然从一场疯狂漫延开来的、令人难以置信的残暴杀戮中得以生还。我们最后听到的是嬉笑着的日军不停射击的声音，旅顺陷落后这样的屠杀一直持续到第 5 天。

当日军在 21 日下午两点开始进入旅顺时，清军做了最后的殊死抵抗，他们凭借着房舍等遮蔽从一处向另一处慢慢地撤退，最后他们到达了城镇外围的一片区域。在此之后，所有的反抗都最终停止了，他们被彻底击败了。四下逃窜的清军跑过街道，想要找地方躲起来，或是拼了命地逃往东面或西面的野外。我当时正在一座名为"白玉山"的陡坡顶端，这座山在日文中被称作 Hakugokusan，意思亦是白玉山，从那里能够近距离观察下方的整个城镇，我背后是西面炮台，案子山炮台在左边，黄金山炮台和大海在右边，东面炮台远在城镇的前方。我看到日军进入城内，在街道上、向房舍内不断射击，他们抓住并杀害了遇到的一切生命，而在此期间我一直努力寻找着是什么导致他们这样做。我几乎目击了所有的射击，但我发誓除日军外没有人开枪。我看到大批中国人被从藏身之处抓出来，他们被射杀并遭到肢解，没有一个人试图反抗。被屠杀的中国人都穿着平民的衣服，但这说明不了什么，战斗中死里逃生的清军可能换下了军服。很多人跪倒在地，不停地磕头向日军乞求，但仍旧被占领军无情地屠杀了，他们至死还维持着这样的姿势。那些逃跑的中国人遭到日军追击，或早或迟均被杀害。我能够看到这个小城镇的每一个地方，就像是站在大英博物馆顶层看伦敦塔桥一样。就我所见，没有任何人从房舍内向日军射击。我几乎不能相信眼前的景象，因为正如我在以往的信件中所言，之前战争过程中无可争议的事实使我对日军这一仁爱之师充满敬佩之情。所以我奋力观察与寻找着可以解释日军此等暴行的哪怕丝毫线索，坚信日军这样做是有原因的，但我什么也没有找到。如果我是双眼被蒙蔽，那么其他人也一定面临着同样的困境。英国和美国的陆军武官那时也在白玉山上，他们同样对眼前的景象感到万分惊骇。他们宣称日军的所作所为是爆发的一次毫无征兆的野蛮行径，是其撕破人性面具，是对之前言行的背叛。

背后的枪响将我们的注意力引向了北面，那里是一条注入广阔潟湖的溪流。一大批船只正向西蜂拥而去，超载一倍的船上挤满了惊慌失措的逃亡者，有男有女也有儿童，他们从被围的旅顺城内逃出时已经太晚了。一支由一位军官率领的日军骑兵队从溪流的上游向下游入海的方向射击，杀死了射程范围内的所有逃难者。一位老人领着 2 个10 到 12 岁的儿童，他们已经开始涉水过溪，这时一骑兵下到水中，用长刀猛砍了他们十多下，这一残忍景象远非一个普通人所能接受。

视线转回旅顺城方向，我们看到一个农民打扮的男人，他空着两手正沿着山脚下干涸的河床向海边跑去，位置正处在我们和城内的房舍之间。他身后射来二三十颗子弹，在奔跑中他一下子跌倒了，但立刻爬了起来继续飞奔着逃命。日军兴奋得过了头，以致不能很好地瞄准目标，之后这个男人消失在了我们的视野中，但他很有可能最终还是被杀害了。

另一个不幸的人乘着日军从前门进屋，胡乱开枪的时候，从屋后跑了出来。他跑进一条屋后的小巷，但很快就发现自己陷入了两面夹击的境地。我们听到他哭喊了大约十五秒，并给日军士兵磕了3个头。他磕第3个头后就没能再起来，而是倒在一边，仍保持着弯腰姿势，妄图乞求获得日军那被过分夸大了的仁慈。日军士兵站在大约10步远的地方，朝着这个男人打光了枪膛里的子弹。

我们看到更多的可怜之人被杀害，但苦于无法阻止日军的屠杀行为。越来越多的人遇害，我们已经不能用语言来描述所看到的景象，厌恶与悲痛已超出了文字所能描绘的范围。我们在渐浓的夜色中缓慢走下山坡，经过了数个布满清军弹壳的步兵战壕，最终回到了大本营。面向宽阔练兵场的凉亭是为清军将领而建，而此时大山岩元帅和所有的军官集合在了这里，军乐团演奏着奇怪的乐曲，先是一首具有奇异日本特色的进行曲，然后是一首欢快的法国华尔兹舞曲，最后是令人印象深刻的日本国歌"君之代"（Kiminoyo），曲终后2万名军士齐声高喊："日本万岁！"这些人脸上都洋溢着热切的爱国之情，以及奋战之后获得全胜、圆满完成任务的喜悦之情。这些日本军人中没有一个人会想到他们来自西方的客人此刻心中充满了惊骇、愤慨与厌恶。摆脱激荡在日军中那恶魔般的欢愉，从以前的朋友那洋溢的欢乐中逃离对我们来说真是一种解脱，不然他们会用关注的目光将我们淹没，对我们而言这就像是被地狱饿鬼抚摸一样不适。我们目睹了日军的暴行，与如此残忍的人共处简直就是一种折磨。

攻占旅顺的前夜我们未能睡觉，回到住处全都筋疲力尽了。我们第二天早上醒得很晚，是被枪响惊醒的。周三的屠杀虽然确是无法宽恕，但其事出有因，日军在战火中受到的刺激、胜利的喜悦以及得知同伴尸体被肢解的愤恨，都可以对此做出解释。但令我们吃惊和恐慌的是，我们发现冷血的日军仍继续着周三开始的大屠杀。

从周四到周日的四天里，日军在城内的烧杀抢掠从清晨一直持续到夜里，他们肢解尸体，犯下一切可以想到的无耻暴行。到最后，整座城变成了一个可怕的人间地狱，目睹了这一惨状的人们至死都不会忘记，每次想起都会害怕得发抖。我看到过很多妇女和孩童的尸体，三四个一堆地散落在街道上，水里的尸体更多。我弯腰把其中一些捞起来，想要确保真的没有人在日军的刀下侥幸存活。街上散落着数百具男性的尸体，也有可能是数千具，我们已经数不过来，其中一些四肢都被割了下来，一些头被砍下，尸体被横向或纵向地切成两半，还有一些尸体被仔细、精确地向下向里剖开，内脏被挖出，手脚被割断，有时还会有短剑或刺刀插在尸体的私处。我曾看到好几群俘虏，他们的手都被缚在身后，用绳子捆成一长串。日军向他们射击了整整五分钟，尸体被打得千疮百孔，之后还被砍成了碎块。我还曾看到一条搁浅在沙滩上的舢板，上面挤满了逃亡的男女老幼，一波又一拨的子弹向他们齐射而去，我已无法用语言来描述此等惨状。日军为何要不断重复制造着我在那 4 天里看到的所有可怕景象，其中桩桩件件、每处细节都令人痛苦不堪。

同时，城内的所有房屋都被洗劫一空，日军破开了每一道房门，将所有的箱子和橱柜掠夺一空，就连墙角和缝隙也没有放过。一切值钱的东西都被抢走了，剩下的不是遭到破坏就是被扔进了排水沟。甚至连处在中国一方的路透社战地记者哈特先生也被抢夺一空，最后只剩下身上的衣服。而与他住在一起的厨子和帮厨男孩则被射杀在炉边，他们当时除了日常的活计什么也没有做。旅顺被攻占前，哈特先生曾告诉当地的旅馆店主不要离开城镇，因为日军肯定不会伤及他们的人身财产安全。在整个战争过程中，日军一直军纪严明，并完美展现了文明的战争方式，以至于现在的这种冷血与野蛮的爆发是所有人都未曾料想到的。

日军宣称城内居民持有枪支和"快装弹药"（一种厘米弹，根据气囊原理爆炸），还称他们进城时遭到了来自房屋内的射击。我后来的确在屋内的地上发现了弹壳，但我从没看到过有谁开枪。我只看到日军在进屋之前就向屋内射击，未经允许就破门而入。

在攻城的前一天，双方爆发了几次小规模战斗，被伤、被杀以及被俘的日军遭到清军残忍的虐待与肢解。我们在进军途中看到了几具这样的尸体，据说在城内发现了更多，均被砍头断手，开膛破肚。在金州有些日俘被烧死，有消息称在旅顺也烧死了一名日军。此外日军还发现城内张贴有悬赏告示，并为人头、手和俘虏进行了明码标价。日军士兵发誓报仇，他们的确做到了，而且用的是野蛮方式。我们只能说清军犯下了无耻的罪行，而日本人成百倍地进行了报复。如果日本甘愿按照中国人的游戏规则来的话，那么英国人毫无权力来指责它。但毫无疑问，他们将再也不会产生之前的那种对日本的欣赏之情。但也许日本对这种欣赏本就毫不在乎。

然而，如果这种突然爆发的野蛮报复是违背日本政府与人民的意愿的呢？因为很明显，这一行径与日方之前的所有言行都是相悖的。如果这一行动是未经授权、未被许可的，如果日本做出受到全世界称赞的承诺时是真心实意的，那么日方就应该尽快澄清事实，而且想要证明这一点并非难事。参与暴行的日军必须受到严厉制裁，否则我们只能认为日方批准了这一行动。我现在不能确定日方是否承认这是一场暴行，与此信同时抵达伦敦的电报将给出答案。也许发生在旅顺的一切最终仅会变成一件令人感到遗憾的事故。我希望并且相信此类事件不会再次发生。他国军队也曾做过类似的事情，但均不过是偶然所为。日军可能也不会再做出此等可怕暴行。

无辜平民在战争中遇难是不可避免的事情，我不会仅仅为了这个原因就指责日军。清军穿上了平民的服装并且仍持有武器，他们会凭借这一伪装偷袭日军。因此，不管其是否穿着军装，把所有中国人都当作敌人在某种程度上可以说是情有可原的。从这点来看，日军的所作所为是完全正当的。但即使是把他们当作敌人，也不应全部屠杀而应生俘，那才是人道的做法。我看到成百上千的人被抓住和捆绑后，仍旧被杀害了。也许有人说那不能被称作野蛮，但无论如何事实的确如此。

攻城那天，日军士兵也许因为刚刚经历了苦战得胜的兴奋，而无法抑制嗜血的欲望。无论怎么说，他们当时正神经紧绷、热血沸腾、处在极度兴奋的状态中。不是说他们这样是合理的，但这种状况的确极为常见。但攻占旅顺发生在 21 号，而直到 25 号，日军已得到 4 天良好休整的情况下，屠杀仍在继续。这样看来，日军一定极易受刺激，而如果说这就是日本的本性的话，这种本性将不会受到任何欣赏与赞扬。

一定有人考虑到了清军虐尸事件会使士兵们义愤填膺，而愤慨正是最好的借口。日军应当感到愤怒，但他们为何要以同样野蛮的方式来表达这种愤怒呢？当然他们会予以否认。那么他们就必须证明这一点，因为不可否认的是，很多白人亲眼目睹了这些日军的所作所为，他们在战斗结束之后的整整 4 天里犯下了种种野蛮暴行。

1894 年 12 月 3 日写于神户。

（李磊宇译，来源："The Atrocities After The Fall Of Port Arthur", *The Times*, London, Jan. 08, 1895, p. 6.）

3. 旅顺暴行

在上一封信中我已尽可能如实客观地描述了日军攻陷旅顺后的所作所为，那是我到达神户后根据在旅顺所做的记录而写的。我无需评判日军的行为是对是错，我要做的是把所目睹的一切说出来，让事实来为自己辩护。然而，我想说的是，日军在占领的其他地方一直保持着克制，他们对中国人的善待可以说是全世界侵略军中之最，如果他们在受到如此强烈的刺激之后仍能容忍下去的话，我才应当感到吃惊。亲眼目睹了旅顺惨象的人不一定能做出最佳的评判，因为无论他如何如实而又准确地记录下当时的印象，在面对战争最可怕的一面以及像清军一样的野蛮行径时，想做到冷静思考实际上是不可能的。

经过两周的深思熟虑，我的想法没有开始那么极端了。我说服自己，城陷后一周里被杀的中国人中有一些即使不是正规军，也很可能参与了战斗。15000名清军不可能都突破了东面的日方战线逃脱，其中一定有很多脱下了军装，藏匿在了旅顺。实际上，旅顺周边被弃的军装随处可见，数量达成百上千件之多。想要把清军与非战平民区分开来几乎是不可能的。大多数真正的市民在旅顺陷落之前就已经逃往了芝罘，那里从海上距旅顺仅约60英里。战时正在旅顺的路透社记者哈特先生坚称，早在日军攻入城中之前，清军就已整体撤离，并且秩序井然。但我无法完全认同他所说的话，因为我的确看到很多中国人未穿军服但持有武器，并且可以肯定其中一些是士兵而另一些是平民。

日军发现了号召平民武装起来的告示，规定一户只留一个男丁。即便如此，我仍旧无法理解为何这些人一定要被杀死而不能生俘呢？日方军官声称攻陷旅顺后日军遭到了这些武装力量的袭击。我个人确实从未看到过日方所说的攻击，当然也没有证据表明他们没这样做过。如果敌方不遵守文明的战争规则，如果平民的衣装下藏着的是手握武器的士兵，那么除杀了他们以儆效尤外别无他法。如果战争不那么可怕就好了，如果"恐怖统治"的血腥暴力能够避免就好了，但现实往往不能如愿。一直以来，日军极佳的自我约束有目共睹，也许我们因此就期望他们总是如微笑天使般和善。当然，这样的过分期望本就十分荒谬。直到如今，我仍旧相信日军在旅顺突发的暴行在今后的军事行动中不会再上演，我们可根据一般规则做出这样的判断，因为抛开激烈战事的影响而言，日军有着自控的良好心理基础，并且内心确是十分善良的。纵观包括远东在内的全世界，人们在战斗中总是不可避免地会产生或强或弱的兴奋感，并且在刚刚得知自己的同伴被折磨、被肢解、被活活烧死或遭受到其他不可名状的酷刑时，即便他们做出任何极端报复行为，人们也很难对其进行过多指责。

我们必须考虑到下层士兵的局限，但军官通常是从受过良好教育的世家子弟中挑选出来的，他们本该能够抵制住人性与情感的影响，并且制止手下的士兵做出过激行为。因此，我那时无法抑制对日方军官的失望之情。但虐尸事件对任何有血有肉的常人来说，刺激都太过于强大，他们不应受到严厉的批判，这些军官现在可能已经为之前的报复行为感到悔恨。据我所知，陷于敌手的日军生受折磨，死遭虐尸。在金州被捕的日方间谍下场是这样，11月18日发生在土城子的小规模战斗中6名日军被杀、1人被俘，之后的战斗中又有3人被俘，他们的下场亦是如此。哈特先生看到俘虏被带入城内，抓住他们的中国人领到了赏银，每捉日俘1名得50两，这一切都是在道台衙门前公开进行的。我之前已经说了一路上所看到的景象，中国人留下了敌人的碎尸，这将日军的报复之心激发到了顶点。19日于水师营被俘的受伤骑兵在日军中极具影响力，当其同伴得知他和一同被害的日军所遭受的一切时，难怪他们会发誓要进行百倍报复。日军最终胜利了，他们与中国人相比处于极为优势的地位，并且用屠杀与肢解的同样方式对中国人进行了报复。日军的报复并不像中国人那样，明码标价、按量得赏，他们也从未犯下折磨俘虏的罪行。相反，所有的俘虏均受到了妥善对待，迄今为止，敌方被俘伤员仍能受到精心的救治。旅顺的一些平民，或穿着平民衣服的人被发现持有武器，因此再用对待金州的那种友善方式来处理旅顺就不合适了，这也许可以被用来解释为何旅顺市民的私人财产权没能像在金州那样得到保障。我之前描述了日方军官与当地的长者是如何在金州成立了一个委员会，以管理侵略军与当地人的贸易往来，日军拿走任何东西都要付钱，而每一笔账都被详细记录下来。但日军肯定认为旅顺的居民没有资格要求这样的待遇。

据报道，现在秩序已经建立了起来，日军对其他占领地的管理值得称赞，而这种管理也正在旅顺推行。但直到我离开之前，每日所见的仍是大批日军士兵在整个城内随意游荡，他们闯入每一间房屋，扫荡每一处空处和角落，未受批准即四处掠夺，也未遭到任何阻挡。戏院里的衣物、装饰及道具被抢夺一空；旅馆店主中有一名来自烟台的富商，他被抢夺了价值数千美元的财物，旅店也变得一片狼藉。旅顺对日军而言没有金州那么可靠，而这完全要怪中国人自己。

1894年12月8日写于广岛。

对旅顺暴行的后续处理进展缓慢。任日军第二军团司令官的大山岩伯爵向东京提交了战事报告，其中只叙述了军事行动。他不可能不知道日军是如何为被残害的同伴报仇的，但可能他认为自己的责任只是做一份"战争获胜"的正式报告。然而，日本政府对日军在旅顺的所为已有所了解。日本国内最早了解到的信息来自其驻华的外交机构，他们的报告中写道清国提出了相关的控诉；日军的随军新闻记者也不在乎挑战其战地新闻审查制度。日本政府逐渐自己发现，来自芝罘和上海的报告尽管有些夸大，但并非完全相互矛盾。这一下子引起了日方的高度关注。迄今为止，日军在战争中的表现甚至比西方战争中的各方都值得称赞，它因此无愧地获得了各文明国家道义上的支持，而这种对中国人以牙还牙的报复方式、重归野蛮的做法对其有害无益。日本在文明的道路上已经迈出了一大步，它已开始在与欧洲大国处于同等地位的基础上修订条约，而任何野蛮表现都会损害它的这一地位。就在最近，日本民众交相庆贺，因为据报道英国的舆论——他们眼中世界上最强大的国家——正转向支持日本，此外各主流媒体的报道也均对其有利。此次的一时失检会给日本带来怎样的后果呢？日本政府一定尽其所能进行补救，不会坐视其之前塑造的良好形象遭到破坏。这对日本的政治家们而言，是一个关键时刻。

首要的是查明在旅顺到底发生了什么。如果日本政府在之后立即发布了某种形式的公告，大意是说对谣传的事情表示遗憾，如果确有其事，为这种行为感到羞愧；如果这样，那么现在的情况可能要好很多，但日方未作出任何形式的免责声明。日本政府进行了秘密调查，但却拒绝将结果公之于众，当然这是因为可能会有不明智的诽谤中伤，而这也许会有损日军在战场上英勇高效的形象。

之后，各种理由开始出现。复仇被认为是"正当情绪"之一，非要说有什么区别的话，那就是日本人对想要复仇的极度愤恨之情感到万分荣耀。所以既然清军对日俘进行了折磨与虐尸——日军第二军中有约 20 人遭此暴行——那么不管怎样，日军在大获全胜后进行的大肆屠杀与肢解就可以被认为是情有可原的。这些前提完全正确，但这样的结论并非是我做出的。之后有人竭力主张攻占旅顺后的 4 天大屠杀是完全必要的，因为平民和伪装成民众的清军对日军采取了敌对行动。正如在之前的信件中曾提到的，我的确看到有些平民打扮的人藏有武器，但这种情况并不常见。战斗结束之后，我可以确定未曾看到过任何针对日军的攻击行为。假如我是胜利军中的一员，我可能会赞成进行屠杀，这很难说。我曾看到大量中国俘虏被缚后仍被杀害，他们遭到斩首时双手是被捆住的，我找不到任何理由能为这种情况开脱。日本政府辩称英法军队也曾做过同样的事，据我所知事实的确如此。但就算他们这样做过又怎么样呢？事实上，日本官方报道中写到，迄今有大约 4000 名中国人"死于战斗期间和结束后"，然而死于战斗的中国人只有大约 300 — 400 人，肯定不超过 1000 人，剩下那些人本可以也应当被生俘的。日本现有 300 — 400 名来自旅顺与金州地区的俘虏，但他们都不是战斗当日被俘的。日方极力弱化日军的劫掠行为，还举例说英法之前也有这样的做法。我只能说日方的抢掠是彻彻底底的。这种劫掠不是只有几个士兵或军夫参与的个别行为，被抢的也非仅限几家几户，而是规模巨大、毫无限制的行动。如果他们坚称事实没有这么严重的话，我只能回答说日方完全言行不一。众所周知，英法联军于 1860 年洗劫了北京，当时日本公开宣称他们会比欧洲人更有美德，并会避免犯他们的错。

日本政府正在着手处罚行为过分的日军，防止此类事件再次发生。但现在还得不到太多相关消息。经过不懈与仔细的打探，我发现有 4 名军官正在接受某种军事法庭的调查，但我未能查到他们的军衔以及受到的指控（如果有的话）。如果日本政府更加坦白公开地处理此事的话，欧洲人会更加相信它的诚意，当然现在战争仍在进行，日方要考虑到军队的感受。尽管如此，我仍忍不住认为日本政府的做法是弊大于利的，他们拒绝给出任何消息，做出明确的公开声明，只一味重复其陈词滥调，这给对日友好的外国记者造成极大困难。也许此信送达之时，这些话已不再适用。

就目前而言，外国媒体总体上很可能不会对这一事件过分关注，而日本政府似乎对这种情况感到满意。已有严词保证（尽管未以政府公告的形式发布）称今后士兵将受到严格约束，不会再有过分的举动。日方如此承诺时未作出任何切实保证；这仅仅是对其之前声明的一次重复，而日军正是在旅顺用暴行撕毁了这一声明。

1894 年 12 月 19 日写于神户。

（李磊宇译，来源："The Port Arthur Atrocities"，*The Times,* London, Feb. 1, 1895, p. 4.）

4. 威海卫附近登陆

我们于 22 日到达这里，但直至昨天下午才允许我们登陆。几乎与此同时，舰队司令弗里曼特尔（Fremantle）与百夫长号及另三艘船也到了。但是，日本军官明确表示，如果我去拜访英国船只，他们会因某些未知的原因而受到严重冒犯。为了保持友好关系，我必须放弃这一念头。

由于我昨天只获得 1 小时的上岸时间，因此我所能看到的陆地只是一小块地方。我们从船上整天看到大量军队和辎重车从登陆地前往大约 7 英里外的荣成，并且根据各种官方消息，我们收集到了一点登陆的详情。参加此次战役的部队都是从日本新来的，从旅顺来到这里的军队只有参谋部。不允许说具体哪些队伍在此，但我们都非常清楚。部队是在 1 月 10 — 15 日分批离开宇品港（Ujina）的。我了解到他们将要离开，于是要求跟他们一起走，但被告知这些军队都没有走，离开的运输船只是开往朝鲜和第一军。这样，我和其他记者被留下来，直至最后时刻。军队在大连湾集合，第一分队（也是最大的分队）于 19 日前往山东，但已经在金州等待了数周的各国武官和记者，却一直到 22 日才被放行。根据负责登陆的军官提供的信息，登陆情况如下：

18 日，由日本海军军官组成的一支侦察小队，离开其躲藏在东部海岬附近的军舰，乘一艘小船在荣成湾登陆。他们晚上到达，切断了山东海角灯塔与威海卫之间的电报线，然后通过化装和凭借他们会中国话，向农民打听了有关情况。他们发现，威海卫的指挥官听说海岬附近有军舰，便派了一支大约 500 人的队伍来防守荣成。这样，日军决定在 20 日黎明登陆。

荣成湾位于东北向海岬上灯塔的西南方大约 4 英里，几乎面临正南方。东面是一个险峻的海岬，通过一些矮山与一串向西延伸的陡峭高地连在一起。环绕着海湾的西边海岬则没那么高，尽头是一个尖尖的沙石嘴，再过去是两个小小的浅海湾和正西方大约 7 英里远的荣成镇。靠近沙石嘴的西坡下有一个小村庄，它周围是半山坡上一层层不断升高的耕地，就像在日本各地经常看到的那样。只有两三座小房远离村庄。房子用粗糙的石头精心修建而成，房顶一半是平铺的瓦，一半是茅草。土地除了那些地势陡峭的部分，似乎都得到了很好的耕作。村庄的周围是几条用作防御壕沟的沟渠。荣成湾——至少是日本人所登陆的海湾（因为海图上没有明确标明这一名称是否也包括西边的两个海湾）大约有 1 英里宽，呈半球形，海难的 100 码范围内适于大型船只停泊。现在聚集在此的舰队船只将近 100 艘，实际上大约只有一半船只进入了这个紧凑的港口。然而，其余的船只也得到了很好的安顿，因为海岸以曲线绕着向西和南延伸。透过山丘和大海之间呈波浪起伏的开阔地带，荣成镇清晰可见。

日本人的小船队由 5 艘提前两三个小时出发的战舰引导，后面的船队包括 20 条运输船，运载了一个步兵师，并由 4 艘战舰护卫。其他军舰负责巡逻，再加上鱼雷艇，对威海卫进行彻底封锁。目前天气很好，非常适合鱼雷艇在海上活动，尽管预报不久会有大风到来。

22 日到达的运输船又运来了一个步兵旅、一支强有力的炮兵队和一些骑兵，以及大量重要的粮食物资和运输工具。

中国人首先占据了尖嘴上的一个位置，并用野战炮向日船开火，但没有效果。同时，大约 200 名日本陆战队员在西边峭壁下的海滩登陆。当船靠近海岸的时候，从岸上打来几枪，但清军的枪法太差，根本打不中目标。到早上 7 点，这些日本人在没有任何损失的情况下陆续登上海岸，此时天色仍然昏暗，地面积雪覆盖达几英寸厚。八重山（Yayeyama）号军舰向一座有清兵的小屋开炮，迫使清兵退到山后的小村庄。英雄们把大炮（4 门克虏伯野战炮）架在高地上，步兵则在村庄周边的新垦耕地上进行全力抵抗，但军舰的炮击使他们的阵地难以守住，最后日本陆战队员的拼刺刀冲锋，结束了他们那虚弱的抵抗。他们遗弃武器而逃往荣成。日军报告说，双方都没有伤亡，可能死尸（如果有的话）都被拖走了。

到 8 点钟，运输船到达，部队开始登陆，并在黄昏前全部完成。登陆工作正如我们在 23 日看到的后卫部队登陆的情况那样，行动非常迅速。

20 日下午，一大队新登陆的士兵在整理队列后没有休息便向荣成挺进。清军约 500 人进行了轻微的抵抗，发生了很小规模的战斗，但据我所知，双方没有人员伤亡，日军占领了阵地。一个小分队向西去追击敌人。大量武器弹药和物资落入了荣成的胜利者之手。

日军在登陆中所做的第一件事情，就是修建一座用舢板和厚木板做的浮动码头，从沙滩延伸到足以登船的深水处。然后，用粗糙的木头搭建起棚屋，并且很快建起多座，以便使这里成为一个方便的仓库，当作作战的辅助基地。一批批的部队登陆后在此整队，然后迅速进军荣成。现在，他们几乎都已进驻荣成镇及其周边的村庄。

居民仍像往常一样忙着他们的事务，只是对入侵者表现出一点羞怯的好奇。乡民们最初愿意接受作为礼物的香烟，而现在则常常充满信心地索要香烟。只有一个人憎恨入侵者，因为他的小棚屋被八重山号的炮火毁掉了。他痛骂日本人，他的小棚屋被毁是战争的必然结果——因为日军必须把清兵从他的小棚屋赶走——这一事实也不能使他平息。然而，日本人还是很好地对待了他。

虽然战斗只是有名无实的，但由于仙台（Sendai）师团的指挥者佐久间（Sakuma）将军的功劳，切合实际和系统的登陆方案使得登陆非常成功。在大山司令官还没有到达的时候，他亲自指挥了整个行动。

22日，一支小规模陆战队从陆地过去接管了灯塔。这里的管理人沃尔夫（Wolff）、诺特（Nott）等各位先生都受到了日军极为友善和礼貌的对待。航灯一如既往地保持着。

我们明天前进入荣成，不久将进军威海卫。

1月24日写于山东海角荣成湾。

（刘凌寒译，来源："The Landing Near Wei-Hai-Wei"，*The Times*, London, Mar. 12, 1895, p. 3.）

5. 威海卫之战

今天［1月30日］的战斗在如下几个方面有点令人失望。首先，现在才知道，原来这根本不是决战，实际上仅仅是序幕，因为今天只进攻了威海卫东边的炮台，而西边的炮台和坚固要塞刘公岛（Leu-Kung-tau）这个枢纽（crux）仍未触动，它们继续庇护着丁提督的舰队。其次，今天在主力部队投入战斗之前，战事就几乎全部由熊本师团（Kumamoto men）完成了。第三，胜利所付出的代价比它本该付出的要大得多，这不是因为清军比以往打得更卖力了，而是因为日军犯了可悲的错误。

我们在凌晨4点钟前（刚上床睡觉一两个小时）就被火警惊醒了，与记者们居所相毗邻的一座房屋冒着火焰，而且大风正将大火吹向我们的屋顶。我们不得不匆忙爬起来，通过一个堆了一半干草的曲折通道向外跑，而在一个地方火舌已向我们的过道直赴过来。根本没有时间去拿睡觉前放在那里的小物品箱，里面有书写材料、食物等等，而且在黑暗中等拿上毛毯再跑也非常危险。短短几分钟时间内，一半的村庄都着火了，后来到白天我才知道，大约300间房屋中只有3间分离的幸免于难。

大约早上4点半钟，仙台师团开始进入进攻的阵地。熊本师团在2点钟就拔营出发了，因为他们必须攻打更坚固的阵地，占领更广阔的地方。在对清军的作战中，日军的策略取得了令人钦佩的成功，尽管它在欧洲战争中几乎没有什么地位，但正如佐久间所说，西方的策略在此不适用。日军的计划是避免夜间作战，因为夜间作战会有日军从未经历的危险和不确定性，但他们利用夜色作掩护来穿过清军可能守不住和本来难以防守的地方。行军并不是特别地安静，因为马和驴子常常大声鸣叫，而且在很远就能听见炮车吱嘎吱嘎的声音。然而，敌人平静地睡着，显然没有警戒哨，因为在日军作好准备前都没有听到一声枪响。2个野战炮连被安置在栾家庄山对面的高地上，一个步兵营埋伏在战线最左边的沟壑里。中间是仙台师团的主力，右边是熊本师团。日军在漆黑的夜晚出发，人和动物沿着布满石头的路前行，在一条干涸多沙的水道中跌跌撞撞走了两三英里；因为如果从山谷前行，清军的大炮从栾家庄要想开火的话，这里就会落下雨点般的炮弹。因此我们不得不爬那些无路的山丘前往预定的地点，并且在黎明时清军察觉危险之前要做好准备。大约6点钟，天的亮度足以行动了，日军的野战炮便对准栾家庄山战壕里的敌人开了一炮，算是打招呼。接下来双方拼命炮击达半个小时。日军将火力集中在一个地方并取得了成功。而清军也许认为进攻的军队分布在大片区域，因此试图均匀地把炮弹打到整个战场。我不知道他们是否瞄准了进攻的大炮，但我肯定他们从未击中这些大炮。当防守者的火力明显减弱的时候，日军步兵就沿着山上溪流冲刷出来的深沟迂回到距敌人不到500码远的地方，然后用步枪一阵扫射，在发起拼刺刀冲锋前就把敌人赶走了。日军缴获了4门克虏伯野战炮，到7点钟就打通了前往威海卫的道路。

与此同时，仙台师团的主力也一直在向前推进，侧翼的进攻也没有中断。现在，总攻开始了，师团的一半人沿着山谷的道路经过栾家庄前往南岸的炮台，另一半人越过山谷路线和北岸路线之间的山腰，与右翼的熊本师团取得联系。我们花了2个小时才到达能俯瞰大海的山顶，中间经历了可怕的路程。在经过一个距大海 5 英里远的山谷时，一枚巨大的克虏伯炮弹划过天空落到我们附近的沙地平原。这颗炮弹有 4 英尺 6 英寸长，12 英寸厚，重达 400 或 500 磅，幸好没有爆炸。它可能是从岛上的炮台发射过来的，越过 1500 或 2000 英尺高的山顶距此达 8 英里左右。一枚 3 英寸的炮弹飕飕飞过我们的头顶，在我们身后几码远的地方爆炸，而当我们爬上朝向大海的山时，许多炮弹落入山谷。显然，炮台或附近的山顶正受到来自港口的猛烈攻击，很可能是来自清军而不是日本舰队的炮击。我们匆忙前行，越过一片冰雪覆盖而几乎没有道路的荒地，穿过崮山后（Kozanko）这个村庄，然后用手和膝盖爬上最后一座高高的山脊，到达了一个能够直接俯瞰大海方向炮台的极好位置。在我们右前方一两英里远的地方，是两个最近建立起来至少海拔 1000 英尺的多面堡垒，它们控制着面向陆地的要道。现在，它们已经落入熊本师团的手中，大炮正掉头朝向其他清军炮台，因为他们反过来受到了其他清军炮台、军舰和岛上炮台的炮击。在我们的前方，美丽、宁静而明亮的港口有着带围墙的城市，西边的炮台在 10 英里外朦胧可辨。我们下面的东边炮台、军舰和岛上炮台疯狂地开炮，像一只陷入囚笼中的老鼠那样在拼搏，对手是外面远处的日本舰队，以及蜂拥至我们周边山上和山谷的日本军队，他们正包围一个又一个炮台。我们站在那里，那里看起来距敌舰很近，好像我们掷一个石子也能打到他们的甲板上，但奇怪的是，他们从未向我们开火，我与诸位将军及参谋们一起可以不受干扰地观战，为清军炮手提供了一个极好的靶子。

熊本师团在夜色的掩护下，从山下偷偷靠近并"冲上"最高的炮台，大约同时仙台师团也以同样的方式占领了栾家庄。两个高耸的多面堡垒紧挨在一起，其下有 5 座海岸炮台形成一个不规则的半圆，但每座炮台并不是都能相互看见。最高的炮台被攻占后，其他炮台便很快陷落，据说大约只有6人受伤。在过去几周，（清军）匆忙埋了许多地雷，但都没有响，也许是因为还不完善。

因此到9点钟的时候，日军已经有了山上的炮台，还有从多面堡中缴获的12门或15门野战炮，它们在下面坚固的现代炮台中发挥着重要作用。这些野战炮射程不够，而清军舰队和岛上炮台却拼命对多面堡及其附近进行炮击。这样，外面的日本舰队也从远处开火，以便拖住清军的火力，减少对陆地上军队的压力。西边的炮台由于太远而打不到我们，便试着对封锁的军舰发射了几颗炮弹。我们在任何时候都希望清军（据说有9000名强壮的士兵）出现在南面或西面的战场上，从而达到声东击西的目的。这是一个相当壮观的场景：在一个由冰雪覆盖的山峦、其下平静的海洋和其上阳光明媚的天空构成的圆形竞技

威海卫海战（来源：*Harper's Weekly*, New York, May 18, 1895.）

场里，炮台对炮台、军舰对军舰、陆军对陆军地相互拼杀。

大约 9 点半的时候，第二个海岸炮台（从北边数）因一发炮弹落在了恰好打开门的弹药库旁而燃烧起来。当炮弹爆炸的时候，出现了几秒钟火花的噼啪声，然后随着一声巨响，一团巨大的黑烟和火苗升上无风的天空，其中点缀着一些小小的黑色物体，很可能是建筑物及其防卫者的碎片。木质之物燃烧了 10 至 15 分钟，然后发生了第二次爆炸，比第一次的声音更大，高高的白色烟柱往上蹿。实际上战斗至此结束了，那个炮台的清军很可能在爆炸中全部阵亡了，其他炮台也未能支撑很久。后来我去看了这个灾难现场，到处躺着清军的尸体，有的残缺不全，有的血肉模糊，有的被烧焦，许多的尸体肢体分离并被炸得飞到 50 或 60 码之外。大炮被毁了，木质物全部烧掉了，建筑物只剩下一堆冒着烟的残垣断壁，石头垒壁被熏成了黑色并且到处散落。有 100 多个清兵英勇地战斗到了最后，最终死于这一爆炸，这天的战局就这样确定了。熊本师团冒着来自港口的炮击，从一个炮台冲向另一个炮台，没有遇到什么麻烦便占领了全部 7 座炮台。清军在每个炮台的抵抗，坚守阵地只维持到看见 500 码远冲过来的日军，然后就逃跑了，先是从炮台逃到炮台，接着是沿着威海卫的海滩逃跑。

在朝向大海的中心炮台，曾经勇敢地带领熊本旅团取得胜利的大寺（Odera）将军，正在视察工事和察看南面军队的进展，这时从清军旗舰定远号上发出的一颗炮弹正中炮台，一块鸡蛋大小的碎片击中了将军的身体。他倒在地上，但又站起来走过弹坑，到几码远的一个下属军官前说："我终于被击中了。"然后他又倒在地上，由于双肺被打穿了，他不到一个小时就死了。这发炮弹还炸死一个日本新闻记者和一个照相师。

将军的遗体在此火化，而他的骨灰则被带回日本安葬。

很可能是由于这位勇敢而受欢迎的指挥官的过早死亡，导致了日军接着犯了致命的错误。当中国军舰在炮台前来回游荡，一有机会就开火时，撤离炮台的中国士兵逃到海湾的南湾，熊本师团急切地追击，而仙台师团也从他们侧面的山冈和山谷下来。在靠近炮台的地方，地面极不平坦，足以为士兵提供掩体，不知为什么，清军似乎没有打算朝山坡上开火。然而，海湾南面是一片开阔的平地，没有树林，也缺乏任何掩体。在这里，清军和追击它的两支部队呈犄角分布——清军在西边，熊本师团在东北，仙台师团在东南。清军水师提督看到了这一情况，并觉得对己有利，他立即命令一艘吃水浅的炮艇开到浅海湾。当追击溃逃者的日军洋洋得意地沿着深凹的路从山麓丘陵后面冲出来，突然出现在对港口一览无余的开阔平地，并且密集地一群一群出来的时候，炮艇上的机枪（machine-guns）残忍地一阵扫射，予以致命的打击达几分钟。当没有防备的日军士兵意识到危险并寻找掩体的时候，已有 80 人栽倒了。

这时，出现了勇敢地忠于职守的动人一幕。当子弹暴风雨般密集地飞行于空中，一直坚持在前线的一群红十字会成员出现在战场，他们冒着炮艇猛烈的射击，从容不迫地双双抬着担架和带着急救器械从山谷里走出来。他们除了身边的小匕首外没有武器，在这种攻击面前显得很无力。尽管敌人没有注意到或者不知道红十字会标记的神圣意义，他们毫不畏惧地履行着救人的使命。等到射击停下来也许容易做到，但他们勇敢地继续工作，就像在他们国内的阅兵场一样。死者和伤者一个一个地从广阔的血腥战场上全部找出并抬走，不到 20 分钟这里的每一个人（无论是活的还是死的）都全部清理完毕。美国陆军医务人员泰勒（Taylor）上校声称，这是他所见过的最杰出的事迹，目睹此事的另一外国武官同样也对此大加称赞。

今天的战斗就这样结束了。显然，想要在中国军舰的炮火下乘胜向西边的炮台推进是不可能的；如果要想在其炮火的射程之外，就得单调乏味地绕行，这也只能留待第二天了。一些中国军舰，尤其是铁甲旗舰定远号这样一艘巨大的阿姆斯特朗巡洋舰，还有一艘比其他军舰更活跃的强火力小炮艇，继续在失陷炮台前的港口巡游，不时有效地发射炮弹和榴霰弹。虽然清军以其巨大的优势，本来能够尝试登陆一支军队去重夺炮台，但他们只限于炮击。当然，他们肯定不能持久地守住炮台，尤其在抵抗更高位置的多面堡上的日军时更是如此。无论怎样，它们满足于待在离岸的位置，尽力维持难以防守的地方，直至日军挑选出来的士兵从日舰登陆，用 25 吨的重炮进行轰击，它们才退缩成一团，置于岛上炮台的保护下；在下午其余的时间里，岛上炮台沉闷地每隔很长一段时间开几炮，但没有明显的效果。

我当然不知道接下来将要做什么，我猜想，未来的行动计划尚未确定，但可能在一定程度上得根据舰队的情况来决定。如果中国军舰投降，或者沉没，或者出走外海，那么日军就可能沿着海岸安全地进军，尽管这时岛上炮台可能带来危险。有人认为，清军的探照灯都坏了，他们在被攻占的炮台的最北端附近曾有一只，在岛上和军舰上也应该有，但我们从日本舰队那里听说，这些灯至少在最近没有使用过。今天下午，有人说会在午夜向西边炮台进军，我的翻译告诉我，准备在我们观战的山顶上露营的命令已经下达，这意味着肯定会有重大事情——或者是日军在黑暗中前进，或者是清军试图夺回阵地。因此我们回去牵马、拿毯子等物品，设法将其带到山上，结果花了两三个小时，到黄昏时才发现，军队必须在山下的崮山后及其附近过夜，累了一天后要好好休息一下，未来的事情以后再说。

今晚，我们再次拜访了将军，向他祝贺取得的胜利。司令部像往常一样是安置在一家农舍中，包括两间黑暗的小屋，像其他农舍一样地脏，充满着令人目眩和窒息的黑烟，这些烟是来自石砌炕下面的稻草火。互致问候和喝了一点白兰地之后，将军在最里面的一个地方睡下，把我们交给了他的参谋长——一个能力极强和很有礼貌的军官。当他将其职权范围内的全部消息告诉我们的时候，佐久间将军在里面偶尔打断他的话，补充一点说明。但不到几分钟，里面变得很安静了，只听到一个劳累者酣睡时均匀的呼吸声。

1 月 30 日写于崮山后（威海卫附近）。

（刘凌寒译，来源："The Battle Of Wei-Hai-Wei", *The Times*, London, Apr. 04, 1895, p. 10.）

6、北洋舰队的覆灭

我在威海卫城里等待了数天——在此期间中国舰队受到持续的攻击，超过一半军舰被毁，他们也从其隐藏处断断续续地开火——然后我返回到了大山元帅在虎山村（Kozan village）的指挥部。在这个靠近东部炮台的地方，可以方便地与日本舰队联系，并且如果有大海战的话可由此一目了然地观察，当然现在已出现了投降的苗头。

在陆地上的战斗（更精确地说是陆地上的行动，因为从清军这边来看它主要是一场战斗的滑稽表演）结束之后，在日本舰队似乎要开展什么行动之前，最初出现了几天的耽搁时间。我们不能解释这种耽搁的原因，因为我们从来没有机会知道日本人在各个方面的策略，尤其是关于舰队的行动，我们与舰队没有任何联系。我们只能通过来自海军的军事渠道得到一点线索。因此我们不得不尽力去猜想。也许伊东司令官正在等待一个漆黑的夜晚，因为月亮渐圆，天气清朗。也许他正在等待调查的结果，看被攻占的炮台能否用于协助他。也许他期待着丁汝昌的投降——甚至可能进行了谈判。或者，也许舰队只是在等待给陆军以时间去完全控制沿岸的每个据点，防止清军登陆。毕竟，很可能日军鱼雷艇一直在侦察港口的通道、军舰和水雷。当然，与陆上炮台相连的水雷很可能早已毁掉，但在岛上炮台的视线范围内，接触那些朝着陆地顶端的栅栏（booms）需要冒巨大困难和危险。无论是什么原因，事实是4天没有动静，城市没有任何公告，只有白天和夜晚零星的炮声，晚上的炮声可能是由于我刚才说的侦察活动引起的。

日军的主要攻击是在7日、8日和9日，每天黎明前1－2个小时。一支由15艘鱼雷艇构成的小舰队（总共是23艘）力图越过东边炮台下海岸附近的栅栏，穿过一条狭窄、多岩石的浅水道。它们径直朝最近的中国军舰冲去，到了很近的位置也没有被发现。然后，定远号的舷炮和它周围的巡洋舰突然开火，机枪也在黑暗中响个不停，没有探照灯，日军安全地撤出了。他们击沉了济远号和来远号（巡洋舰），严重损坏了铁甲舰定远号。但是，这些损坏是由鱼雷直接造成的还是搁浅造成的，我们现在还说不清。我看到大军舰仍然有人驾驶，第二天一直在开火，但船尾有点下沉。到9日那天，它在靠近岛屿的海岸上清晰可见，已经沉没了一半并被放弃了，小船在它旁边来来往往忙碌了几个小时，然后它就被彻底抛弃了。日军报告说，他们在这次攻击中没有损失。天亮的时候，清军继续炮击，日军从陆地和海上开火；在东部海峡中间一个叫日岛（Jitsu）的小岛上，一个非常活跃的小炮台被彻底摧毁了，炮被炸毁，炮台被破坏，我们看到在8日那天有两三艘小船把幸存者从日岛接到了刘公岛。那大一整大，战斗断断续续地持续着，清军大量破坏陆地炮台，其中3个到现在已实际上被毁了。在最近的东部炮台，一颗可能有12英寸的巨大炮弹炸毁了其中正中间一台最大的大炮，它像一个胡萝卜那样被炸成了两截。

第二天早上，月亮直至将近5点钟才落下，这时一次类似的进攻又开始了。但是，这次清军有了提防，在跨越港口的出入口形成了一条战线，以驱离日军的鱼雷艇，其中2艘被击沉。天一亮，日本舰队就对岛屿北面开火，试图（如果可能的话）掩护一场登陆。此时，丁汝昌发动了仅有的一场反攻。他看到，如果日军坚持登陆的话，保持防御状态可能意味着很快被毁灭。因此他从西口派出全部鱼雷艇，希望突袭敌人。然而，当他们一出来，就发现有4艘速度最快的巡洋舰在监视着他们，并且立即用机枪对着他们开火。面对这种情况，清军马上放弃了他们的攻击，掉头回港口。但是，在匆忙和混乱之中，清军放置在海峡中的障碍物成了他们的厄运，因为他们不能及时识别通道。惊慌之下，鱼雷艇向西逃去，大军舰紧追不舍，速度远远快于这些老旧的清军船只。我们看到它们绕过海岬驶往芝罘方向而"变小"了，紧随其后的是日舰浪速号（Naniwa）、吉野号（Yoshino）和其他2艘军舰，就像一群灰狗接踵紧追一群受到极度惊吓的耗子。

后来，我们听说7艘命运不佳的清军鱼雷艇，由于陈旧、速度慢且处于损坏状态，被一个一个地赶上，在海上或被俘获，或被击沉；剩下的6艘被赶着逃到由此往西10至20英里的一些小水湾，有些搁浅了，船员越过厚冰逃到海滩上，也只能落入各地的日军手里。一群日本工兵俘获了一艘船，把船员赶进山里并俘虏了其中一些人；另外2艘船同样被一支炮兵小队逮住，而在另一个地方，步兵俘获了3艘船。许多清兵逃进了山里，现在正在被穷追猛打。每天都要抓获一批新俘虏。

其中有一个叫蔡廷干（Sai Ten Kan）的俘虏是最大鱼雷艇福龙号（Fukuliao）的管带，他能说一口流利的英语，而且只要他的守卫允许，他就乐意跟我谈话。他生于广东，现在将近40岁。1873年，他13岁的时候去美国留学，在不同的大学上过学，先在波士顿，然后在耶鲁学习法律，最后在纽波特鱼雷学校（Newport Torpedo School）学习。在精神和行为举止方面，他看上去与其说是中国人，倒不如说更像美国人。可以肯定，如果中国有更多像他这样的人，日本在他们面前不会如此轻易取得胜利。他甚至现在还说，假如放他回去，他会立即回到中国舰队并且战斗到最后。1881年，他留学回到中国，从此成了一艘鱼雷艇的管带。他对这次战斗的描述，大致证实了我在前面所说的：

丁汝昌命令鱼雷艇从后面偷袭日本军舰，但行动完全失败了。他痛苦地补充说，一艘鱼雷艇应该要比一艘军舰的速度快得多，但清军的鱼雷艇只能航行 18 节，而敌人的巡洋舰却超过 20 节。在发现攻击无望之后，他向西逃跑了，后面是急切的追逐和机枪的开火，到金水疃①（Jen-sho-to）村附近时，他开进了一个小水湾，认为军舰跟不进去。但是，军舰开炮了，打得很准，炸死一些船员，引擎也坏了。船不断下沉，唯一的出路就是跨过半英里的厚冰，打上岸去。他被工兵部队现场俘虏了，追随他的部下也在不久被抓了。6 艘逃到岸边的鱼雷艇都遭受了同样的命运。截止到我写作的日子，大约抓了 50 个俘虏，除了那些开小差逃跑的外，每艘船上的船员应该是 30 人。

后来的一份报告说，在具有或多或少可航行条件的地方，日军发现了 8 艘清军鱼雷艇，都被编入到了日本舰队中；另外 5 艘不能服役和被毁坏了。

关于清军舰队现在的情况，蔡管带说不出更多信息。就他所知，旗舰定远号的吃水线附近被一颗鱼雷炸了，在稍微靠近机舱的后面，但损坏不严重；如果有机会维修，这并不是一件困难的工作。来远号和威远号完全坏了。有人说还有一艘军舰沉没了，他认为并非如此（我也重复地听到官方说过）。镇远号还像原来一样，由于其底板的破洞而用作警戒船。他认为，在沉没的船只中，大约有 50 人溺亡了，约 130 人获救。这一数字看起来仅仅足以解释单独一艘船的全体船员，但他说，这是全部人数。现在，港口中剩下的船能用的总共只有 12 艘——1 艘铁甲舰、4 艘巡洋舰、6 艘炮艇、1 艘运输船。有 2 艘巡洋舰和鱼雷艇显然离开了。就他所知，刘公岛上有外国人 7 名：英国人马

① 此处译名为音译，因译者无法考证此地名为何处。——译者注

格禄（Mclure）、汤玛斯（Thomas）、梅洛斯（Meadows），美国人浩威（Howie），都是协助丁汝昌的；德国炮兵教官斯考尔（Schnell）、英国船坞工程师华尔（Howard），还有属于海关的克尔克医生（Dr. Kirk）。后 3 位长期住在威海卫，其中 2 个人是非战斗人员。其他 4 人每天要轮流视察全部军舰，并且决定战死沙场。丁汝昌发布了一道声明，大意是 "北洋水师将战斗至最后一人，永不投降"。蔡廷干没有解释为什么舰队没有发动进攻，或者为什么没有尝试采取策略来改进那种像老鼠在陷阱中坐等灭亡的计划。

这个战俘进一步陈述，陆军的指挥官刘超佩（Liu Tso Hai）逃到了芝罘，而道台（地方民政长官）戴宗骞（Tai So Kan）在 2 月 1 日或 2 日也去了刘公岛，最后吞服鸦片自杀。刘超佩在白天的战斗中，腿被日本的山炮炸伤。现在岛上的部队约 2000 人。岛上的炮台显然没有受损，还可坚持较长一段时间。粮食物资充足，节约着用可维持 6 个月，弹药数量大概是陆炮和舰炮每炮有 300 发炮弹。煤炭也很充足，军舰每天都保持全部蒸汽头。根据他所说，士兵和水手的纪律及士气也很好。

9 日早上，日军鱼雷艇越过东口对栅栏发动了一次攻击，撕开了一个约 10 码宽的口子。这一行为引起了像往常一样的猛烈炮击，断断续续地持续了一天。到午前，我们看到定远号最终被抛弃了，在刘公岛附近搁浅下来，船尾下沉了大约 30 英尺。

此后，我们从岸上再也没有看到什么特别重要的事情。一阵阵的重炮声从白天持续到晚上，但我们不知道打击的目标及其效果怎样。有人说，昨晚栅栏处的缺口被日本鱼雷艇扩大了 400 码，因此现在在任何潮水状态下都可以自由进入。

在今天下午大约 3 点钟，一艘清军巡洋舰在其桅顶上挂着清晰可见的白旗，开出来驶往日军舰队方向，可能投降谈判正在进行。当然，除了移交军舰和完全炸毁炮台外，日本人不会听任何东西，因为他们无意永久占领这个地方。

2 月 12 日写于威海卫东部。

（刘凌寒译，来源："The End of the Chinese Fleet"，*The Times,* London, Apr. 09, 1895, p. 13.）

弗雷德里克·维利尔斯：颠倒的日本人

日本人是那个时代里一群处于混乱与颠倒中的人。我曾见过一个佩带武士刀的男人，他一刀将一个中国人的头砍下，只是为了检验刀刃是否锋利；而同样是这个人，之后他又将自己的口粮分给了另一个中国人。要小心日本人的微笑、奉承的鞠躬以及温和的举动；因为一瞬间，他们可能变得毛发竖立，身体绷直，眼神充满恶意。这时你就要小心了！

——弗雷德里克·维利尔斯

【编者按】弗雷德里克·维利尔斯（Frederic Villiers，1851 — 1922年）生于英国伦敦，但 1869 年之前他主要在法国接受教育，然后作为一名艺术生先后在大英博物馆、南肯辛顿、皇家艺术学院学习。1876年，他受雇于伦敦《图画报》（*The Graphic*）前往报道塞尔维亚与土耳其之间的战争，从此开始了他作为战地画师兼记者的职业生涯。他一生亲历和报道过多次战争，包括 1877 年的俄土战争、1878 年英国对阿富汗的战争、1882 年英国与埃及的战争、1886 年塞尔维亚入侵保加利亚的战争、1887 年英国与缅甸的战争、1894 — 1895 年的中日甲午战争、1897 年希腊与土耳其的战争、1898 年英国在苏丹的战争、1899 — 1902

弗雷德里克·维利尔斯（来源：F. Lauriston Bullard, *Famous War Correspondents*, Boston: Little, Brown and Company, 1914.）

年的布尔战争、1904 － 1905 年的日俄战争、1911 年意大利入侵的黎波里的战争、1912 年的巴尔干战争、1914 － 1918 年的第一次世界大战等。几乎可以说，哪里有战争，哪里就有维利尔斯的身影。正因如此，他成为当时著名的战地记者。他一生主要为《图画报》工作，但也为其他报刊提供插图和稿件，如《黑与白》（*Black and White*）、《旗帜报》（*The Standard*）、《英国画报》（*English Illustrated Magazine*）、《闲人》（*The Idler*）等。

中日甲午战争期间，他作为伦敦《黑与白》周刊兼《旗帜报》的记者深入战场进行报道，与克里尔曼、科文一道都是日本第二军的随军记者，经历了旅顺大屠杀并对此进行了比较客观的报道。1895 年 1 月 4 号，维利尔斯从横滨乘船离开日本去美国，15 号到达温哥华，第二天便接受记者采访，揭露日军在旅顺进行大屠杀的真相。本章的第 2 节《关于旅顺的真相》译自他于 1895 年 3 月 1 日发表在《北美评论》上的文章，是他为了澄清盖维尔等人混淆视听的新闻报道而写的。

维利尔斯出版了多部著作，包括《战争图画》（1902 年）、《旅顺港：三个月的围攻》（1905 年）、《平和的性格与战士的胆量》（1907 年）、《光荣岁月：一个资深记者在前线的见闻札记》（1920 年）、《维利尔斯：他五十年的冒险经历》（1921 年）等，本章第 1 节便摘译自他最后这部回忆录性质的著作。

1. 颠倒的日本人

仅仅数月之前，我又一次通过加拿大太平洋铁路横跨美洲大陆，而现在却在前往远西（Far West）的途中，那里也就是此行的目的地——东方。我来到日本，发现当地居民仍处在一种欢快自由的原始状态，因为那时是 1894 年。事实上，在获得东京军部（War Office）签发的通行许可证后，我在进入一些小城镇时必须换上当地的服装，以免引起好奇的人们围观，这些当地人之前从未见过白种人。

在这里，"西方就是东方"，也可以说"东方就是西方"，你想怎样表述悉听尊便，这就是在这个奇特国家中事物颠倒的突出表现：在这里，人们晚餐最先吃甜点而最后喝汤；在这里，亲吻被认为是粗俗的，被看做是一种愚昧、不洁的爱意表达方式。我将永远不会忘记日本的这种颠倒。当一个日本人难过的时候，他的脸上总是挂着愉悦的微笑：我曾见过一场葬礼因其欢乐的气氛而看起来像一场婚宴，但参加者的内心确是万分悲痛的。

他们是那个时代里一群处于混乱与颠倒中的人。我曾见过一个佩带武士刀的男人，他一刀将一个中国人的头砍下，只是为了检验刀刃是否锋利；而同样是这个人，之后他又将自己的口粮分给了另一个中国人。要小心日本人的微笑、奉承的鞠躬以及温和的举动；因为一瞬间，他们可能变得毛发竖立，身体绷直，眼神充满恶意。这时你就要小心了！中国已经在 1894 年得到了这一教训，那一年日本帝国政府突然撕下面具，中断了之前伪装的所有友好外交往来，公开发动了一场军事征服行动，其目的是颠覆中国在朝鲜的宗主国地位，并将这一曾经独立的国家纳入日本的控制之下。

平壤是朝鲜一座如画的古老城市，它四周建有坚固的中国式城墙，在中国被最终驱逐出朝鲜半岛之前，这里发生了大量战斗。在这里，我曾看到军队在战斗中打着雨伞，我想这应该是我最后一次看到这样的场景吧。当日本人入侵朝鲜，向着平壤进军的时候，清军的指挥官为将士们购置了崭新的军服。华美的蓝色外套上，在心脏的位置有着大如餐盘的同心圆图案，这代表了士兵所属军团的编号，但这也给日军射击瞄准提供了绝佳的靶子。清军被俘后，他们的长辫对日军来说非常有用。我曾数次看到一位矮小的日军士兵将被俘清军的辫子打结在一起，这样就能轻易地驱使他们。

日军发起进攻的时候，平壤正下着瓢泼大雨。为了防止新军服被雨水淋湿，清军指挥官下令强征了平壤城内店铺里的所有雨伞。清军每三人一组，其中一人的任务就是为其他两人撑伞。战斗很快就结束了，我收藏了几把这样的雨伞，多年来一直放在位于伦敦的工作室内作为装饰。

这些中国人在面对日本人时一丝反抗的机会也没有。在日军攻占金州之时，我们发现那里古老的城墙上架有前装式野战炮，但其中很多已锈蚀不堪以至于可能会发生自爆，炸死己方的炮兵。这些野战炮中很多在炮口处围有红色的破布，这是为了使其发射路径保持直线，而日军在进攻此地时已使用上了先进的榴弹炮。日军攻占金州后，我被安置在一间当铺里。铺面后边住宅的房间和庭院里，散落着破旧的满洲镶银搪瓷器以及质量上乘的毛皮和丝绸，这些都是败退的清军洗劫店铺时被丢弃在一旁的。几天之后，店主回来了，我帮助他用麻袋将散落的首饰整理收拾好。所有的当票都丢失了，所以这些东西都成了无主之物。我花了几美元就买下了一小袋宝石，这些宝石之后还在纽约的蒂凡尼珠宝店展出过。

我将永远不会忘记在金州所经历的一件事，从中我了解到东方世界里晚辈对长辈怀有何种的爱与尊重。安排给我的房间里有一个壁炉和一张舒适的长椅。当准备入住的时候，我看到两个年轻人一边痛哭一边向门口拖拽着一把椅子，椅子上坐着他们年老、干瘪的祖父，再过几个星期他就一百岁了。

我问翻译："这是怎么回事？"他回答说，这是为了给我腾出房间。我立刻制止了他们，老人被重新安置在火炉前的老位置，两个男孩也欢呼雀跃起来。

我在金州待的时间比计划的要久，当时日军正在准备进攻旅顺，期间我一直和老人住在同一间屋子里。一天早上，阳光和煦，老人蹒跚地在房间里散步。可以看出他很想去院子里逛逛。在我的搀扶下，他拄着拐杖走到一处墙脚，移开了一块方形砖石；他警惕地四处张望了一下，以防被他的孙子看到，之后他跪了下来，在砖下的土里挖着什么东西。这位老人此时活力十足，他用手像猫爪那样挖着土。很快他又四处张望了一下，确保没有其他人之后，他一把抓住挖出来的东西，迅速装进口袋里，然后万分仔细地将洞盖上。面露喜色的老人快速地走回房间，他的鼻子和手都已经被冻紫了。他反锁上门，变戏法似地从口袋里掏出一枚鸡蛋。鸡蛋是黑色的，蛋壳在温暖的室内已经开始散发出一种臭味。他双手颤抖着将这一"珍贵的美食"递给我。

从他的动作中我懂得这是想要回报我的友好。他此举十分感人，毫无疑问老人将这枚鸡蛋当做珍馐已经珍藏了好几个月。此时的房间似乎变成了一座芳香四溢的藏宝阁。我努力克制着自己的不适，表达了感谢之情，并对老人说我会找个没人打扰的地方把它吃了。我一离开房间，就将这件礼物扔到了院子低洼处那已半融化的池塘里，给这件扎手的东西来了场水葬。

日军的主要目标是旅顺的军营、堡垒与港口。我所跟随的先遣部队是由第一师团长山地元治（Yamagi）率领的，他有着淡褐色皮肤，干瘦矮小、性情暴戾。他瞎了一只眼睛，血红色的眼珠时常在眼眶里剧烈地转动，这使其面目更加可憎。这一不幸的缺陷使他在军中获得了"独眼龙"的称号。正是由于他的残忍，日本饱受国际舆论对旅顺大屠杀的指责。当日本政府了解到日军指挥官的所作所为时，对此由衷地感到厌恶；山地元治也主要由于旅顺大屠杀而被革职失势。

日本向满洲的进军是我第一次亲眼目睹现代战争：没有号角的嘟嘟声与军鼓击打的声响；也没有令旗的挥舞或任何军乐演奏。在攻占了旅顺之后，一支乐队最终组建起来，但在"工作时间"里，乐队成员都有着其他职责。每占领一地时，日军尉官吹口哨的低沉调子和矮小士兵呼喊的尖锐声"冲啊"（banzai），是仅有的除枪声外能听到的声音。在我之前参与战争的经历中，军乐队会被组建起来为士气低落的进攻队伍加油鼓劲，军号也会整天吹奏不息，所以这一场战争让我感到十分离奇。在这场现代战争中，一切都变得面目全非：我感到这是一种异常冷血、毫无激动人心之处的战争方式。直到数周以后我才适应了这种变化，在此之前我一直倍感压抑。

当最终我方［日军］开始缩小对旅顺这一重要战略要塞的包围圈，并经由水师营（Suichi Valley）到达距离其城墙仅有步枪射程远的地方时，我们眼前出现了一片奇异的景象：扼守港口的山地上呈锯齿状绵延分布着数千面颜色各异的大旗。对比看来，这里展现的是过时了的中世纪战争模式——挥舞着大旗展现勇猛，以此来震慑入侵者。我的脑子里一下子出现了莎士比亚所著的《麦克白》及文中尚存标点争议的句子，很明显，"把我们的旗子挂到城墙外面，敌人来到，呼喊声依旧"是中国人青睐的版本。①

但是，这一古怪有趣的表演以及响声震天的军乐丝毫没能阻挡住日军不断前进的步伐。因此清军只得从高地上冲下来进攻日军。清军炮台发射的炮弹不仅陈旧而且质量极差，大多仅装有一半火药，因此几乎未造成伤害，而正是在这种炮弹的掩护下，清军分三队前来进攻。第一队清军分布在我们右侧的低山丘陵中，所以我看不到那里发生了什么。但是当那一区域的战斗因我方胜利而明显平息的时候，第二队清军从谷地中央直线行进过来。这一长队清兵排成长方形队伍，前后两人间相距数英尺，每隔20码有一名旗手，他们扛着的正是我们最初看到的那些竖在山上的大旗。

这时日军开始使用榴弹炮攻击清军队伍的前部，同时狙击手开始逐个射击旗手，像打保龄球一样将他们击倒，风中飘扬的大旗使得这些旗手成为了极佳的射击目标。

清军应对这一猛烈攻击的态度令人敬佩。长方形的队伍停了下来，明显是在等待命令，但这队清军在炮火攻击下很快就只剩下残兵数名。然而直到第三队清军出现后，第二队清军中的幸存者才开始撤退。第三队清军方阵前有一位骑着盛装白马的将军，他挥舞宝剑的姿势让人联想起古代战争的画面。

然而，这队清军远不如之前的"长方形"清军有气概，当他们的指挥官和白马倒下之后，这队士兵纷纷绝尘而去，慌忙逃回营地，这使得清军总指挥官忧心不已。这位总指挥目送三队清军出发之时，认

---

① 《麦克白》中存在标点标注争议的句子是：Hang out our banners on the outer walls, the cry is still, they come 和 Hang out our banners on the outer walls, the cry is still "they come". ——译者注

为他们一出现就能吓退敌军，之后他便安坐下来享用午膳。日军对清军紧追不舍，向战略要地"椅子山"发起进攻，并经过刺刀战占领了椅子山堡垒，在日落之前旅顺已成为了日军的囊中之物。

一占领"椅子山"等堡垒，山地元治带领的日军很快就来到了旅顺城外，在经过其中一个城门时，他们看到了门前高杆上悬挂示众的被俘日军头颅。日本士兵自然对这一可怕的景象愤怒不已；所有的约束与克制都随风而去，荡然无存，一场针对旅顺市民的大屠杀就这样开始了。

我尽了一切所能挽救生命，但作为一个外国人，我自己也处于危险境地。第二天早晨，我走在一条街上，两旁的店铺都大门紧闭，这时我看到三名士兵破门闯进了一家店铺。一名士兵正准备抬枪射击，我赶紧上前，在他就要扣动扳机的时候轻拍了他的后背，透过人缝一瞥，我看到一位可怜的老人，他惊恐万状，胳膊还护着一名妇女和一个孩子。子弹射穿了天花板，而他们得救了。这三名士兵转过身来想要抓我，我笑着摸出装着日本清酒的水壶请他们喝。我又笑着把袖章指给他们看，上面有我本人姓名及杂志名称的日文拼写，这使他们对我产出了极大兴趣，他们三人不再管那些受害者，而是与我一块开始沿着大街闲逛。

当天下午，一个日军军团被安置在这一条街道的店铺里，我看到早上那位老人正在向士兵上交粮食。他一看到我就跑过来抱住我的膝盖，我从他脸上的喜色了解到他的家人是安全的。我抓住老人的脖子，把他拖起来压在墙上，因为在日本人面前表现出对中国人的丝毫友好都是不明智的。但是，令我觉得有趣的是一名日本士兵走过来，并把他的饭团分给老人。他看着我，好像在说："你们白人对这些人太粗暴了，你应该像我这样对他们以礼相待。"

然而，对大部分旅顺市民而言，球形的并不都是饭团。我从未在其他哪个城市的街道上看到过像旅顺街上那样多的人头。

（李磊宇译，来源：Frederic Villiers, *Villiers: His Five Decades of Adventure*, Volume II, London: Hutchinson & Co., 1921, pp. 129–138.）

2. 关于旅顺的真相

作为《黑与白》杂志的特约画师和伦敦《旗帜报》的记者，我跟随日军实地经历了进军及占领旅顺的全过程。当英美一些报刊杂志刊登大量文章怀疑前线记者发回的报道时，我感到有必要告诉大家旅顺大屠杀的事实真相。讲述真相并不总是一件令人感到愉悦的事，特别是当其涉及曾与你和睦相处、对你殷勤友好的那些人的所作所为。

陆军大将大山岩伯爵领导了在辽东半岛作战的日军，全程跟随这支日军的英美记者可以证明，天皇的军队在向旅顺进军途中，人道地对待了所有非战斗人员。所有村庄中的公屋墙壁上都张贴了布告，请村民们继续留在当地生活，保证他们的安全并承诺他们会受到士兵及随军劳工的友善对待。尽管最初当地居民感到担忧与害怕，但他们在发现这些保证十分可信后，在数天内都纷纷返回家中。他们的确受到了良好的对待，我不止一次从这些中国人口中听到"天皇的军队是上天派来的"。在与烧杀抢掠、无恶不作的清朝士兵相比，日军对当地居民的善待使他们感到万分惊讶。

作为日本真诚的朋友，我认为

FIELD-MARSHAL OYAMA,
In Command of Japanese Forces attacking Port Arthur.

大山岩（来源：*Harper's Weekly*, New York, Oct. 27, 1894.）

尽管日军之前表现良好，但旅顺大屠杀的真相仍应得到披露。假如它〔日本〕坦率地承认日军的过激行为，承认此事件是偶发的野蛮行为，惩罚那些没有试图控制其士兵暴行的军官，并枪毙一些在屠杀中罪孽深重的军人，那么它在其欧洲朋友眼中的形象，所遭受的破坏将不及现在的一半。然而它却没有这样做。日本人在如何文明处事方面还是太年轻了，并且有时会表现得极度残酷与野蛮；但是，像大多数小孩子一样，他们十分不愿被发现犯错，并将厚着脸皮地精心编造谎言来掩盖自己的错误。

此类事件还有高升号（Kow-Sing）惨案与牙山（Asan）流血事件等，而日本人在处理旅顺大屠杀这一事件过程中的所作所为是极端幼稚的。他们完全否认除第一天的枪击外发生过任何屠杀，尽管这些声明与亲历了旅顺大屠杀的三名外国武官的报告相矛盾，这些武官的职责就是及时向本国政府报告日军的行为。日本通过其组织严密的新闻出版系统，利用相互竞争的欧美各报纸间的嫌隙，也许能够否认战地记者的报道，但是，日本再怎么也不应该妄想公众一下子会怀疑美国陆军中尉奥布莱恩（O'Brien）、英国海军上校迪布莱（Du Boulay）和陆军上校泰勒（Taylor）这样的人。虽然这些军官先生和记者们亲眼目睹了大屠杀，但日本人幼稚地想单纯用否认来掩盖事实，脸不红心不跳地对其欧洲朋友说：那些报告都是假的，全都是编造出来的。如果日本迷失了自我，做出了与其身份不相符的事情，那么作为它真正的朋友，我就应该指出它的错误。日本人是一个优秀的民族，他们勤俭、朴素、爱国，并且能够为了祖国的利益而做出巨大牺牲。日本这个国家正快速走向世界的前列，它杰出的军队组织已经震惊世界。无论是高举战争的火炬，还是做一名熬夜苦读、从不闹事的学生，日本都毫无疑问是现代的"亚洲之光"。

旅顺大屠杀的爆发是一种孩子似的对杀戮的疯狂与痴迷。没有什么理由能够合理解释这连续三天的屠杀。日军在城中各处都轻易获得了胜利，几乎未遇到反抗，只有很少伤亡。旅顺这一建有16个堡垒的中国重点要塞，坚持了仅数小时就陷落了。陆军大将大山岩直接领导的第二军奉命攻占旅顺城区。在经过第一座桥时，他们发现了同伴被割下的头颅，这些日军是在11月18日的小规模战斗中被俘的，这在一定程度上导致了第一天的屠杀。两三个头颅被用绳子穿透嘴唇，悬挂在路边的一棵树苗上。再往前走，还有两个头颅被捆在一起，挂在一座房子的屋檐下。这批日军士兵很可能被眼前的可怕景象激怒了，他们未收到长官的命令就开始随意射击在街上遇到的任何活物。迪布莱上校、泰勒上校、奥布莱恩中尉以及三名记者在能够俯瞰全城的高处看到了这场射杀，而每条街道和小巷就像一张地图一样展现在他们面前。这几位武官和记者没看到任何对日军的反抗，也没有哪座房子里有人射击大山岩部的士兵。法国武官及两名法国记者那时正在后方的陆军大将大山岩处，距此地尚有一段距离。

那些不幸的店主和市民，听信了大山岩保证和平的公告，他们站在门前准备欢迎日军入城，结果却全都被残忍地枪杀在了自家门口。在与泰勒上校（曾从军印度的老兵）讨论了这一令人悲痛的事件后，我们得出这样的结论：在看到同伴的头颅被割下示众的情况下，即便是纪律最为严明的部队也很难不动怒。日军进入旅顺城后三天内的所作所为甚至使战时大本营的官员大伤脑筋。大山岩的国际法顾问有贺长雄是一名杰出的英文学者。在发生屠杀的第三天晚上，他把战地记者们召集到了旅顺衙门内。我们正围着屋子中间的炭火盆抽烟，这时有贺君坐了下来，转向我问道："维利尔斯先生，请不要迟疑地回答，你会把过去三天内发生的混乱叫做大屠杀吗？"一位日本官员问出这样的问题着实令人吃惊。我看了看我的同事克里尔曼、科文和哈特，他们也对这个问题感到十分惊讶。之后我回答道："有贺君，大屠杀这一表述也许并不非常适合用来称呼这次的情况。"我告诉他，同伴的头颅给日军的刺激基本能为其第一天的行为提供理由，但后来两天所发生的事应当用另一个词语来表述。幸好有贺君当时没有追问我应该用什么词。我经过深思熟虑后最终决定称其为"冷血的屠杀"（a cold-blooded butchery）。那的确是一场冷血的屠杀。

［俄土战争中］苏里曼帕夏（Suliman Pasha）在数周的苦战后从希普卡（Shipka）撤军，他率领着狂热的军队经过保加利亚的埃斯基（Eski）、叶尼扎格拉（Yeni Zagra）等城镇时，屠戮了一切生灵。土军一撤退我就到了这些城镇里。街上的饿狗正争抢着小女孩的头颅，她们的头发上还编着艳丽的丝带。水井被残忍的士兵用受害者的尸体塞得满满当当，情景十分可怕。你尽可以把这些土耳其人称作恶魔，然而他们犯下这些罪行时正处在对惨败的狂怒中，并且知道这些保加利亚的男女老少与他们的俄国敌人情同手足。但是在旅顺，市民们听信了大山岩保证和平的公告，平静地等待着日本占领军入城。店主们不住地磕头也未能幸免于难，他们僵硬了的尸体仍保持着弯腰的姿势。有些尸体惨白的脸上仍依稀可见欢迎的笑容。路透社的记者哈特在旅顺陷落时被捕了，他曾帮助减轻了很多居民的恐惧，并劝说市民留在城内，因为他听闻了日军之前对非武装人员的友善对待。但此时日军已牢牢被砍杀的狂热所控制，毫无仁慈和怜悯可言。除日军士兵外，配有武器的军夫也参与了这场血腥的屠杀。这些人全都来自著名的武士阶级，他们实际上是日军的非正规部队。天皇规定武士或者说双手执剑的人不能参军，因为担心会发生过激行为，但这些武士应征成为军夫从而钻了这一规定的空子。在每辆运送物资装备的火车上你都能

见到武士：他们穿着普通的劳工服，但将长刀挂在两肩之间，并用布条仔细地裹好以保护上了漆的刀鞘，同时防止珍贵的刀身染尘或生锈，他们协助低等级的工友一起推车以此来掩护自己。如果这些武士一时找不到中国人的鲜血来唤醒他的长刀，他们就会挥舞着古刀砍向中国大地上的猪狗。走过满洲的村庄时，你能看到这样一片惨烈的景象：很多猪身上都有着严重的刀伤，有的头都几乎被切下来了，但仍有着足够的力气在地上挪动。屠杀城内的所有中国人似乎成了士兵和军夫间的一场比赛。

第三天下午，我走在一条冷清的街道上，特别的是这条街上没有那么多死尸，只有数十处三三两两堆在一起的尸体，这时我遇到了三名日军士兵，他们喝了日本清酒，已有些醉意。这三名士兵刚刚破开了一家店铺的门板，并向里面蜷缩着的不幸居民射击。这个可怜人也许已经在担惊受怕中藏匿了数日。这些士兵给步枪重新装上子弹，在我赶到他们那里之前又破开了另一家店铺的门板。通过三人间的缝隙，我看到店铺最里面的位置有一个中国妇女，她伸着胳膊护着两个孩子。一位中国老人跪在三名士兵面前，浑身颤抖，不住地磕头。他听到了邻居被枪杀的声音，还有痛苦的呻吟以及尸体倒下时的重响，他想这一次轮到他了。我能做些什么来阻止这场蓄意的杀戮呢？突然我的脑子里蹦出了一个好主意。我轻轻地拍了拍其中一个士兵的后背，向着他微笑，用日文说了一两句问候军人的话，接着用手指着我的嘴和水壶，意思是说他在这之前喝的很快活。三名士兵一下子对我的动作产生了兴趣。他们试图看懂我的臂章，那上面有我的职业。像小孩子一样，他们的注意力被一个新玩具转移了，一下子就忘记了射杀。我最终谈笑着把他们引到了别的街上。他们一拐过街角我就离开了。无论如何，这名中国人和他的家人在另一队士兵到来之前暂时安全了。第二天下午，我又走到这条街上，这里的景象已经不一样了。所有的店铺都开着门，已经有日军部队驻扎了进去。当我经过前一天发生上述事件的那家店铺时，我发现那位中国老人还活着，正等着日军进入店铺。他一看到我就难以抑制感激之情而跪趴在地上，紧抱着我的双腿，我只得强行用双手将这位老人拖起来。正在这时，一名嚼着热饭团的日军士兵从店里走了出来。他看到这样的情景，就把自己的饭团掰成两半，并将其中一半塞到老人的手里，这真是一个值得记录的真善之举。几分钟后，我走到另一条街上，一名士兵正剖开一具死尸，他想要看看天朝的人到底有没有心脏。

第三天早上的八点半，克里尔曼刚转过我们所住房子的拐角外就走了回来，并让我跟着他。在距离我们的房子不到一百码的一个沙堆上，有一个大概只有两个月大的女婴，十分可怜。她刚刚从父亲的怀抱中掉下来，她的父亲试图从残忍的日军手中逃脱，但不幸身受重伤，正躺在几码之外的地上，脖子上有刺刀造成的伤口。他温热的血液在严寒中仍冒着热气。杀害他的那队恶魔士兵已经走向了下一个目标，正忙着射杀几位老人，这些老人正双手背后地跪在日军的步枪前，其中有几位已经中枪倒地。日军占领旅顺后，这样的血腥惨剧上演了整整三天，直到大约剩下 36 个中国人，他们成为这个城市中存活下来的仅有的天朝居民。这些人被日军征来埋葬同胞尸体，或为部队运水。他们的生命由插在其帽子上的一张白纸片得到保护，上面用日文写道："此人不可杀。"

（李磊宇译，来源：Frederic Villiers, "The Truth about Port Arthur", *The North American Review*, Vol. 160, No. 460, Mar. 1, 1895, pp. 325–330.）

A. B. 德·盖维尔：为日本辩护

山县、大山岩和伊东这三位司令官，领导士兵取得了一系列的胜利，然而，他们的功绩绝非仅仅在战场上。他们领导的军队不仅骁勇善战，而且讲究人道，在道德上取得了更大的胜利。……日本获得了对它的鼓励，被承认是一名文明和进步的骑士，终于进入了文明国家的大家庭。

——A. B. 德·盖维尔

【编者按】A. B. 德·盖维尔（Amédée Baillot de Guerville，1869－1913 年）生于法国巴黎，1887 年他 18 岁时离开家人独自前往美国，成为此时欧洲移民潮中的一员。从 1889 年开始，他在密尔沃基（Milwaukee）女子学院担任法语教师。他凭借其较强的社交能力，活跃于当地法裔居民当中，并于 1890 年创办了一份小型法语周刊《法兰西信使报》。1892 年，他成为筹备 1893 年在芝加哥举办的"哥伦布世界博览会"的名誉理事（Honorary Commissioner），这使他有机会在 1892 年随筹备博览会的代表团前往日本、中国和朝鲜访问，并拜访了朝鲜国王和王后、日本天皇和皇后、清朝总督李鸿章。他回国后利用其经历到处演讲，给他带来了一定的社会影响。他在日本的经历使他对日本产生了好感，正如他后来在回忆录中所说，他"学会了喜欢和欣赏日本这个国家"。

中日甲午战争爆发后，盖维尔作为《莱斯利图画周刊》（*Leslie's Illustrated Weekly*）和《纽约先驱报》的特派记者前往远东进行报道。由于盖维尔鲜明的亲日态度，因此他在整个采访过程中都得到了日本政府的特别关照。他与克里尔曼一同于 1894 年 9 月初到达日本横滨，然后又同时向日本政府申请去朝鲜前线采访。但日本政府却首先把记者证发给他，使他比克里尔曼早几天出发去朝鲜。而且日本外务大臣陆奥宗光在盖维尔去朝鲜时，写信给日本驻朝鲜公使大鸟圭介，要求他照顾盖维尔。信中在介绍了盖维尔后说道："望阁下也能给予适当的保护与帮助，在不影响您的情况下，尽量给予照顾。"后来盖维尔随日本第二军去辽东

1890 年 A. B. 德·盖维尔在密尔沃基女子学院担任法语教师时与学生的合影（来源：Daniel C. Kane, "Each of Us in His Own Way: Factors Behind Conflicting Accounts of the Massacre at Port Arthur", *Journalism History*, vol. 31 No.1, 2005.）

半岛时，也是与司令官大山岩同船前往，而克里尔曼只能乘坐普通的运兵船。正因为盖维尔与日本政府这种特殊关系，使他不遗余力地为日军唱赞歌，并大肆诋毁清军的行为。当克里尔曼等人揭露日军暴行的时候，他便跳出来为日本辩护。1894 年 12 月 7 日，盖维尔离开日本回美国，他于 18 日到达温哥华后立即接受记者采访，反驳克里尔曼关于旅顺屠杀的报道。他的谈话于 19 日以《日本没有错》为题刊登在《开拓者日报》，以《在旅顺》为题刊登在《旧金山纪事报》。12 月 30 日，他又在《纽约时报》发表文章《日本人受到不公正指责》，后来该文经过修改补充又以《为日本辩护》为题发表于 1895 年 1 月 3 日的《莱斯利图画周刊》上，其为日本辩护的腔调与日本政府的辩解声明完全一致。

　　本章选译了盖维尔的回忆录《在日本的那些日子》中的部分章节，虽然这一回忆录是从日本立场出发来书写的，通篇充斥着对日本的溢美之词，但在一定程度上反映了这场战争中日本方面的某些情况，也反映了当时西方亲日人士对这场战争的态度。

1. 在日本

《在日本的那些日子》(*Au Japon*) 一书没有对日本（日出之国）以及它的居民、风俗进行深入的研究。这仅仅是一些我个人的记忆，也可以说，这是我对在日本的那些日子有所思后的一些印象，这是一段持久的记忆，是一群奋进的、聪明的、有魅力的人们带给我的记忆。我的第一次日本之旅可以追溯至 1892 年，当时我作为芝加哥博览会的专使被派往日本、朝鲜和中国去完成一项伟大的事业（作为哥伦比亚世界博览会的名誉委员前往日本、朝鲜和中国）。在日本，我受到了天皇和皇后的接见，并和这个国家中有影响力的人保持着密切的联系，我在这里度过了令人难忘而愉快的几个月。我的最后一次日本之旅是在 1894 年，正值甲午中日战争。在战争开始的第三天我就达到了朝鲜的平壤，在那里我加入了日本第一军。我在平壤逗留了几日后就又跟随大山岩 (Oyama) 司令官和他的第二军出发去进攻中国的金州 (Kinchow)、大连湾 (Dalien Wan) 要塞和旅顺口 (Port-Arthur) 了。

在东京的朝廷上和各类沙龙里，在和平年代或去满洲 (Mandchourie) 和朝鲜的途中以及在军营里，因为他们的善良、文雅、礼貌和总是令人警觉的机智，他们的活力、坚持和他们无法遏制的勇气，我学会了喜欢和欣赏日本这个国家。

大量的书和各种语言都对日本这个国家和他的居民进行过描述记载，然而，有一点却令人难以置信，世界上没有任何一个国家可以这样被人熟知和赏识，也没有这样一个国家可以如此地被欧美人所了解。

即使在今天，我们见到了来自世界各地的人，这是一群智慧而且有文化的人们，他们把日本人和中国人混为一谈，并且对此无所感知。他们无法理解，这两个民族是如此地与众不同，就如德国人和西班牙人或英国人和土耳其人不同那样。

另一个很常见的错误是，人们在谈论日本时把它当做一个新开化的民族，其实日本刚约有 30 年的文明，并且过去一直处在半蛮族状态中。因此人们对日本的快速文明化感到甚是惊奇。事实上，日本在 35 年的时间里从一个未开化的状态进入到一个可以使它自己和今天世界上其他强国平等相处的状态，这是一个非同寻常的奇迹，超乎在《圣经》或其他著作中提到的所有奇迹。

正在阅读情书的日本女子（来源：A.B. de Guerville, "Japan's Fair Daughters", *Munsey's Magazine*, Vol. XIV, Dec. 1895.）

但是，日本的文明没有停留在过去。数世纪的和平劳作和英勇的战斗，承载了光荣事迹的灿烂的民族历史，具有勇气和才干的卓越的英雄们，具有创新精神和影响力的令人崇拜的艺术家们，得到大力发展的繁荣的农业，深入研究社会、政治和宗教问题的内容丰富的文学作品，慈爱的政府和使人民具有伟大道德品质的行为守则，所有这些，日本在历经长达 3 个世纪的隔离后拥有了这一切，是我们这些世界强国的炮火帮助日本摧毁了隔在我们的文明和他们的文明之间的城墙。从文明的角度，我们只能听到和看到一个诚实而有道德的、注重发展文化和科技的、依靠其商业和农业生活幸福平静的民族，一个拥有保护弱者对抗强者的公平法律的民族，一个对待妇女和孩子友爱仁慈的民族——那么，我们应该承认日本就是这样一个文明开化的国家，因为日本拥有上述一切，而且拥有更多。但是，如果"文明"这个词一旦意味着电力、蒸汽、铁路、电报、电话、速射炮、鱼雷艇、潜水艇和飞艇，显然日本 35 年来并未开化，因为它没有这一切。

在 300 多年前，也就是在 1584 年，一个由天主教传教士冈萨雷斯（Gonzalès）率领的由日本皇子组成的特别使团来到了罗马这座城市，这个使团由日本天皇派遣，去往罗马参见教皇。这些来到罗马的亚洲人使当地人很是惊奇，不仅因为他们衣着丰富，还因为他们的智慧、学问和广博的知识。

这位天主教传教士率领他的使团参见了罗马教皇并发表了演讲，在演讲中他把日本描述成一个"拥有众多美丽城市的国家，一个汇聚了众多聪明的、高贵的、勇敢的和乐于行善的人民的国家，一个自认为比其他亚洲人都高贵的国家。但是，他们只缺少一个神圣的信仰，一个可以使他们和欧洲强国平起平坐的信仰"。

天主教被引进日本已有多年，并且在日本取得了很大的进步。显然，这些传教士想让天主教在日本发展得更快更好：他们相信自己能成为日本这些岛屿的主人，就犹如他们能成为菲律宾和其他岛屿的主人一样。但是，他们遭受到了来自日本爱国主义烈焰的熊熊燃烧。一旦日本人察觉到，入驻他们国家领土的既不是一个纯粹的宗教，也不是一些简简单单的来自这个宗教的外国代表，如狂风般的仇恨和愤怒便会突然席卷而来，这样的愤恨是那样可怕，那样不可抗拒，而这股狂风会卷走一切，卷走所有的传教士、所有的教堂、所有的外国人。从仇恨中走出的日本人把自己封闭起来，在长达3个世纪的时间里不与外界有任何的联系。

他们平静安稳地生活着，不去打扰任何人。有一天，我们凭着一个荒唐的借口来到他们的领土进行轰炸，并且强加给他们许多极其不平等的条约。被极具威慑力的现代战争武器所震惊的日本人很聪明，是他们的智慧让他们没有选择去反抗，而是安静地待在那里。然后，他们明白了，他们应该用欧洲人所用的方式来抵抗来自欧洲的袭击和入侵，以其人之道还治其人之身。

因此，日本竭尽全力凭借着坚忍不拔的意志向着目标出发了。30年的时间对日本已足够，这不是为了使他自己达到一个更加文明开化的程度，而是为了消化吸收所有的科技发明，为了了解掌握我们所有的进步技术，为了培养他们国家未来的年轻一代拥有新思想，为了使他们国家的财宝拥有强有力的现代堡垒，最终，是为了建立并统率一支强大的的军队和一支强大的海军舰队，为了重新昂起头对着西方呐喊："停下！我要成为我们国土的主人；我要得到尊重，我要得到平等对待。"

是的，30年的时间对于获得这样优秀的结果是足够的。那么，如此急切地摧毁阻拦日本进步的障碍，把日本从长期孤独中解救出来，并让日本看到世界的进步和发明创造，这样做的人现在对此是怎样认为的呢？他们有时会后悔用炮火把日本从沉睡中唤醒吗？

因此今天，当触及所有关于亚洲和太平洋事务的问题时，我们应该把这个作为所有亚洲民族的文明先锋的新势力考虑在内——这是一个极其强大的新势力，它由于地理位置的偏离而力量大增，这还是一个任何想和它单独抗衡的欧洲强国都无法对抗的新势力。

日本这个国家，起初对我们心怀畏惧，然后对我们心怀崇拜，但从不对我们心怀爱意。它因自己的骄傲和爱国主义而备受折磨，以至于无法原谅我们在其软弱和毫无防备能力的时候让他们遭受的耻辱。但有这样一天，会是对日本意义非凡的一天，就是当他们国家的国旗飘荡在中国堡垒的上空，当反过来祈求它宽恕的强大敌国被打败。

但对于所有的日本人，有一天会令他们更加欢欣鼓舞，有一天会让他们的心脏跳动着前所未有的狂喜和自豪：因为这一天日本军队会和欧洲强国的军队肩并肩一道前去解救在中国的公使馆。因为在那里——事实很明显——对比很清晰且毫无疑问，外国军官不得不承认日本的军队和他们的军队一样处在同等地位。

当中日战争爆发之时，有一些聪明人这样喊道："日本将会被摧毁。"但当中国被打败时，这群聪明人又喊道："啊！这没有什么：中国人很容易被打败。就如区区几支欧洲军队就能轻而易举做到全部日本军队才能做到的那样。"

然后，当日本以胜利者的姿态从中国夺取了福摩萨（Formose）[①]以及满洲（Mandchourie）和旅顺的部分领土时，法国、俄国和德国这三大世界强国又从中调停，他们说："我们不能承认这些被攫取的中国领土被日本占领。我们坚决禁止你们（日本）占领旅顺和满洲这片土地。为了维护世界和平，我们有必要让中国人成为他们自己国家领土的主人。"日本人就此撤出了这片土地……之后，俄国人又取代了日本人的位置。

---

① Formose 为西方殖民者对中国台湾的称呼。——译者注

日本人的狂怒是显而易见的。我坚信，当时的日本只有一个愿望，一个梦想，就是"和世界上的这些西方强国对抗，要么把他们打败，要么自己灭亡"。

十分幸运的是，日本的政客、思想家和领导者避免了这种冒险，因为他们明白，为了能够继续这一项开展如此顺利的事业，日本需要花费多年的时间来保持国内外的和平安定。日本尽一切努力去安抚大众并让大众明白和平的益处。最终，他们努力的结果超过了预期。

这种和平的状态可能在亚洲继续；日本对其年轻军官在新的战场上获得的胜利不屑一顾，可能会把其所有的智慧、精力和坚持都投向和平事业，在此收获同样光荣的胜利——它也可以再次发展繁荣自己的商业、工业和艺术，并将其推向世界。这是作为日本好朋友的我能给予它的最美好祝愿。

（胡亚美译，来源：A. B. De Guerville, *Au Japon*, Paris: Alphonse Lemerre, Éditeur, 1904, pp. 3–11.）

2. 山县元帅

　　山县（Yamagata）元帅人很风趣，对事物极富好奇心，称他为日本的小毛奇（de Moltke）一点都不为过。他是当时日本最享负盛名的将领，这是毫无争议的。

　　山县元帅之所以如此杰出，并不是因为他亲自率领部队，奔赴战场作战。而事实上，在和中国这场战争中，他从未参加过任何一场战斗。然而，日本军队能获得今天这样至高无上的荣誉，无可匹敌，正是由于山县元帅一直以来的不懈努力。

　　是他创建并领导了日本参谋部（état-major），也是他，参与策划所有中国战场的作战计划，而史上再没有任何作战计划比它更完备。中日开战前的几年里，日本间谍已逐渐深入到满洲和直隶。这些人中有乔装打扮的军官、银行家，还有以修铁路、建工厂等事情为借口来中国的办事员；他们中有些人剃光了头，梳起辫子，当然有的是真的，有的是假装的，他们操着一口流利的当地语言，被认为是本地人；还有一些人，伪装成和尚，或者教士，他们出入任何地方，无处不在，或记笔记，或拍照片，或搞测量；这一切使得山县对当时两省的情况了如

COUNT YAMAGATA,
In Command of Japanese Forces in Korea.

山县有朋（来源：*Harper's Weekly*, New York, Oct. 27, 1894.）

指掌，好像它们已经成为日本领土的一部分。

中日战争爆发之初，许多间谍潜入中国军队里，他们在平壤、旅顺和威海卫给日军发送准确的战事信息。同时，他们深入民间，进入军队里，来到被包围的地区，煽动不和，制造祸乱，引起恐慌，使人们陷入不安。他们宣称日本人拥有大量超能大炮，还声称有强大的神君一直帮助他们，并扬言一定要摧毁中国人。中日开战之前，他们中有一些人就已经被发现，或者惨遭杀害，但是大部分人在日军进攻前，就已经得以逃脱，而我也曾亲眼目睹过几位。

日军战前做了十分完备的准备工作，他们甚至准备了可拆卸的桥梁。以至于无论在敌军区遇到什么样的河流，这些装备都能用得上。

中日之间的这场战争是无法避免的。一方面，广阔的中国对待日本人素来有一种歧视。著名的李鸿章跟我谈起日本人的时候，就充满了蔑视，他这样说道："他们不是人类，而是一群猴子的后代！"

然而，日本人尽管取得了飞快的进步，还是没能唤醒中国人对他们的尊重，反而换来更多蔑视。"这群日本的猴子竟又玩起了扮演西方人的把戏。"中国人这样说道，而且他们相信这些穿着西服的小士兵，虽然模样上和西方士兵没什么两样，可终究还是会在中国天子的军队出现之时，像纸板做成的玩具一样，被毁得一塌糊涂。

另一方面的原因是，日本经过明治维新，这成了他们引以为傲的地方，而且深信他的海陆军无可匹敌。它已经迫不及待地想立下赫赫战功，向世界证明它的强大。它也非常渴望与憎恨了几个世纪的世袭制的清王朝试试兵力。除此之外，日本发动这场战争还有两个极其重要的原因。

首先，1894 年，在列强（les puissances）眼里，日本仍然是一个半开化的东方国家。在一些开放的港口，诸如横滨、神户和长崎，许多外国人在那里居住，还建立了城市，这些地方近乎成了外国人的殖民地。他们以主人自居，把日本人当成狗。依照当时签订的条约，这些外国人有任何不法行为或犯了重罪，均不受到日本法律的约束。他们有自己的领事法庭，受他们自己的领事裁决。而当时日本已经采用了一部相当合理的法令，而且设立了相当完善的法庭机构。在这种情形下，日本感受到了莫大的侮辱，这就成为了诸多原因之一，促使日本只有一种想法，一个欲望：废除旧条约，改订新条约。同样是 40 年前强加给日本的这些条约，使它根本无法以 5% 的海关关税打败外国商品，这可怜的关税更不足以保护国内产业，除此之外还无法满足政府用于国家治理的必要财政支出。话说于此，就不难理解这种情况是多么令人无法忍受。日本人竟然在将近 30 年的时间里一直耐心地忍受着，这一点也着实让人吃惊。

　　日本政府三番五次想废除条约，但每次列强都回答道："不，不，你们还不够文明开化。"居住在开放港口的外国人使出浑身解数维持他们当时在日本取得的地位，让全世界相信日本仍是一个半开化的民族。这些外国人给出的理由很容易理解。首先，他们企图继续以低价获得欧洲和美国的商品。他们清楚，如果到了新条约签订的那一天，日本内阁必将迅速对其中的一些商品收取更高的关税。还有一点就是他们在横滨、神户和长崎的"租借地"，几年来在那里称王称霸，根本无法想象有一天，服从日本的法令，将自己的行为交由日本人审判并受罚，而这些日本人，恰恰曾饱受他们的蔑视、纠缠和侮辱。所以，所有外国人都反对重新修订条约，各大报纸也都致力于向世界隐瞒日本的真实情况。4000 万日本人从心底里呼唤一场轰动大事即刻来临，以引起外界对它的关注，并让西方国家看到，日本已经在某种程度上实现了文明开化，而这至少足以让它在本国领土上做主人。这场轰动的大事，就是对中国发动的这场战争。

你们还记得外国报纸听到日本开战这一消息时，表示出的那种同情和嘲笑吗？报道称，中国这一泱泱大国定会迅速战胜日本。日出之国的那些男人们和漂亮的少妇终于等到他们的末日了；很可能他们所有人都将被消灭，他们的国家将变成中国的一个省，当然，前提是欧洲各国允许这件事情发生！

一直以来，他们不曾寄希望于山县和他领导的参谋部，以及英勇善战的日本士兵，然而这些人终究还是让全世界对日本不敢小觑，此举堪称在日本的历史里增添了光辉的篇章。短短几日之内，五万人受感召，纷纷响应，最终成立了日本第一军，登上运载舰队，迅速启航。终于在朝鲜登陆，打败了牙山的中国军队，然后横扫整个朝鲜，攻占平壤，打败了一直驻守该地区的最杰出的中国军队。在海上，日本联合舰队司令长官伊东（Ito）击败中国舰队，其后不久，由大山岩司令官率领的第二军在满洲登陆，依次攻占金州、大连湾和旅顺。最后，威海卫也失守，打开了日本军队通往北京的道路。李鸿章意识到当时的状况严峻，于是清朝决定让步投降。

山县、大山岩和伊东这三位司令官，领导士兵取得了一系列的胜利，然而，他们的功绩绝非仅仅在战场上。他们领导的军队不仅骁勇善战，而且讲究人道，在道德上取得了更大的胜利。面对清军的残酷行为，日本人接收敌军的伤员，然后悉心照料；他们开动脑筋，管理着每座城市，以及所占领土的每一寸土地。在这一幕幕前，全世界都为之动容。日本获得了对它的鼓励，被承认是一名文明和进步的骑士，终于进入了文明国家的大家庭。

生活中，我们会经常遇到这种讽刺。一个人尽最大努力去组建一支日本军队，并致力于把它打造成今天这般无可匹敌，可是它却从未参加任何一场和中国的战斗。它把自己的士兵亲切地称之为孩子。的确，山县司令官从未参加过任何一场战役。

中国军队在牙山战败，由山县司令官率领的日本第一军占领汉城，在那之后，山县司令官不顾自己多年来身体状况一直欠佳，亲自登陆指导日本第一军作战。中国军队一直驻扎在平壤，所有人都相信他们会在那里顽强抵抗，固守这个地方，而且李鸿章也曾宣称这座城市是不可能被攻破的。

山县司令官深知中国人的本性，他清楚地知道，当敌军发起前线进攻时，中国军队可以英勇地发起自卫战，但当他们发现没有希望撤退的时候，就会立刻失去作战的勇气。所以，无论在任何紧要关头，山县司令官的所有作战计划都只需要抓住一个本质，那就是包围中国军队，不留任何出路。这就是日军采取的整个战略的关键所在，而它确实也发挥了出奇的效果。

在平壤战况如此，以至于后来在金州、旅顺、威海卫同样如此。山县有朋被调回日军大本营，由野津（Notzu）中将领导的日军分成三支进攻部队，分别由野津、大岛（Oshima）和立见（Tatsumi）指挥。

他们分别从西、南、东三个方向，分三路进攻清军，同时派遣第四纵队在朝鲜北部登陆，强行阻断中国军队向北后退。

9月1日在汉城时，他们就已经决定于当月15或16日发起进攻。按当时的情形，山县司令官肯定能在战前加入军队；可惜最终没能如愿。山县司令官一直抱病，不得不在汉城稍作休息，而后又在途中几经停留，最终于9月26日到达平壤。

野津中将并没有等到和山县司令官汇合后才展开进攻，以防清军的后援部队及时赶来增援。我们清楚地记得，日军士兵经过顽强进攻，打败了一些值得钦佩的中国士兵的抵抗后，最终在9月17日攻占了平壤。

山县司令官到达平壤以后就和第一军在一起，率领全军参加了北部的满洲战争，可谓漫长而艰苦。第二军在大山岩的指导下攻占了旅顺，而第一军的作战远比第二军要艰难。西伯利亚的气候和各种物资的匮乏都不利于司令官的身体健康。

山县司令官忍受身体的不适，但没有丝毫抱怨，也不允许自己有片刻的休息。医生想强迫他顾惜一下自己的身体，给他开些补药，建议他喝红酒和白兰地，但是他都执意拒绝了，还大声说道："不，不，我从不需要这些！勇敢的战士们什么都得不到满足，甚至水的供应都成问题，而我们也只是勉强能为伤员运送必备的药物，在这个时候，我怎么能享受这些呢。"

此外，尽管他这般虚弱，司令官只吃一份水煮的米饭，相当于一个普通士兵的伙食，他仅仅想要这些，而且天天如此。或许某一天，这位受人爱戴的首领还必须待在满洲某个贫困的小村子里，稍事休息。

山县司令官再次将指挥权交给野津中将，野津不久后又被提升为司令官。日本天皇派了水平一流的医生到山县身边，他身体逐渐得到恢复，然后回到日本；从那以后，他开始在川上（Kawakami）将军的辅佐之下继续指导军队。现在，在大山岩的指挥下，军队频频告捷，迫使中国求和。

山县元帅可谓全世界最平和的人，当日本天皇任命他为特使出席俄国沙皇的加冕礼的时候，他表现出不同寻常的质朴和简单，使欧美感到惊讶。而让全世界都惊叹的是，如此谦逊的征服者，与作为战败者的中国公使代表之间形成的对比。

他的美国之行同样给许多的知名人士以强烈的震撼，以至于富兰克林、格兰特（Grant）和林肯给人的那种亲切随和都快要让人感到稍逊风骚了的。

美国军队并没有什么高贵的头衔和军服上的装饰，但是设置了肩章和表示等级的条纹装饰，这就使得当时拥有最多装饰的欧洲军队也因羞愧而脸红。华盛顿时期政府的大使没有制服，但是，各个州的后备役部队的官员们的制服都可以多到拿来卖。①然而，当山县有朋乘坐的专门列车到达布法罗（Buffalo）车站时，他所在的车厢外挤满了纽约州长以及他的部下，纽约州长对他的到来表示欢迎并送上花束。我们几乎无法辨认究竟谁表现得更吃惊：一边是山县有朋，惊讶于这些官员身上华丽的制服，金边作装饰，佩戴精致的肩章，搭配绝妙的羽饰；另一边是美国官员们，惊讶于眼前这位著名的山县元帅，原来，日本的小毛奇身材矮小瘦削，质朴而谦逊，面带羞涩，身着深色套装，估计超不过 10 美元，没有任何装饰，也看不出任何等级，没有什么能让人辨认出他的头衔，更不会迫切地向前来看热闹的人传达这样的信息："我就是带给日本胜利与荣耀的人！"

（刘亚楠译，来源：A. B. De Guerville, *Au Japon*, Paris: Alphonse Lemerre, Éditeur, 1904, pp. 209–220.）

---

① 正规军队的制服是所有制服中最简单的样式之一；这里指的是"州警察"的制服。即每个州的后备役部队所穿的制服，在某种程度上后备役部队是美国军队的储备力量。——原注

3. 红十字会

　　1894 年日本发动对中国的战争期间，日本陆军和海军取得的辉煌战绩被全世界熟知。人们了解到，日军是如何在朝鲜和满洲战胜了中国军队，如何攻占了平壤、旅顺和威海卫，以及与此同时又如何在鸭绿江口摧毁了中国的北洋舰队。与日本陆海军的战绩相比，不大为人所知的是，在皇后陛下（S. M. l'Impératrice）领导下的日本红十字会为战争提供了莫大的帮助。正如当时的日本军队一样，这个组织一直被认为诞生于战争爆发前夕，从未经受过考验，又突然承担起如此重大的任务，因此，外界担心它可能无法胜任。然而，接下来的重大事件表明，这些恐慌完全是多余的；而且红十字会的各个部门都表现出色，倍感荣耀，值得全世界人敬佩。实际上，最终使得日本位居西方大国之列的，不仅仅是日本在战场上取得的胜利，更是作战取胜的策略。

　　平壤位于朝鲜的北部，某种程度上说，红十字会的野战医院和全体医护人员就是在这里经历了战火的洗礼。这座城市位居要塞，几乎难以攻克，中国军队还在那里修建了牢固的防御工事，由天津和满洲派来的 18000 名正规军把守。

　　日本军队在四面八方同时展开对平壤的袭击，但事实上有三个方向的攻击只是为做假象。就在这振奋人心的一天里，袭击中国前线阵地的日本军队虽历经千辛万苦，却感到无比荣耀。在大岛将军的领导下，这些日本部队于凌晨 3 点率先对敌军的前方阵地发起攻击，经过

12小时的激战将其完全拿下。大岛将军判断无法在天黑之前攻下第二道防线（因为有速射炮部队重兵把守），再加上士兵们已经筋疲力尽，于是他宣告撤兵，直至次日天亮之前再次发起进攻。

野战医院设在战场后方，整场战役期间，只要是送到那里的伤员，无论是中国人，还是日本人，临时医院的医护人员都会慷慨地对他们进行救助。相反，清军没有医护人员，没有临时医院甚至外科医生，他们任凭伤员们无助地死去。……

伤员中有的可以活动，于是每天都会有船只沿河而下，把这些伤员运送到河口处，换乘蒸汽船，最终抵达日本南部的广岛。那里有许多大规模的医院，可以容纳4000位病人。我到了广岛之后，日本军医官石黑（Ishiguro）少将允许我亲自访问这些伤员。当我们离开配药室的时候，他向我展示了他手里拿着的一个丝质小包，里面装满绷带和抗菌剂。他说："这就是皇后陛下的工作。你可能知道，自从开战以

运送伤员（来源：*Harper's Weekly*, New York, Nov. 10, 1894.）

来，皇后陛下和她手下所有的女护士每天都要聚集在皇宫的一个大厅里，制作绷带和纱布等物品。虽然我们取得了战争的胜利，然而这些女士们完全没有任何娱乐消遣，她们把本来用于梳妆打扮和休闲娱乐的钱都拿来给了战时的政府。"

广岛的医院坐落于城外，在辽阔的乡村地区，周围可以看到漂亮的花园。医院由许多狭长的房间组成，两边设有大窗，室内非常明亮。在这些房间里，窗明几净，一尘不染；事实上屋内一切看起来如雪一样洁白。床是白色的，病人也都穿着白色的衣服，护士们也都统一身着白色工作服。干净而清新，令人神清气爽。每个病房内都摆放着花和绿色植物盆栽，为整个房间带来了活泼的气氛。打开窗子，站在窗前，就可以听到军乐队演奏歌曲，他们奉日本天皇之命，每天都要来到医院的花园里演奏。此外，还为每位病人准备了报纸、书籍，如果病人情况允许，还可以吸烟，吃些水果。

在这些负责照顾病人的工作人员中，也有许多来自其他国家的妇女，她们日日夜夜地照顾这些伤员。负责管理这 300 名女性的是伯爵夫人内雷（Néré），她是一名日本海军将领的妻子。

每位军官有各自的房间，其中一位指挥官由他的女儿照顾，那是

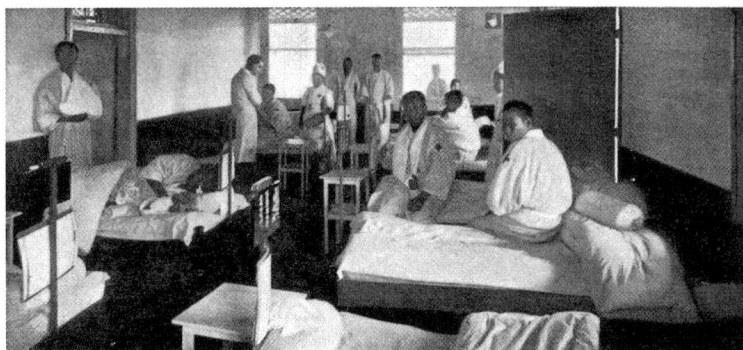

日本东京的红十字会医院（来源：*Harper's Weekly*, New York, Jan. 12, 1895.）

一个十分可爱的 15 岁女孩，穿着一身丝质绣花和服。她是那么美丽，那么高雅，着实让我很是嫉妒那位指挥官！

事实上是由石黑少将把皇后陛下准备好的绷带送给每位军官，你根本无法用语言形容他们接收时脸上洋溢的那种尊敬、感激和爱慕之情。一个可怜的中尉，背上受伤，疼得哭天抢地，他从来不想这般遭罪，而且在他看来，这对别人又是极其不尊重，于是他勉强努力把自己撑起来，只求能坐着。

我对一个年轻的上尉说："您状态很好！您受到这样精心的照料并回到了日本，一定很开心吧？"他回答道："是的，但是如果我能再回到战场上，我会更高兴！"这些伤员中，每个人想的只有这个，就是能重新投入战斗！

……

红十字会并没有忘记那些海军伤员，由日本邮船会社（Nippon Yusen Kaisha）制造的最大型邮轮之一神户奈留号（Kobé Naru）已经被派往一家更高级的医院，这家医院直属于伊东司令官的联合舰队。

日本的普通医生和外科医生都出身于非常现代的新式学校，而且其中好多人曾在巴黎、柏林、维也纳或伦敦留学。他们似乎对外科医学有着独到的见解，我也亲眼目睹了几个完成出色的外科手术。

在结束此章之前，我还想举一个例子来说明日本军队的纪律之严明。当日本军队和随行的"军夫"进入平壤的时候，发现那里只有一个妇女。这是一位中国女人，丈夫是电报局的一个职员。朝鲜人的确在那时已经逃走了，但不是在日本人到来之前，而是在中国人到达朝鲜之前，而日军到达之时，朝鲜人还没有回来。这个女人既年轻又非常漂亮，在来到平壤的两万官兵和战士中，一定有人倾心于她……可是，她从始至终没有受到任何骚扰；她被带到野津中将面前，请求中将能好心把她送回中国，中将立即答应了。当时河上有一艘中国渔船，里面有三个男人，他们并不是参战的士兵，于是中将把这个女人交给了这些渔民。这些渔民可以越过日军海上的防御工事，作为交换，他们也许诺将把这个中国女人送到山东芝罘。

（刘亚楠译，来源：A. B. De Guerville, *Au Japon*, Paris: Alphonse Lemerre, Éditeur, 1904, pp. 223–230.）

4. 间谍

　　这章讲述的是中日战争期间发生的事情。由野津司令官领导的第一军已经把清军赶出朝鲜，一直准备侵占满洲北部。此时，第二军已经不声不响地聚集在广岛。这是日本南部的一个小城市，自开战以来，日本天皇就在这里部署。首相伊藤伯爵，内务大臣野村靖子爵，陆军大臣大山岩伯爵，还有大部分内阁大臣都在这里。这个安静的角落，鲜为人知，远离各国使节和记者，远离东京和横滨，远离爱打听是非的无关人士和各国公使团，这里就是指挥作战的后方。没有人能随便进入这里，要想进入，需要一个特殊通行证，而这个通行证只有在极其特殊的情况下才可以拿到。

　　我受到参谋本部总长川上（Kawakami）[①]将军的邀请，从朝鲜回到广岛。自从到达广岛的那一刻起，我就知道第二次征战即将开始，尽管他未曾对我提及此事。将近2万人在我们周围驻扎，有30艘汽船一直在向外运输，船上载有大炮和炸药，还有军粮。每天都会有2到3艘汽船从这里出发，把全副武装的部队悄无声息地运往一个未知的地方。最终只剩了一艘船，那就是长门丸号，这艘船不是用来运送士兵的，而是在不久前，被小心地安置在这里，准备接待某位重要的人物。

[①]　此时的川上操六还是参谋次长，参谋总长是皇族有栖川宫炽仁亲王（1895年1月后为小松宫彰仁亲王），但实际上由川上主持参谋本部工作。1898年1月川上升任为参谋总长。——译者注

会是谁呢？貌似没有人知道他是谁。到了晚上，我决定前去拜访陆军大臣大山岩，我认识他时间不短了。就在几个星期前，我们共进晚餐后，他允诺将会给我提供便利：军队去哪里，我就可以跟到哪里。虽然我刚从朝鲜回来，在那里的时候我曾看过第一军操练。但我绝不满足于此，我想目睹一次新的战事，因为我预感到一场新的征战正在缓缓开幕。

陆军大臣的住处位于乡村中间地带，那是一群简陋的房屋，是从一位商人那里租来的。我被邀请到一个小房间，屋里很冷，所以大家都围着火炉而坐，令我惊奇的是，我见到了伊藤伯爵、川上将军、内阁书记官伊东巳代治（Ito Miyouji），还有铺着垫子坐在地上的大山岩伯爵。一沓沓文件，一张张地图，还有笔墨，显然大家正在商量一些重大问题。

我觉得我的突如其来一定打扰了他们，正当我想道歉的时候，大山伯爵说："别，别，您快请坐，见到您我们都很高兴。"他递给我一个垫子，然后叫副官送些茶水、酒和雪茄烟。

伊藤伯爵长着黑色胡子的脸上面带微笑，轻声说道："嗯，凌晨一点还来这里，这么晚，而且还是在战时，应该是为一件严肃的事情。"

"阁下，眼下最要紧的是，现在只剩下一艘船了。如果我不能乘坐它一起离开，我一定会感到非常遗憾。我非常想参加这次征战。"

"征战？什么征战？"参谋总长像个小孩儿一样问道。

"谁跟你说是要出征？"大山岩大将高声问道。

"我向天发誓，先生们，没人对我说过这些；有一天，骑着将军好心为我提供的马闲逛，就是那时候我发现的，我看到营地里至少有两万士兵。可他们现在消失了，一定是被这30艘船运送到了更远的地方。我刚回到这里的时候，我看了这30艘船汇集在港湾，很是热闹。这支军队一定不是去了朝鲜，因为那里只剩下被埋葬的清军了。这样看来，事情就非常简单了。我非常渴望能跟随军队一起走。"

"分析得有理。"伊藤笑着大声说道，转而朝向大山岩："将军，轮到你给答案了。"

"啊！我的答案非常简单。"将军对我说，"我没有忘记曾给你许下的承诺，你回到这里的时候，我就下令叫人在长门丸号军舰上给你安排了一个船舱；我们明早一起出发。"

"什么，我们一起？"我大吃一惊。

"我独自一人率领第二军。"大山将军淡淡地说。

第二天一早，一群人拥挤在码头，他们呐喊着，欢呼着，迫不及待地为司令官及其参谋总长的出征而欢呼。司令官上了船，整装待发，军官们围绕他排开，司令官与伊藤告别，向其他人员挥手致意。打开香槟，所有人欢呼雀跃，场面非常盛大。就连平日里安静内敛的首相，此时此刻都感到异常兴奋。他和我干杯，笑着说道："你要去吃中国菜啦？一定对你大有裨益！但要小心，别吃子弹，他们对来客可不那么友好。希望你们能安全抵达。"

"哪里！哪里！到底是去哪儿呢，阁下？"

"说真的，我自己也不知道，你想去哪儿呢？"

"当然是去北京！"

"对！不错！很棒！"所有的官员同时喊道："去北京！"

就在千万声"去北京！去北京！"的呐喊声中，长门丸号轮船出发了。

但是我们不会去那么远的地方。

最终的会师就是在朝鲜的海岸，这里距离中国边界不远，就在大同江的江口处。临近这条江入海的地方，江流分成两条支流，中间形成了一个巨大的天然港口，而近 30 艘航船就停泊在那里，上面载有日本第二军，还有一些攻城炮，那是为旅顺作战准备的。

在江流的入海口，曾在大东沟战役大获全胜的联合舰队司令长官伊东率领的第二分舰队出发了。与此同时，由行驶速度最快的快艇组成的第一分舰队在岸边巡弋，而鱼雷艇在更远处活动，便形成了我们的第一道防线。正如我们所见，船上的第二军的保护工作做得十分到位。

向金州、大连湾和旅顺进军的登陆准备工作大抵还未完成，我们的船抛锚停留了将近一个星期。在长门丸号客轮上，将军和军官们非常开心，我们整个下午都在玩各种游戏，这种游戏在横渡大西洋的客轮上非常流行，大家玩得不亦乐乎。我们还去甲板溜达了几次，顺便试试枪法。每次开枪射击的时候，我们都禁不住互相称赞，表达内心由衷的敬佩，这或许是因为我们得到了"史密斯和魏森公司"制造的枪支了吧。

黑夜漫漫，尤其已经到了 10 月。船上不允许有任何光亮。6 点前，周围就已经漆黑一片了。考虑到必须保证这支庞大舰队的隐秘性，而且太多光线在天空中彼此交错，会很容易暴露，再加上我们担心，夜里中国的鱼雷艇会搞突然袭击。因此，我们对一切都小心谨慎。

然而，就在一天下午，我们的鱼雷艇侦察到一艘外国战船正在靠近。大家立刻警觉起来，迅速来到甲板上。令司令官吃惊的是，这只是一艘普通的炮艇，竟冲破我军第一道防线，然后穿过整个舰队，不紧不慢地向前行驶，这简直是世界上最无礼最可耻的行径。它行驶到了舰队中间，贴着我们身边行驶而过。

当时我们只看到船的后方，一面俄罗斯国旗迎风飘动。

在长门丸号的甲板上，大山伯爵、山地（Yamaji）中将以及其他将领，还有参谋本部的所有官员，再加上所有的军械官，大家全都站得笔直，一动不动，活像一尊尊雕像。他们目不转睛地盯着这艘外国船只，目光中透出铁一般的冰冷。这只船是那么不受欢迎，令在场所有的战士心中燃烧起一种莫名的愤恨。

行驶到河流的下一个拐弯处，这艘炮艇掉了头，又一次从我们身边驶过，全速驶向茫茫大海，朝中国海岸的方向驶去。

就在司令官和其他的老军官们依然保持镇定，陷入沉思之时，这些年轻人再也无法控制住内心的狂怒，他们朝着俄罗斯的国旗用力地挥舞着拳头，高声疾呼道："卑鄙！粗鲁！阴险！早晚会轮到你们的，这群间谍！"

（刘亚楠译，来源：A. B. De Guerville, *Au Japon*, Paris: Alphonse Lemerre, Éditeur, 1904, pp. 233–240.）

5. 鸡蛋

日本的食物没有什么惊喜之处。日本不是一个好吃的民族；事实上，我经常在想，日本人是怎样靠摄取这样少的食物量来维持他们的生命和工作呢。我猜想地球上一定有这么一个热衷于粗茶淡饭的种族。然而在日本，身材苗条的人也为数不多。当然，除了那些摔跤运动员，那些真正意义上的超级大块头，那一座座肉山，体型肥胖的人也很少。总之，日本人拥有令人羡慕的强健身材，他们身形匀称，个子不高，稍许微胖，而且他们精力充沛。日本的男男女女每天还要完成大量的工作。他们拥有顽强的抵抗力。

这些车夫（kuruma）似乎永远不知疲倦，他们拉着人力车（jinricksha）来来往往。他们不停地向前奔跑着，无论是狂风大作，暴雨如泻，雪虐风饕还是烈日炎炎，他们都以惊人的精力向前奔跑着，他们身体轻盈，动作矫健，即使汗流浃背、满身泥泞或是风尘仆仆，也不会停下向前奔跑的脚步。这是多么旺盛的生命力，多么优秀的生命体。我真的都不知道该怎样去更好地赞赏他们。他们拥有如此强壮的身体，顽强的意志，令人钦佩的勇敢和惊人的耐力。当他们筋疲力尽，当他们气喘吁吁，当他们身体上的每一寸肌肉开始散架和祈求着恩泽，他们仍旧微笑着，强忍着，竭尽全力地轻声自语道："Shikata ga naï。"意思是："命运如此，我还能做什么。"或者更加通俗一点讲："抱怨有什么用呢？"

日本的人力车（来源：A.B. de Guerville, "Japan's Fair Daughters", *Munsey's Magazine*, Vol. XIV, Dec. 1895.）

当这些人力车夫把您拉到目的地时，他们会收到甚是微薄的些许报酬，这是您为报赏他们拉车的工作而给予他们的。而不管您是否慷慨大方，他们都会擦干满身的汗水，艰难地给您鞠上一躬，然后对您表示他们由衷的感谢和祝福。啊！此时此刻，我们会感受到，我们距离巴黎和那里气势汹汹的车夫是多么的遥远，那里的车夫野蛮而粗暴。

就个人而言，我总是被这样的一种无以言表的感觉所困扰，这是一种夹杂着怜悯和钦佩的感觉，而这种感觉一直伴随着这些人力车夫拉我走过的每一条路，我也无法说服自己去摆脱这种罪恶感，这种为我自己的残忍行为而深感惭愧的罪恶感。

这么说吧！这种"人力马车"车夫收入微薄，他们摄取的食物量都不够我们国家一个 12 岁的初中生吃的。一点稻米、一点干鱼、少许鱼汤、少许米酒、少许无糖绿茶，这几乎就是他们的所有食物。

这些人力车夫也不是日本唯一吃得很少却工作如此辛劳的人。

咱们暂且不说像被奴役的牲口一样在商业和工业领域辛苦劳作的

农民和男男女女，而在各大商店和作坊里，那些雇员和工人们常常每天工作 15 或 16 个小时，更超乎寻常的是，在大多数时候他们还得不到报酬。他们有东西吃，但吃不饱，特别吃不饱，这就是他们。

在日本，一个工人在为同一家工厂工作了 15 年之后，往往会从他们老板那里以借款的名义收到一笔钱，而这些从他们老板那儿借来的钱够他们自己做一些小买卖。

在日本由外商开办的商行里，会讲英语、法语或者德语的日本职员领到的工资往往为 150 法郎、200 法郎或者 300 法郎，甚至更多。好吧！千万别以为这些雇员们会对此津津乐道，或者甚至受到那些只为挣些口粮的人们的羡慕和嫉妒，——不是，恰恰相反，这些雇员往往受到人们的同情和怜悯，因为在外国人的公司里，他们得不到和在他们的同胞开办的公司里同等的待遇和礼遇。

对一个日本人而言，这就是问题所在：如果他们丢失了礼貌和礼仪，他们的生活也就失去了意义和乐趣。他们只有一个愿望，就是讲礼貌；他们也只有一种忧虑，就是害怕失礼。

日本人和你见面打招呼时会说："Ohayo."意思是："早上好。"之后，他们往往还会加上一句："O! Shikai itashimashita."意思是："上一次见面多有失礼之处，请多多见谅。"这是一种非常有趣的道歉方式，也是一种不可思议的礼节，经常会使我们回忆起上次他们在见面的时候也这样讲到。

我们再回到日本的食物和他们那少得可怜的食量这个话题上，我只想再说的是，每个月 10 或 12 法郎对一个日本人维持自己的生活已远远足够，因为他们的生活是多么的容易啊。

日本人这种饮食上的节制也是他们国家军队的一个大优点，而和欧洲国家的军队相比较，这使他们军队的粮食供给成了一件极为容易的事情。

在与清军的上一次战役中，如果日本军队仿效欧洲军队那样拉着粮食、罐装食物和炊具在朝鲜和满洲的土地上艰难前行，就不可能取得任何进展。可以说，在一个没有公路和任何通讯设施，以及大炮、弹药和药品都需要人力远距离输送的国家，如果想使他们的士兵有面包、肉、蔬菜、罐头、饼干、白酒、咖啡和糖等食物，那么需要的是更多运送物资的人员而不是打仗的士兵。

在行军途中，这些日本官兵的食物是白水煮米，时不时他们还能吃到一些干鱼或一小块熏肉，但他们对此很满足。当我们到达一个村子，看到这里养有猪、鸡和鸭时，军需处就会向这里的中国村民买一些，然后给我们分着吃。这些日本军官和他们的士兵吃一样的饭菜，他们对此也别无怨言。

我去过朝鲜的平壤，在那里第一军没有了食物供给，当时多亏了仁慈的野津将军，我才免于饿死在那里。从此之后我就吸取了经验教训，当我跟随第二军出发时，我就带足了三个月的粮食，还备了一头驴来托运这些粮食，并且带了一位厨子来准备这些食物。

唉！我跟随参谋总长，他行进的速度要比那头驴和那位厨子要快 3 倍之多，因此当我需要他们时，我却从来看不见他们。然而，我很感激新井（Araï）（厨子）的帮助，他是一位有智慧的厨子，尽一切努力尽快地赶上了我，当他一见到我时，无论当时已经多晚或是他有多累，他都会生火，然后为我做一顿非常美味的饭菜。

吃完饭后新井会来收拾我的衣服，他会给我一些换洗的衣服，还在我的口袋、手枪皮套和马靴小袋子里放一些"亨帕"（Huntley and Palmers）饼干、巧克力和罐头。非常短暂的休息之后，他凌晨 4 点就起来为我们准备早餐，之后就又牵着那头驴出发了，如果有可能的话，他会在当天最晚的时候赶上我们。新井奉献了很多，而我对他也怀着深深的感激之情。

正如我是到达朝鲜平壤的第一个外国人，我也是唯一一个参加第二军登陆的外国人。我乘坐运输船长门丸号，一直陪伴大山司令官抵达满洲的海岸。到达那里后，得知山地中将率领的一个旅已经赶在了前面，于是我向山岩司令官告别后，就跟随一个叫冈部（Okabé）的年轻翻译官、新井、一位护送我们的士兵以及那头驴出发了。我们穿越了大片陌生的土地，决定赶上先头部队。我们是在第三天赶上的，几乎和我们一同到达的还有一位法国武官拉布里伯爵（Comte de Labry）和他的日本朋友荒田（Arada）上尉。这两位长官是十足的绅士，总是充满着激情和活力，我以前在日本的时候就听说过他们，他们是我珍贵的同伴。对于他们曾给予我的帮助和照顾，我感激不尽，我也会永远铭记我们之间的友谊及他们对我的关怀。

我和拉布里伯爵是跟随山地中将先头部队一起出发的仅有的两个外国人，我们参加了日本攻打金州和大连湾以及最后夺取这两个军事要塞的战役。另外，这次战争毫无悬念，因为中国人不做任何抵抗。但是，我们有时候的行军旅途很艰难。这里很缺水，无论是饮用水还是洗澡水都极度匮乏；我们有时还会缺粮，更糟糕的是，我们不得不在中国人那些又脏又臭的破房子里度过许多个夜晚。

夺取金州的前一个夜晚，我们一直行军到夜里 11 点或 12 点钟才到达宿营地，就在距离清军营地不远处，而此时我们已经筋疲力尽。

这里有四五间旧农舍，我们住进了其中的一间。新井此时还没来，我们已经近 48 个小时没有见到他了，而且什么吃的也没有。我们肚子空空，饥肠辘辘。我们刚要在军队为我们搭建的简易草床上躺下来时，啊！太好了，突然听到从院子深处传来"咕咕咕"的声音，我们马上冲了出去，发现了两只老母鸡。

我们做了一个非常慷慨的决定，把其中一只鸡给了将军，我们自己留下一只。

"新井不在这儿；谁来做这只鸡？"

"啊！当然不是我了，"这位法国武官喊道，"我更喜欢睡觉，谁不睡觉谁来做吧。"

"这是世界上最简单不过的事了，"荒田上尉说，"我只需要 5 分钟就能把它做好。"他突然抓住这只鸡，把鸡的两只爪子、翅膀、内脏和所有的东西都用一捆稻草包了起来，然后放在火上烤！

你可以想象接下来会发生什么。在我们眼前是一堆烧焦的稻草和一团不知道什么形状的黑漆漆的东西，非常恶心，令人作呕，而这就是 5 分钟前的那只鸡。此时我们已经都饿得没有力气去吃了。

凌晨 2 点，我被难以忍受的痉挛痛醒了，此时我的胃也饿得开始咕咕地叫唤。在用来照明的小夜灯微弱的灯光下，我发现拉布里伯爵也醒来了，我顺着他的目光，看见他盯着那只日本上尉放在我们旁边的"荒田烧鸡"。

"我快要饿死了。"

"我也是！"

"我们还吃吗？"

"吃吧！"

哎！我们也只是尝了尝，然后就开始为自己当时的处境感到遗憾和痛苦。这种感觉糟糕透了！

在天还没亮之前我们再次出发了。夜晚时分，日军已经占领了金州上方的军事阵地，金州已经处在日军炮兵部队的完全掌控之下，因此日军炮兵部队能毫不费力地向前行进。

我们一直追随着山地中将及其参谋部，一路狂奔到被野战炮占领的阵地，此刻日军迅速朝着金州的城墙壁垒开火，在这里我们看到了很多着装鲜艳的中国人和数以百计的巨大军旗。

　　这一切太具有戏剧性了。双方刚一开火，这些着装艳丽的官兵就撒腿拼命逃跑了，各种军旗和战旗也灰溜溜地跟着一同消失了，而就在此时，日军的号角手吹响了冲锋号，我们看到，日军步兵突然从各方隐秘处向着敌军冲去。

　　这是一支天才的部队，他们在夜晚时分十分小心地向着敌军的阵地慢慢靠近，很快就到达了这座城市的城门口。突然，一包炸药……砰的一声！金州属于我们的了！

　　"前进！"山地中将喊道，我们跟在将军身后向着那些城墙壁垒飞奔而去，而此时此刻，我们看到一个固执的中国人，一个比其同伴勇敢的中国人，仍旧坚持在战场上，朝我们开火。

　　数颗子弹在我们的耳边呼啸而过，我们此时感到一种强烈的不安。突然，我们看到军医官和他骑的马倒了，我们以为他被打死了，但幸运的是，是他的坐骑一失足给摔倒了，这位聪明的军官没受任何伤。

　　在金州的城门处我们停了下来，我们得到命令，决定在这里等着，直到这座城市的所有区域都被日军占领。

　　而此时我们对此并不太在意，因为我们感到越来越饿了。

　　我想起来在向这座城市进军的途中，我们经过了一片萝卜地。于是，我没有告知我的同伴们，自己一个人又返回去寻找那片萝卜地。不久我就回来了，还为大家带回了一些萝卜，当时我就在想，如果能再有一些鸭肉，配上这些萝卜一起吃，那就更美妙了。我们带着那种想再配些鸭肉吃的强烈欲望，就这样嘎吱嘎吱地干嚼着这些萝卜。

　　最终，我们进入了这座被占领的城市，在里面安营扎寨下来。这是一座被中国人几乎抛弃了的城市，但我却听到了一个令人高兴的消息，说这里有一个老年居民很勇敢，留了下来，他那里还有一些母鸡。我听后飞奔到了这个老人家里，但是，哎！他只有一只母鸡了，而且这只鸡已经留给了将军。

我失望之极，正打算从老人家里出来时，这个老人说道："但我这里还有一些鸡蛋。"

我高兴地跳了起来，向着这位老人喊道："一些鸡蛋，我可以买下你的鸡蛋！快！那些鸡蛋在哪儿？"

这个老人消失了几分钟后回来了，每只手里握着一颗鸡蛋。

"我有两个鸡蛋，"这位老人说。

"好，它们一共多少钱？"

他摇了摇头。

"我不能就这样卖给你，"他说道。

"？？？"

"不，我先卖这一个。"

他把握在右手里的鸡蛋拿了出来。——我当时在想，这个老人一定是疯了。

"好，那么这颗鸡蛋，你想要多少钱？"

"你给我2分钱（centimes）吧。"

"啊！我要了。另一只呢？"

他把另一颗鸡蛋拿在胸前心爱地抚摸着，"这个要你一个法郎（franc）。"

我顿时目瞪口呆。

"你是傻了吗？"我喊道，"你能给我解释一下吗？为什么那颗鸡蛋2分钱，而这一颗就要1法郎呢？"

"这是因为，那个要你 2 分钱的鸡蛋是新鲜的，它是昨天刚下的蛋。"

我越听越不理解了。

"瞧瞧，这个新鲜鸡蛋你要 2 分钱，为什么那个你却要 1 法郎呢？"

"因为这颗鸡蛋比那颗时间更长。这颗鸡蛋，我保存它已经有两年多了。"

"好吧！朋友，如果你喜欢那颗鸡蛋的话，你再保存它两年多吧。"

但是，站在我身旁这位陪同翻译，他的双眸告诉我，他对这颗鸡蛋已经垂涎欲滴。他恳求我拿出 1 法郎作为预付给他的工资，把这个鸡蛋买下，因为他非常渴望享用这顿超级美食。

我同意了他的请求，但我给出的条件是，他得在离我们房子至少 500 米远的地方享用这颗鸡蛋，而且第二天才能出现在我的面前。这只是因为，当我面对一个两年前下的鸡蛋那诱人的味道时，我会无法控制自己。[①]

（胡亚美译，来源：A. B. De Guerville, *Au Japon*, Paris: Alphonse Lemerre, Éditeur, 1904, pp. 243–255.）

[①]　事实上，中国人在保存鸡蛋时，他们会在鸡蛋的外面包上一层石灰，这样做是为了防止空气进入到里面。被保存的鸡蛋往往被当做最美味的佳肴之一。——原注

6. 忠诚

在中日战争的这段岁月里，动物在我的生活中扮演了十分重要的角色。在我跟随大山司令官和第二军上船之前，我询问了军事当局是否有可能在运送我的行李时带上一匹马。他们答复我说，大山司令官会在我上岸时为我安排一匹马。果然，就在我准备出发去追赶先头部队和山地将军时，一匹小型日本马就为我准备好了。

这匹日本小马的腰部和膝盖都很虚弱，站起来很吃力很艰难，腿还会颤抖。然而，这匹小马一路上拉着我直到抵达山地将军的营地。我们夜里时分到达营地，在寒冷的天气下行军一天后，我得了很严重的鼻炎。一整天，我都在不停地流泪和流鼻涕，而且一直高烧不退。我睡下后心中却忧虑重重，担心以自己这样的身体状况无法再跟随先头部队出发了。

但令我惊奇的是，第二天早晨当我醒来时，感觉很好而且精力充沛，所有重感冒症状全都消失得无影无踪了。然而，令我惊奇的事情并没有到此为止。就在我们准备出发的前几分钟，新井告诉我说那匹日本小马病得很严重。于是，我请了军队中的一位兽医过来为这匹小马做一下检查。当这位兽医第一眼看到这匹小马时，说它着凉了，"患了重感冒"。就在当时，大家都认为是这匹聪明忠诚的小马帮助我摆脱了感冒的困扰，无私地承担我本该承受的痛楚。但无论怎样，这匹可怜的小牲畜是不能再向前行军了。如果不是荒田上尉不得不把一匹军械马借给我，我会陷入极大的困境，只是可怜这个骑兵不得不因为我而徒步行军，而且他的服装不便于行军。

日本的马匹数量非常少，在军队里骑兵部队的地位也微乎其微。在和平时代总人数为15万人的常备部队中，骑兵部队只有3000人。第二军有17000人（不包括负责军需物资供应的近1万人的军夫），而其中的3个骑兵队只配有120把军刀，即总共有360个骑兵作为童子军负责军队侧翼防止遭受突然袭击。也就是说，马匹在军队很稀缺，因此我换马的希望很渺茫。然而，我可以先带着这匹马，到夺取金州之后，那时日本人手中就会有几匹好骡子了。

多亏了荒田上尉，一头上好的白骡子分给了我。以前从未见过骡子的日本士兵（因为在日本没有骡子这种动物）好奇地看着这些动物，就犹如爱斯基摩人看见大象时的表情。

日本兵称这些骡子为"中国马"。一天，我尝试着给一群步兵讲述这种动物的起源，然而我却是白费力，他们狂笑不止好似患了中风一样。

这些日本士兵用难以描述的惊奇目光盯着我的白骡子，在他们看来，日本马从一开始就显示出了对这些骡子的极度厌恶。

第一天，我勇敢地骑着这头白骡子加入了大山司令官的参谋本部。然而，司令官和其他军官的马都因遭受到了意外的惊吓而狂尥蹶子和狂跳不止，肆意乱冲，惊恐不已。

因为惊吓来得如此突然，以致参谋本部近一半的官兵都从马上摔了下来。如果此时来一颗炮弹降落到这里，就会造成更大的损失。当然，什么也没有我这头白骡子的反应强烈，它一受到刺激就狂躁不已，四处乱尥蹶子。

这头可恶的牲畜显示出了它所属品种的所有特性，它的倔强脾气还真不小。好多次它都突发奇想地选择一条和参谋部截然不同的路，又突然间奔向一个莫名的方向，因此我常常不得不经历一段极为糟糕的时刻，而且还心中焦虑重重，总是害怕自己会掉队，然后落到中国人的手里。而且为了能把这头骡子带回到正确的行军路线上，我往往得经历一场同它的艰难斗争。

11月19日晚上，我们到达了土城子（Doshioji），它离旅顺前方的防御工事一个炮程的距离，我们相信进攻会在第二天展开。我承认，我没有这样的勇气骑着一匹如此可怕的骡子上战场。我觉得这头骡子一定是想回到它原来的主人那里去，加入到中国人的队伍中。我一直在想，他会突然冲到他们那里去吗？如果是这样，我就会因此而陷入一个"极妙"的困境。因此，为了不使自己一直陷在惊恐之中，我决定先去采访一下参谋本部的副长官。

他对我说："我亲爱的朋友，我们所拥有的马不足我们需要的十分之一，但如果你是一个好的骑手，我可以帮助你摆脱困境。我有一匹马刚刚运来，这是一匹年轻而结实的种马，已经有三四个星期没有人骑过了，所以它可能不太好骑。如果你喜欢的话，我很乐意借给你。"

当然要换掉这头白骡子！因此我很高兴地接受了这匹马，但是我的喜悦并没有持续很久。

这匹种马犹如魔鬼附身，异常暴怒。第二天，我刚一爬上它的背，我就明白这是犹如登上了一座真正的火山。我一整天都在和这个疯癫的动物作可怕的斗争，以致使我一回到营地就冲去见了参谋本部的副长官，嚷着要回我那头有名的白骡子，毕竟它也把我驮到了旅顺。我就是骑着这匹白骡子顺利地向这座城市进军。

驮着食物的驴和新井在后面紧紧地跟着我。新井是位善良的家仆，他洋洋得意地在怀里搂着一只中国小狗，它非常可爱，而且当时我收留它时场面非常感人。

旅顺周边的防御工事落入了日军之手后，大山司令官和他的参谋本部占据了一个可以俯瞰整个城市的战略高地。这里有一座小寺庙，以前被用作敌军的观察哨，现在这里遭到了日军炮弹的袭击。

寺庙附近到处是中国士兵的尸体，而在他们之中，就在这所寺庙前，一位军官的半个脑袋被炮弹炸烂了。但参谋总长下令要在这位军官躺着的地方放置一架望远镜，于是命令两三个军夫上前把这位军官的尸体搬走。就在这个时候，一只可爱的小狗，顶多只有拳头大小，因惊吓和寒冷而不停颤抖，它之前藏在了他死去的主人的袖子里，此刻它从里面跳了出来。

这只小狗全身的毛都竖了起来，咆哮地龇着牙，守在它主人的身边，准备保卫它已死去的主人。

看到这只小狗的军夫一阵惊讶之后，打算把这位军官的尸体移走，但就在此时，小狗跳到了前面，狠狠地咬住其中一个军夫的手。这个军夫发出了非常痛苦的尖叫，抓起一根大棒想打死这只狗，我立刻冲到了前面，把这个小东西抱了起来，而且表明我要保护这只小狗。它在我的怀里奋力地挣扎着，四处狂抓乱咬，我使出了浑身解数才将它控制住。

日军占领旅顺两天之后，一位参谋本部的长官过来找我，并告诉我说司令要在旅顺挑选一批奇特的动物运到日本天皇那里。在这批动物中有驴，有著名的骡子和一头单峰驼。他问我愿不愿意把我的这只小狗加入到这批动物中，但是我拒绝了，因为我已经离不开它了。

这位军官问我："你怎么叫那只狗？"

"我的天啊，我实在太忙了，以致没有时间给它起个名字。"

"那叫它'旅顺'吧，这是一个具有历史意义的名字。"

"是的，但这个名字对这么个小牲畜而言显得太长了！"

A. B. 德·盖维尔和小狗"忠诚"（来源：*Leslie's Illustrated Weekly*, Jan. 1895.）

"那么，就叫他'忠诚'（Fidèle）吧，因为它对那位死去的可怜的主人的爱着实令人感动。"

"其实，"我说，"我想给它取一个日文或中文的名字。"

"太好了，我想到了，就叫它'Chiu-ji'吧，是中文的'忠诚'。"

不用说，"忠诚"再也没有离开我。我把它带回了日本，然后我们又一起踏上了去美国的旅程。

那时，我不知道一位来自大型插图英文报纸《画报》（*The Graphic*）的摄影师为那位死去的中国军官和蜷缩在他怀抱里的"忠诚"拍摄了一张照片。

有一天在纽约，当我在一家常去的俱乐部的图书馆里安静地读着报纸，身边一位朋友正在浏览最近来自伦敦的画报，他突然喊道："啊！你们知道吗？这是忠诚啊！"

原来，在这本著名的伦敦画报的扉页上，刊登了一幅由其日本记者拍摄的照片。但有一个奇怪的巧合是，一位英国编辑给了这张照片一个名字："永远忠诚"。

勇敢的小忠诚！

（胡亚美译，来源：A. B. De Guerville, *Au Japon*, Paris: Alphonse Lemerre, Éditeur, 1904, pp. 259–266.）

朱利安·拉尔夫：中国面临的最大危险

　　清朝官吏都是些腐败的无赖，他们长期虚报军队人数，事实上只有很少的士兵，而他们却将这些多领来的薪水中饱私囊。当他们接到命令要拉起队伍的时候，他们就征召了很多新兵，并且强迫他们参加战斗。我想说的是，这是我调查到的情况。这种乌合之众拼凑的军队大量从上海登船。……幻想他们去抵抗一支训练有素、装备精良的部队，无异于把太阳想象成一只南瓜。

——朱利安·拉尔夫

　　【编者按】朱利安·拉尔夫（Julian Ralph，1853 — 1903 年）生于美国纽约，13 岁时便进了新泽西州一家报社的印刷厂当学徒，在那里积累了许多有关报社工作的经验。1873 年，他进入纽约《每日画报》（*Daily Graphic*）工作，1875 年又到纽约《太阳报》（*The Sun*）。他为《太阳报》工作了 18 年，成为一位受到美国读者尊敬并有影响的报道者。由于《太阳报》不同意给报道者署名，因此拉尔夫经常为《哈勃周刊》（*Harper's Weekly*）撰写署名文章，由此使他有了一定的知名度。1894 年中日甲午战争爆发后，他作为《哈勃周刊》的特派记者到远东

弗雷德里克·维利尔斯、朱利安·拉尔夫和詹姆斯·克里尔曼（来源：Valerian Gribayedoff, "The Modern War Correspondent", *Munsey's Magazine*, Vol. XIII, April 1895.）

从事战事报道。但他并没有像克里尔曼和盖维尔那样去日本作为日军的随军记者，而是在中国从事报道，并在中国一些地方旅行。1897年，他将其在中国的经历和见闻写成《独行中国》一书出版，在美国引起了一定的反响。由于拉尔夫的采访报道活动主要在战争后方的上海等地，因此他对于战争的报道不像克里尔曼和科文那样能够详细描述战争的经过，而是对有关战争的一些问题提出思考。本章内容便是译自他发表于《哈勃周刊》上的3篇文章。

1895年之后，拉尔夫曾先后为纽约《日报》（*Journal*）、伦敦《每日邮报》（*Daily Mail*）、纽约《科利尔》（*Collier's*）周刊等工作，报道了希腊与土耳其的战争和布尔战争。他一生有多部著作，除了《独行中国》（1897年）外，还有《我们伟大的西方》（1893年）、《美国南方》（1895年）、《战争的光明面》（1901年）、《一个新闻记者的塑造》（1903年）等。《一个新闻记者的塑造》是一部回忆录性质的作品，回顾了他的战地记者生涯，包括他在中国做记者的经历。

1. 在日本和中国的战地笔记

我在日本遇到的所有欧洲人都声称，即使他们身处某些与战争无关的国家，也比他们在日本对中日战争的了解要多。他们说，他们可以从纽约和旧金山的报纸中获得那些最为明智和可靠的消息。因为某些原因，日本政府只允许那些有利于日本方面的新闻发表，结果自然就是没有人相信那些刊登的简报。在上海这个地方，情况也大同小异。报纸上也只刊登那些得到中国当局认可的消息，但是事实是中国人比他们的敌人更宽容——或者说是更粗心大意，因此这里报纸上的报道，常常在字里行间透露出不利于中国军队的消息。顺便说一下，我指的只是在两个国家的欧洲报纸，并且在我看来，横滨的欧洲报纸明显支持中国，而上海的欧洲报纸是亲日的。在上海的欧洲人非常清楚，中国在战争中的失败会进一步打开中国市场，而这会比一百多年来和平贸易更开放，这种看法从英国的报纸中反映出来。在中日两国，这些来自战场的消息本身被认为没有任何价值，关键是读者的分析评论。比如，当我在日本长崎的时候，我得到了关于平壤战役的消息。报道称日本仅以 36 人的代价就消灭清军 20000 人，此外还俘获 3 艘中国军舰。当人们读到这一消息时会说："这些细节当然是荒谬的，但是这看上去似乎发生了一场较大的战役，而且似乎日本人获得了胜利。"当我到达上海的时候，一条关于这场战役的 500 字简讯出现在英文报纸上。这个简讯承认了平壤的陷落，并且对海军交战作了非常沉重的描述，其中提到中国海军提督阵亡了。这里的欧洲人立刻将这条消息放到了报纸的头版头条，然后另一版是其他简讯中没有提及的内容，这是为了让读者看得更清楚。他们总结道，清军肯定败得很惨，否则已把它说成是一场胜利了。他们认为作战双方都损失了三艘战舰，中国剩余的海军力量或者撤退或者逃跑，很多用于运输的客轮被日军俘获。在这种情形下，中日双方都将一些微不足道的电报消息进行夸大报道。你在美国对朝鲜战况的了解，会比中日双方的人民知道得更多，即使你获得的消息很多都是虚构的，而且一定会有很多虚构，因为记者被警告远离战场。

据说在日本，行政官员坚持要保密，因为他们担心革命。如果他们确信日本将会打败中国，那么他们会自吹自擂地宣传，因为没有什么能够比赢得这场战争更能加强日本政府的凝聚力。战争的失败会使人们加入到主张革命的反欧洲阵营中。因此我们看到，这两个国家的进步事业都与日本军队的胜败联系在一起。我们也可以看到，清帝国对待文明和基督教是多么野蛮和反复无常，这使得没有大国会帮助它。日本人封锁战争新闻的另一原因是，日本政府不想让他们的人听到关于死亡的可怕消息。这是日本的第一次现代战争。日本武士过去常常是近身肉搏。日本人民无法理解现代战争造成的这样可怕的牺牲。自始至终日本都通过彩色印刷向民众展示战争场景。在所有的这些印刷品中，日本人都骑在中国人身上，或者击沉中国军舰，或者向中国军队开火。到处都可以看到那些明智的人丢掉这些写有象形文字的奇怪的报纸。当我在日本的时候，到处都充斥着政府征集战马的呼吁。即使是东京的货运马车或者普通民众的马都被征集使用。在神户，铁路由政府掌握专门用于军队物资的运输，将这些物质装船运到朝鲜。当一支150000人的队伍出征之后，政府主要用铁路为这些士兵运送冬天的军服。这支军队包括长期服役的士兵和 50000 名首次服役的士兵，这就是日本所有用来对阵北京的军队。在军容和军纪上，日本军队可以与任何欧洲军队相媲美，包括德国军队。所有的制服都是欧式的，并且所有的军队和配备都是最先进的。士兵的衣服非常的合身，好像每个人都有私人裁缝量身定制。官员在很多场合下也非常注重衣着。不仅如此，行军和遵守纪律的行为近乎完美。日军行军看起来非常壮观。一件让我记忆犹新的事情是听他们唱自己作曲家写的战争歌曲。这些歌曲的音乐有些是古典日本音乐，但是用欧式风格改编成了军乐队歌曲。你有时会看到日本的军团一边学习令人兴奋的新歌曲，一边整齐地穿越一个安静的田园乡村。每个军官都带着一本小书，大声朗读着其中的诗篇。然后人们唱着这些诗词，他们行动整齐，很有秩序，整个军团都在一起合唱。

中国就没那么乐观了，很难说对其军队有赞美或尊敬。清朝官吏都是些腐败的无赖，他们长期虚报军队人数，事实上只有很少的士兵，而他们却将这些多领来的薪水中饱私囊。当他们接到命令要拉起队伍的时候，他们就征召了很多新兵，并且强迫他们参加战斗。我想说的是，这是我调查到的情况。这种乌合之众拼凑的军队大量从上海登船。他们穿着东方式的军服，头上裹着头巾，穿着一种颜色与另一种颜色拼接的外衣。他们像科克西失业请愿军（Coxey's army）——随意穿越草地、道路和人行道，一边走着一边高呼或兴奋地交谈、争吵不休。他们用各种方式（或者可以说是任何他们能够想到的方式）带着他们的步枪。每个人都带着油纸伞，下雨的时候就撑着。当太阳高照时他们将伞挂在背上。从头顶上的旗帜到脚上穿的鞋子，都是华而不实、破旧不堪、杂乱无章；他们纪律松懈、愚昧无知、滑稽可笑，走在路上对于旁人来说是一种威胁。幻想他们去抵抗一支训练有素、装备精良的部队，无异于把太阳想象成一只南瓜。

我没有看到这里的民众对这场战争有多么兴奋。在上海，我指着浦江饭店（Astor House）墙上一张矿泉水公司的海报，问一个中国男孩那是不是日本的公司。作为回应，他走上前去将海报扯下，并且将它扔到地上。我离开了，但半个小时之内我又回来了，这时他已经将海报又贴到了墙上。在上海的欧洲租界，一家文具店里挂了一张朝鲜地图，我注意到那里总有一些苦力（coolies）站在它面前审视它。在上海的中国人老城区，我看到一个小贩正在叫卖或者试图兜售有关战争的彩色印刷品。他站在一个前面隔着厚实木栏杆的小房子里，而每天有一大群苦力靠着栏杆站在那里探讨印刷品上的内容。"哎呀！"是他们最常说的话，这是他们看到了五只脚的猫或者是手推车倾斜将乘客摔到街上时才会大声说的话。他们似乎不会去买印刷品，虽然每份只要2分钱，而且它描述了日本人造成的可怕破坏。"倭军"（正如皇帝在其宣战中这样称呼日本人）似乎会在来自中国要塞的可怕轰炸声与猛烈开火中，从军舰中出来涉水上岸。倭军也被描绘成一排排地跪在地上，祈求中国士兵的宽恕。然而，没有人愿意买这些印刷品。艺术家威尔顿（Weldon）先生被警告不可在中国城市里写生，以免被当做间谍；但是，到目前为止他随时随地都可以画他的速写，而且围观者的态度一直彬彬有礼并饶有兴趣。富有的商人和官吏了解局势，据说都非常关心中国的命运，并且在这一特殊时期情绪低落。

　　最近，这里有1500名日本人曾经非常急切地想回日本。他们由我们美国总领事佑尼干（T. R. Jernigan）先生保护，因此他不得不面对一种非常微妙和难堪的情形，而他对此情形的处理方式给他在这里带来了很高的声望。他送走了所有的日本人，但有70个日本人除外——他们似乎希望待在这里，更不用说两个不幸的年轻人了，他们落入了中国政府之手。这两个年轻人是一个学校的学生，这个学校有70－80

名学生在学习这个国家的语言，这个国家是所有日本文化的根源和源头——它的艺术、优雅、语言等，总之是除了它突然的现代化之外的一切东西。

　　这两名年轻人是在上海的法国租界被捕的，因为法国领事只能将其移交给中国政府，因此他们进入了美国的保护之下。[①]佑尼干先生告诫他们，他们必须遵守美国政府的决定，否则他就不能给他们提供暂时的保护。他们说，无论华盛顿怎么处理，他们都会感到满意。在他们身上，或者是在他们的行李中，发现了一张满洲地图和一些上海附近设防地的示意图。因为他们是十七八岁的学生，除了中国人外没有人相信这会是一件严重的事情。佑尼干先生收留了他们，并且与北京的代理公使小田贝先生（the younger Mr. Denby）沟通。他将此事告知美国国务卿，两三个星期之后，葛礼山（Gresham）先生发电报给佑尼干，要他"将日本人转交给中国"，这一命令震惊了这里所有的人，也激怒了美国人。这两个男孩勇敢地面对了自己的命运。佑尼干先生采取了非常聪明的做法，将这两个小伙子所有物品的复件和记录都保留了下来，并且要道台（Taou Ti）或者说上海地方长官承诺善待这两个小伙子。现在他们在南京。如果他们能够脑袋扛在肩上回到日本，那将近乎是奇迹。如果一开始就把他们转交给了中国人，他们可能已经死在上海了。他们本该做的事情应该是进行一项调查，当调查情况报告交给中国人之后，如果他们是无辜的，就不可能给他们定罪。

（彭鹏译，来源：Julian Ralph，"War Notes in Japan and China"，*Harper's Weekly*，November 10, 1894, p. 1076.）

[①] 中日甲午战争时期，根据美国政府与中日两国达成的协议，中日两国在对方国土的侨民由美国外交官提供战时保护。——译者注

2. 中国有战胜的机会吗?

现在看来，人们认为战争实际上好像已经结束了，因为日本人已经扼住了中国经济的咽喉，并且提出只有在中国进行一系列战争赔款的基础上才会停战和谈。在我的上一封信中，我尽力去展现"贫穷古老的中国"是怎样一个比毫无战争准备而没落的古老帝国更糟糕的国家。写了这封信之后，从《德文新报》(*Der Ostasiatische Lloyd*) 中获得了启发，对于双方国家在战争中的形式我又产生了新的看法。很明显，《德文新报》的编者的工作是基于事实的，并且编者要么是军事家要么是外交家。他认为在这场战争中日本投入了 15 万人的兵力，且这批军队"装备之精良堪比当时西方最好的军队"。这些军队中的士兵至少已服役了 1 年，更多的人已经服役了 3 年。然而在 25 年之前，日本的士兵还戴着厚重奇怪的带有铁面甲的头盔来抵御敌人，以锁链和涂过漆的胸甲来使其胸部免于伤害，将领手拿扇子站在最前面。编者探究了日本军队如此急切地改编自身军队的原因，以及回答了中国经常产生恐慌的原因。中国把日本视为亚洲的叛徒，它在琉球群岛 (Liuchiu Islands) 和朝鲜问题上产生了恶意的看法，尤其朝鲜一直被认为迟早会是东方大麻烦的源头。因此日本不得不改革其军队，改革程度陈述如下：

> 每个日本男人都有义务在 17 — 25 岁服兵役。陆军分
> 为以下几个部分：(1) 常备军；(2) 常备军的预备役部队；

（3）后备军；（4）本土自卫队。士兵必须在常备军中服役 3 年，在常备军的预备役部队中待 4 年，在后备军部队中服役 5 年，在本土自卫队中服役 11 年。因此整个服役期理论上是 23 年——整个期间是 17—40 岁之间——但实际上只有 12 年；第二类和第三类士兵每年只服役 60 天，而本土自卫队只有在战争状况下才召集。因此在日本也和在德国一样，那些持有某一阶层审查证书（examination certificate）的人只需服役 1 年；这些参军的志愿者必须自备衣食。如果每年严格实行征兵，招募到的士兵会比政府所需要的更多——估计每年可招募到 20 万新兵，因此制定了一项免除服役的制度。除了残疾人及诸如此类的人，以下几类人也可以获得免役：身高不足 4 英尺 11½ 英寸的人；两个兄弟中的一个如果兄弟俩同时被招募，或者已有一个兄弟在军队服役；一个人的兄弟在服役期间牺牲或者变成残疾人；族长；神职人员；在公立学校中的教师；在政府认可的教育机构中就读的学生；医生；不能由他人代行职责的政府官员。但即使这些人不用服役，平均只有 40% 的人需要服役，征募的士兵人数仍大大超过需求。由于这个原因，政府制定了一套专门用于应对多余士兵的特殊制度，即让这些新兵抽签，多余的人只服役一年役，然后成为常备军的预备役。所以，这些"多余的"士兵人数是不固定的。

先不考虑由 2880 个人组成一个兵团这一特有现象，整个军队的编制和我们国家稍有不同，我们可以发现日本分为 7 个军区，每个军区由一名将军管理，名义上有一支 21 万人的军队。陆军大臣负责召集和组织军队，天皇的叔叔、将军有栖川（Arisugawa）亲王作为司令官领导和指挥军队。骑兵部队是日本的弱点。日本只计划建立671人的现役骑兵部队和788人的预备役部队。这种现象应该是由日本这样一个多山的国家不便大规模应用骑兵而造成的。因此，为了这场战争，日本努力将骑兵力量扩充到3000人并增加马匹数量。但是，德国官方说，这支军队"实际上是一支欧洲军队，其训练方法模仿了欧洲军队，尤其是德国军队。除了小且难以扩大的骑兵部队以外，当日本军队行军路过任何一个欧洲国家城镇的街道时，看第一眼，绝对不会认出这是一支东方军队。每一位有机会见到日本步兵团操练的外国专家，都会对其作了普鲁士卫队中的劲旅才有的各种改进方式表示钦佩。骑兵的训练也十分优秀，尽管矮种马难看的外观有损形象。炮兵部队及射击练习也十分完美，无可挑剔"。

当这位德国作家描写中国军队时，他为我们展现了一幅迥然不同的画面。他告诉我们，正如我们所知道的那样，作为统治者，总督（每位总督统治2个省）为其各自省份的安全要向皇帝负责；每位总督有他自己的军队体系；并且每个省都有双重驻军，即帝国的军队和总督的军队；一个长官更关心自己的军队，而较少关心其他军队；有的会雇佣欧洲教官，而有的则不会。最后，沿海省份的总督必须提供战舰，一部分用来对付海盗，另一部分是中央政府可以用来向其臣民施压。很自然每位总督的兴趣仅在于维护自身努力得来的果实，无论怎样都不愿意去帮助一个不能很好保护自身的邻居，尤其是因为他必须承担沉重的战争负担，但许多内陆省份几乎没有这种负担。每位总督都要确保自己所辖省份的安全，而且要以项上人头为担保，因此在战争中不可能协同行动。而且，这种自私自利的策略渗透到每一级，因为军官只对地方官负责军队的部署和士兵的福利。资金和物资的情况也是每支军队都处于一个完全自我封闭的状态，据说实际上在一些内陆省份，总督的军队被邻近省份官吏视为敌人。"在中国，和其他任何一种职业相比，较少有人会考虑入职军队。军队长官位列文官之后，通过在文官中的亲信的支持得以晋升。成为一名军队长官不需要任何培训，甚至中文方面的训练。在这里，较高的官职可以出售，较低的职位则赏赐给朋友和亲戚。可能除了在旧式的中国军队中，很少有人知道有些官职的实际作用是什么。另外，中国的原则是每一个通过了科举考试的人都适合担任高官，他们可以入职陆军，入职水师，或者就职于法庭，因此军队的高官里充斥着完全不懂战争的官员。"

中国军队在操练时寻求形成一个紧密的群体，由此产生密集射击。当在最近的战争中证明了这一方法无力对抗欧洲军队时，他们又重新使用弓－剑理论，退回营中，关起门来，等待进攻。没有一个军营会打算去帮助陷入困境且在其射程范围内的邻居。这一文章描述了最近广州的步兵训练情况。军队中滑膛枪和使用长矛的人混在一起，其装备是前膛装填的枪炮和 20 英尺长的长矛。军队的每一部分都有 2 面旗帜，作为敌人射击的目标。所有的操练活动都通过敲打军队前方的大锣来指挥，许多东西的改进让欧洲人难以理解。

我见过许多曾目睹中国军队操练的亲历者。最近有一个人告诉我，

清军及其旗帜（来源：*Harper's Weekly*, New York, Jul. 28, 1900.）

说他看到一些军队在厦门演习。他们有数量惊人的旗帜，同样也通过敲锣来指挥演习，他们演练的方式就像我们过去常看到的寄宿学校的女孩子在军训中那样，仅仅是装饰或者是以相当蠢笨的姿势行动着。更可笑的是，几个士兵拒绝参加训练，中国的指挥官在和他们争论之后，允许这几个士兵回营房休息。在中国大多数的军队中，纪律都十分涣散。在这里你可以看到一个普通水兵在军舰的后甲板上，即水师将领的营房前被敲诈。你也会看到一个普通水兵在岸上和他们在最高将领一起喝酒。据说战舰上的全体船员有个传统，就是在新年这一天和他们的将领一起赌博，当然正如人们所料想的那样，士兵会故意输钱给他们的长官。我在中国看到的最漂亮的行军部队，就是所有的士兵都怀抱枪口，把枪尾放在肩上，子弹盒在枪筒上来回晃动。一些人手拿扇子，一些人把扇子放在后脑勺的衣服领子里。据说高大的北方中国人善于打斗，如果有一个好的将领，正如在旅顺战斗中表现的一样，他们会在整场战斗中勇敢地拼尽全力。所以一切皆有可能，少将戈登（General Gordon）就是一个例子；但中国人从总体上讲是一个爱好和平的民族，至少不好战。街头争吵也只会引起相互推搡，不会有别的，除非一个中国人表现得非常愤怒，引起那些和平者关注并支持他，从而产生喧闹。通常都是由一些朋友去帮他，发生前所未有的喧闹声，但最后都会没有伤害地收场。一个住在厦门的欧洲人告诉我，最近中国的旗舰和炮艇来到港口，海军将领穿得像炮艇上船员中的一名苦力。他害怕受到日本人的攻击，他猜想，如果他伪装起来藏在全体船员所乘的小船上，而他的将旗却依然插在他应乘坐的船的甲板上，这样他就不会被日本人发现。很可能日本人永远不会发现他，因为几天前，他们在中国海域上搭乘了一艘运输船离开了，上面装载的很可能是军队。船上有一支由 400 名可怜的苦力构成的中国军队，他们入伍是因为受到了以下承诺的引诱：当了兵就可以有足够的钱去填饱肚子。他们脱下制服并将其扔入蒸汽船的炉子中烧掉，日本人一无所获地离开了，日本人做梦也没有想到那些衣衫褴褛、粗野的农民会曾经愿意或者被要求服役当兵。

德国官方宣称，中国军队的情况并非是一成不变的。中国也有改进，主要是在武器装备方面的改进，还针对中国特点改革了一些战略战术。直隶总督李鸿章很不幸地在这场战争中首当其冲。几年前，他在之前雇佣的欧洲教官的建议下大胆采取了积极的改革，并取得了一些进步，但由于力量薄弱，改革失败了。2 名德国教官训练了直隶的步兵，其影响现在依然很明显。操练进行得很顺利，尤其是慢速和快速行军，但大部分人对军事知识匮乏和难以判定战争形势的缺点也是显而易见的。这些军队中一些受过训练的非现役教官派送到帝国各地，由于这些二传的方法和这些技术不娴熟的教官代替欧洲人的工作，从而在训练中保留了很多本土习惯，而国外原初的教学几乎没有传下来，结果其训练和拙劣的旧式中国军队训练并无多大差异。最初，德国人在直隶培训军官和士兵。最终，其他省份的官员依然停留在原始愚昧无知的境况之中。最成功的改革是在武器方面，直隶的军队主要装备德国步兵团的步枪。德国政府认为中国永远都不会有真正的骑兵武装。因为没有适合战争的马匹。中国的战马是蒙古矮种马，这种马又小又轻。骑兵被称为"灵活的步兵"，以比其他兵种能更迅速地摆脱敌人而著称。骑兵携带的武器是温彻斯特卡宾枪（Winchester carbines），战斗时骑在马上绕成一个圈，每一个骑兵站好位，一次攻击一个。大炮是中国最喜欢的武器，其原因（无论是不是这一原因）是因为大炮可以发出巨大的声响。无论怎样，德国人在李鸿章的协作下，在直隶组织了一支精良的炮兵部队，所有的武器装备都是由克虏伯（Krupp）家族生产制造的，这支军队还拥有良好的秩序和优秀的教官，以及受过

清军炮兵（来源：*Harper's Weekly*, New York, Aug. 25, 1894.）

良好指导的优秀的枪手。其他省份的军队和直隶省的根本没有可比性。其他省份的马只有 12 只手掌高（twelve hands high）。营地指挥官会有一笔相当可观的钱去购买和饲养马及维持军队，而从中"榨取"的油水使得中国政府官员过着极度腐化的生活。士兵应得的军饷无法得到保障，尽管这是由政府全权负责的，甚至在服役期间士兵的薪水也总是或者经常被克扣。

　　尽管这位德国作家是这样描述这一切的，但在战争爆发之后，如果这是一场持久战，日本将会在战争初期取得胜利，但最终会失败，被驱逐出境。我离开中国的时候（当时旅顺沦陷的新闻还没有在国外报道），每一个欧洲军人都这样说。所有的人都认为，如果日本要想取得战争的最后胜利，他一定要直取北京，否则很有可能在最后被打败。因为在整个冬天休战期间中国军队会有机会发展自身，也有机会更换更有经验的指挥官，并且可以集全国之人力物力，日本兵力在猛烈的攻势下不久就会耗尽。

　　（仙慧译，来源：Julian Ralph, "Has China A Fighting Chance?", *Harper's Weekly*, Dec. 22, 1894, p. 1215.）

3. 中国面临的最大危险

从一开始，中国和日本政府就坚称由他们自己来报道战争的情况，到现在，双方肯定都觉得最初封锁新闻的计划是明智之举。由各自政府的外交机构来写报道，这样一来就可以维护其各自的良好形象，比那些将自己报道成暴徒的新闻要好得多。在我旅行到达横滨时，我听到了一个奇怪的解释，说明为什么基督教国家的记者为了获得某种许可或特权去从事危险的工作，以极大的耐心在东京一周又一周地等待。一个消息灵通的日本人向我解释了记者们所遭遇的冷待。他认为尽管进展有利于日本上层社会，但对于广大的普通民众来说仅仅意味着难以负担的税收，再加上帝国一切有利可图的商业都由中国人和英国人掌握。为了避免国内革命及分散大众注意力，平息国内人民的不满情绪，从而发动了对中国的战争。战争很快彻底地达到了发动的目的。对于这场战争，人们热情高涨，无论农民还是贵族都竞相为战争提供物资和以各种形式表达其爱国情怀。不过，虽然日本是一个好战的民族，我们必须明确的是他们对于现代战争一无所知。他们过去在封建主领导下的战争，与现代军队的战争相比微不足道。因此，以现代武器进行的战争可能会发生可怕阵亡，当战争结果不确定时，政府害怕让民众知道这种情况产生的后果。现代战争可能会造成好几千人，甚至是成千上万日本人在一场战争中失去生命，如果将这样的损失结果报道给了只习惯于在肉搏战中损失微小的人们，没有人会预测到会有什么后果。因此，这就是日本政府为什么限制自由发布来自战场的新闻。

当我阅读有关以往战争的描述时，我经常会想到这个解释。日本在描述一系列巨大胜利时，总会有关于损失极少的不实报道：20人或者是10人被杀，在某个地方沉船了，在拼死决斗后拿下了要塞。中国也是如此。在允许曝光的消息中，有关伤亡的报道总是带有戏剧性，即使在直言不讳地承认中国失败时也是如此。

可以说，现在中国实际上已经被打败了，并且以其古老的游戏方式即提供赔款来解决问题，日本政府不再担心公布事情的真相了。曾经一度摇摇欲坠的政府又得到了人们的极大支持，并且可以容忍战争中成千上万人的死亡。而中国现在面临着革命的危险。只要中国习惯于容忍王朝统治，满族人的统治就可以持续下去。这一历史事实对人们迷信思想的不利影响，就像政府在这场战争中失败对其不利一样。

我在中国旅行和停留2个月时间，无意评判在中国战败情况下发生革命这一话题。一些明智的人期待着革命，也有一些消息灵通的人不太相信传闻，认为革命党人没有优秀的领导，更糟糕的是，他们没有适当的人选去接替现在的皇帝。当然，即将发生人民起义的所有这些说法都指向哥老会（Ko-lao-hwui）（发音为Ko-lo-why）。想要理解革命这件事情及其目的，我们必须回到真正的进步精神同时支配着中国和日本的时期。正如我前文所述，日本认真地从骨子里向外进行了改革。当它挣脱野蛮落后的枷锁时，中国开始模仿它，至少是采用了同样的方法。但是和日本相比，其改革收效甚微。中国从来没有给过它请来帮其训练和组织军队的欧洲教官以任何实权。因为在中国实权意味着机会和可以滥用权利，我认为这就是中国在进步方面的努力胎死腹中的原因。它不想让任何欧洲人窃取它的公共权力，或者甚至不想使他们在本土窃权者面前挡道。但是，它还做了比使外国教官无用武之地更糟糕的事。它使那些被派留洋学习（尤其是到美国）的年轻人感到失望。它不允许这些留学生发表他们的国外见闻；的确，直至今日，它仍然拒绝公开它的大臣们在世界上许多国家的启蒙经历。更糟糕的是，它打击了从美国和欧洲留学回来的年轻学者的自尊心，只授予他们一些不起眼的官职，或者什么官职都不给。

确实有一些人通过钱或者影响力上升到一个相当高的位置，但大多数都被安排做领事馆官员，或者是电报员，或者是文书，并经常被亏欠俸禄，也有一些人重新回到了普通民众中。政府给自己制造了最强大、最具活力的敌人——哥老会，他们来自戈登曾领导过的"常胜军"。政府强制解散了这些勇猛的士兵，将他们置于穷困潦倒的境地，这些人也就成了革命团体的核心力量。在这个谋反的兄弟会中有许多受挫的年轻学生，他们的思想已经觉醒，并在国外见多识广，对将他们拒之门外的政府进行了尖锐的批评。

我发现我雇佣的一个年轻的中国绅士，毫无疑问不仅仅是一个懂英语的人，而且是一个革命者，是众多反叛者之一。他没有隐瞒这一事实，也没有让我对此保持沉默，尽管对他来说一旦被官府怀疑就必死无疑。他说："属于我们的时代即将来临。那些学习过西方文明和能够改变中国的年轻人，正准备抓住机会。我们在这场战争尘埃落定之前会暂且容忍现在的统治者。官吏的生活已堕落到了极点，腐败像不治之症已使官场生活病入膏肓。满族统治者和与其联合的汉人士大夫阶级正在这样做。"他还说，甚至在满洲这个征服中国的起源地，人们承受着沉重的赋税并受到不公正的虐待，以至于日本人如果想要通过这个地区进攻北京，他们也可以从这些人中找到支持者。

令我吃惊的是，如果中国的统治者在现实中无视即将发生的灾难，那他一定是一个被蒙蔽了心智的人，就像第二天在中国上海知县（Chehshien）这个地方官为我举行的招待晚宴上，我所认识的那个官吏。这是一个个子高高的满族官吏，曾在华盛顿和伦敦居住过，说着一口正如他喝香槟时一样自然的英文。"我不是一个汉人，"他说，"我是这些人的统治者之一，我是一个满人，汉人不喜欢我们，但我们的统治对他们来说是有益的，由异族人统治有利于一个国家的发展。"

这是多么奇怪的景象！我和韦尔登先生（Mr. Weldon）在道台（Tao-tai）（地方官）的衙门（官邸）受到了招待。有知县和另外两名官员。从外表上看他们温文尔雅，穿着精致的丝绸，很讲礼节，非常客

李鸿章，摄于 1900 年 9 月 27 日（来源：*Harper's Weekly*, New York, Nov. 24, 1900.）

气，我很难想象出能够与他们相比较的优雅绅士。当晚宴结束，我们要起身离开时，知县让我们稍等一下。他说："请稍等，让我去衙门准备一下。"

"啊"，我的满族朋友说，"这样可以让我脱下沉重的官靴，换上便鞋。我和你一同走到县衙去。"我看了一下他的靴子，确实是有些高，鞋面上有华丽的装饰，沉重的木质的鞋子，鞋底有近一英寸厚。在所有跑腿的、捧场的、游手好闲的等一群人的服侍下，绅士们离开了，把我们留在了餐桌旁。在中国，官员可以堂而皇之这样做，且毫无愧疚感，因为所有仆人及官员的侍从，无论其主人是在休息还是处理政事，都会按其主人眼色行事，并站在窗边、门口随时听令。曾拜访过李鸿章的人也报道过相同的情况。

不久我们去了县衙。后边跟了一群看热闹的乌合之众。我们和这群人挤进了破旧不堪的审讯大堂。我们看到囚犯们被关在敞开的木栅栏囚室里，还有一些人被关在木质的、空荡荡的小房间。我们看到在里面第一间房子里负责收税的税吏在整理账簿，看热闹的人和吏卒在里面无所事事，在审讯室审判官的桌子旁，有一排像出租马车一样的轿子放在那里，还有一筒竹签。审判时，审判官从签筒（vaseful）里抽出竹签扔到地上，以此来宣判对犯人鞭打的数量，而犯人在此前不会知道他被打多少下。我们穿过了一间又一间屋子，每间屋子都是敞开的，直到我们进入了接待室。我向四处看了一下，这里有一张铺着白色桌布的桌子，桌上摆着花和带有细小绿叶的枝状植物，就像我们在家用的牛尾菜，还有一个香槟瓶子，更妙的是，还有一些餐刀和餐叉。到达大厅时，我们经过了2扇大门，那个满族人介绍这大门说："这只向平级和更高级别的人开放，其他人必须绕行。"他们让我坐上座，可以说是这个房间内最尊贵的位置，可笑的是，坐在这个座位上我感到不知所措，他们坚持让我坐在这个座位上，好像我是一个扶手椅上的婴儿。他们称赞我为文人，因为这在中国意味着我拥有了做官的资格，所以我被当作美国贵客。

为了满足聚集在窗户边和门口的群众的好奇心，我脱下外套并递给他们一一传看了笔挺的亚麻布衣领和袖口之后，知县请求我，让他看一下表示我官阶的标志，当他听到在美国我们没有如此标志时，他很惊讶；当他知道甚至总统穿的衣服也和普通人没什么区别时，更表示难以理解。"你确定他穿的不是带有这种彩色标志的衣服？"他指着他外套上刺绣的圆形装饰图案问道。

然而，最令他感兴趣的是听我说有关战争的新闻。他似乎只模糊地知道中国在战争中处于越来越不利的地位，他很渴望得知真相，以及了解我对战争的看法。我深知中国缺乏爱国精神，军纪涣散，官吏也缺乏诚信；但我的认真讲解毫无用处。那个满族人说："你认为我们的刑罚形式非常野蛮残忍，我们必须终止严刑拷打，因为这样做非常糟糕，应当受到谴责。"他那微笑着的薄嘴唇和斜睨着的小眼睛，使他看起来很像一只猫，因此他的话并没有给我留下深刻的印象。另外，我知道我是在中国的上海，这座城市50年来就紧挨着一座欧洲现代城市①，但至今仍没有显示出任何受到欧洲文明影响的迹象。

（仙慧译，来源：Julian Ralph, "China's Greatest Danger", *Harper's Weekly*, Dec. 29, 1894, p. 1243.）

_____

① 指西方列强在上海的租界区。——译者注

阿尔弗雷德·坎宁安：清军与军事改革

对于中国海军来说，日本是个非比寻常的对手。在鸭绿江外的海战中，他们的炮弹装满了沙子，即便是这样的弹药也都消耗殆尽了，否则他们或许能够赢得这场海战。这不是海军提督的过错，提供军火的部门应对此事负责。丁提督指挥的海军与中国陆军有很大差别。海军将领大多赴欧洲学习过，副提督琅威理任教习的时候更是按照西方标准训练他们。……他们训练有素，知道如何使用他们的武器，这点日本人也承认。

——阿尔弗雷德·坎宁安

【编者按】阿尔弗雷德·坎宁安（Alfred Cunningham，1870 — 1918年）生于英国伦敦，长期担任香港《孖剌西报》（*Daily Press*）的编辑和记者，1894 年中日甲午战争爆发后，他作为《孖剌西报》和中央通讯社（Central News Agency）的特派记者负责报道这场战争，从此成为一个知名的战地记者。他于 1898 年跟随西班牙军队，为纽约《日报》前往菲律宾报道了美西战争。1900 年，他为伦敦《每日邮报》和纽约《太阳报》报道了中国的义和团运动，并在 4 年后又为这两家报纸报道

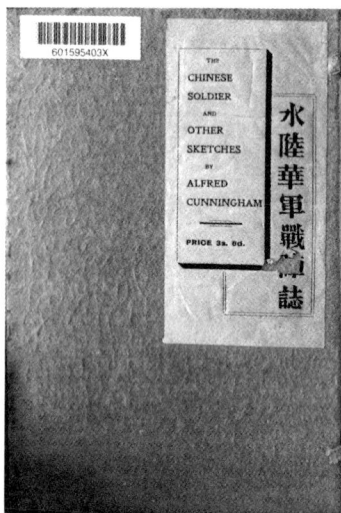

《水陆华军战阵志》封面（牛津大学博德里安［Bodleian］图书馆馆藏本，图片由陈志坚提供）

了日俄战争，由此还获得了"日本帝国旭日章"（Imperial Japanese Order of the Rising Sun）。1903年，坎宁安与兴中会成员谢缵泰等人在香港创办《南清早报》，1913年改名为《南华早报》，该报至今仍在香港出版。

坎宁安撰有多部著作，主要有《在越北和华南的法国人》（1902年）、《水陆华军战阵志》（1902年）、《今日埃及：它的政府、人民和政治》（1912年）等。《水陆华军战阵志》除最后两章记叙了美西战争外，主要内容是坎宁安对甲午战争到义和团运动期间清军情况及清朝军事改革的记载，是了解晚清军队及其改革的珍贵史料，本章内容便由该书翻译而来。

1. 中国的红十字医院

　　在中国开设医院是一个大胆的尝试。但很遗憾，对于中国来说，医院是个全新的事物。中国人并不排斥这种尝试——如果西方人愿意掏钱的话，他们对此还是很感兴趣的。然而，医生准备探索一条新路——他希望医院的主要经费来自中国，不依靠附近外国人社区的捐赠，也不求助于各种地方布道团。传教士可以提供信仰上的支持——他们能够借助通商口岸的媒体对"推动中国改革"的行为大加赞扬，并给予道义上的帮助——但他们并不出钱。因此，这可以算是一种新的尝试，一项没有中间人参与的计划。医生努力工作，不断推进他的计划，但却收效甚微。中国士绅对这项计划持肯定态度，因为在红十字医院这个问题上，儒学精神与基督教教义是一致的。然而，当医生谈到钱的问题时，他们就会转移话题，或是装聋作哑。

　　然而，医生是位传教士，他坚信祷告的力量。于是，他祈祷着。

　　我将在随后登场，这篇记载有一部分是医生亲口告诉我的，其余部分则是我的亲身经历。尽管医生的游说以失败告终，但他从《圣经》中获得了鼓舞，他的努力使他获得了上帝恩赐的成功。

　　医生的成功是这样开始的。"高升号"（Kowshing）的沉没使中日两国的谈判立刻有了答案。中日两国爆发了战争，但驻扎在威海卫（Weihaiwei）、宁海（Ninghai）和芝罘的军队缺乏医疗设施，因此医生得以再次推行他的计划。他计划在芝罘的兵营附近建一家医院，为受伤的士兵提供救治。这次，他试图劝说一位驻防在宁海附近的孙将军（General Ping）①，孙将军自幼就开始了戎马生涯，这为他赢得了很多荣誉，现在统领宁海地区的兵马。

与众不同的是，将军在考虑医生的计划时并未显示出犹豫。一般的中国官员会预先和你见六次面，再讨论六次，之后是三思再三思，最后一口回绝你的要求。在中国做事，你不能着急。中国的官员承载着三千年的中华文明，他们有着根深蒂固的偏见，所以你不能催他们——他们是对的！但在这件事上，将军却在催促医生。医生相信，在罗马出现医疗机构之前，医院——或者类似机构——就已经在中国存在若干个世纪了。只是这些机构的上空没有飘起红十字或其他颜色的十字，但这并不重要。因为中国人不是基督徒，以后也不太可能是。但将军对红十字却非常感兴趣，他认为医院必须悬挂这个标志。医生欢迎这个决定，但就他所知，中国没有加入《日内瓦公约》。十字是基督教的标志，对祷告者来说这是毫无疑问的。

下一步是医院的选址。当时已经没有时间修建医院了，丁汝昌的舰队在鸭绿江外遭到重挫，需要回威海卫进行维修，也需要南洋水师的援助，但援助最后还是落了空。

将军大人在岸边有一栋漂亮的宅邸，他将这栋宅子慷慨地让给医生。他说，这所房子靠近海岸，离通往威海卫的"大路"也不远，而且就在医生寓所附近。但医生对这栋房子并不是太满意，他希望医院能更加隐蔽一些，也不要紧挨着炮台。但医生没有选择余地：要么没有，要么就是它，所以医生只能接受。

组织工作进展顺利。药品及其他物资有了一定的储备，来自附近通

---

① 根据史料，这里所说的 General Ping 应是总兵孙万龄，疑"Ping"字有误。本文所说"医生"应是英国医学传教士阿瑟·道奥斯卫特。——译者注

商口岸的支持者为医院提供了大量的纱布和绷带。但医院还是缺人手。许多传教士义务为医院服务，因此，医生幸运地获得了一位训练有素的护士。他有担架，又向守将要了一些和蔼的"兵勇"（braves）充当救护员。他们每天训练的时候都嘻嘻哈哈的。他们穿上了袖口上带有红十字的新制服。这些救护员取得了巨大的成功，逐渐变得训练有素。只是他们的制服经常神秘失踪，但当铺老板随后便会交还这些衣服。

这时，日军开始进攻威海卫，并占领南线的几座炮台，医生真正的工作才刚刚开始，但救护员却开始打退堂鼓。医生提醒他们，在成为救护员之前，他们也曾是军人，所以不应在进入战场抢救伤员时显得迟疑。他们理直气壮地告诉医生，他们有了新的工作，早就不去想打仗的事了。他们现在是非战斗人员，因此不愿进入日军的火力范围。

他们的理由是："我们进入战场有什么意义呢？如果伤员可以自己走过来，他们同样可以得到救治。如果他走不过来，他就没用了。干脆埋掉吧！"

医生去见孙将军，但他正在前线忙于指挥撤退。

伤员开始陆续送达。第一批伤员大约是 12 名，据说他们是日军先头部队进攻宁海时负伤的。前一天，日军的火力很猛，中国守军也进行了英勇还击，战斗一直持续到了深夜。我去了前线，想看看敌人是否已经被击退，但什么也没看到，不过中国军队仍在射击。

他们这种行为和巡夜人敲锣是一个道理。守夜人会在晚间巡视宅院，同时用力地敲打一面铜锣。他这样做有两个目的。一是表明这里有一位保持警惕的巡夜人，吓走盗贼；二是为了告诉宅院的主人，他的守夜人还没有睡觉。夜晚放枪也是出于同样的目的，主要是为了恐吓日本人。

第二天，伤员送到了。他们至少还能自己走进来，而不是让救护队抬进来。这时医生发现，他们是被毛瑟枪（Mauser）击伤的。当时只有中国军队在使用毛瑟枪，这说明他们倒在了自己人的枪下。当然，孙将军和他的部下并不会考虑这个问题。

两艘日本军舰出现在海面上，并向炮台发送攻击。医院赶忙升起红十字旗，因此建筑未被殃及。

之后发生的事情证明了救护队的不中用，他们的工作也就此结束。当时的天气非常寒冷，医生在寒风中沿着海滩赶往医院，他很庆幸自己随身带着中国式的耳罩（earcovers）。他比平时到得要早一些，于是他看到了下面这一幕。

中国人或多或少都有这样的想法，"没人看着就意味着没人管"。屋子里的苦力就如同清朝的官吏。这些救护队的成员若无其事地从伤员身上扯下毯子，拿走病人身边的火炉供自己使用，他们并没有察觉到医生早已来到他们身边。事实上，为了让自己舒服点，他们已经拿走了伤员身上的所有东西。当医生注视他们的时候，他们正在聚精会神地玩着"番摊"（fan-tan）。[1]出于职业本能，医生并没有骂他们。但医生还是发火了，他把这些兴致正浓的"天朝人"赶出了医院。他们再也没有回来，也没有送还他们的制服。

医生非常沮丧，医院随后也受到了最后一击。他在孙将军那里得到了同情；在这段时间，日本的军舰经常出现在海上，并向中方的炮台发射一两枚炮弹，因此医生每天都会在医院升起红十字旗。

一天，医生决定改变之前的习惯，在夜晚步行前往医院。医生看到窗户里透出些许灯光，他希望看到新一批的"兵勇"——将军让他们来医院做护理工作——还能醒着，并恪尽他们的职守。他进屋的时候

---

① 番摊，一种赌博游戏。——译者注

夺九连城大得全胜图，坎宁安在大运河边购得的图画（来源：Alfred Cunningham, *The Chinese Soldier and Other Sketches*, London: Sampson Low, Marston and Company, 1902.）

遇到了一些困难，因为门上多加了一道门闩，以防外人闯入。门后怎么会是这么一番景象啊！医院变成了军工厂！伤员被临时转移到昏暗的阁楼。在红十字旗的保护下，里面正在生产各种各样的弹药，从炮弹到步枪的子弹无所不有。将军的部下带着"孩子般温和"的笑容和他打招呼。医生要求他做出解释，他进行了解释。对中国有所了解的人都会理解这一反常情况。医生转身离开，穿过医院神圣的大门，为减轻人类所承担的痛苦而祈祷。他骂了一声，这是一个英文词，一个来自圣经的词。最终，负责记录善恶的天使（Recording Angel）将会认可医生所做的贡献，忽略掉这个词。

第二天，在军官的惊讶和反对中，医生亲手降下了红十字旗。医生将旗子拿进屋，他在中国的医院就此关门。失去了旗子的保护，制造弹药的人陷入了显而易见的危险。

（邢科译，来源：Alfred Cunningham, *The Chinese Soldier and Other Sketches*, London: Sampson Low, Marston and Company, 1902, pp. 5–16.）

2. 受伤的中国士兵

虽然上一章出现的情况使医生感到沮丧，但他并没有气馁。医生决心继续他的工作，只要战争持续下去，需要帮助的伤病员就应该获得救治。

医生熟悉中国人的性格，在大多数情况下，"天朝人"都不会欺骗他。在我见过的来华传教士中，医生是最精明的之一，他对可能改信基督教的人有比较深入的了解。与普通传教士相比，医生是个非常特别的人。他很聪明，但却把能力浪费在了山东（Shantung）的一个偏远地区，去救治中国人，并相信他们会皈依上帝。他也可以在上海开医院，照料生病的中国人，这或许还容易一些。在中国北方地区，没有一个人比医生更受尊敬。最近，他在医生的岗位去世了，那时他还在帮助另一位传教士恢复健康。医生的行为展现出了基督教真实的一面。尽管都是阐述圣保罗的信仰，但其他在华传教士并不都像医生那样，他们缺乏医生所具有的宽容和谨慎，而这些品质在绝大多数情况下都是必不可少的。

医生使他的小教堂成了医院——教堂的法衣室变成手术室，附属建筑也被改造为病房。医生忙得不可开交。与此同时，日军展开猛攻，占领了所有的陆上要塞，并将炮口掉转，指向日岛（Itau）、刘公岛（Liukungtau islands），以及中国的舰队。

当时的天气非常寒冷。医生说，这是他所经历的山东 20 年来最冷的一个冬天。当军舰驶入芝罘时，甲板上结了一层冰，炮管的前面也挂着一条长长的冰柱。

可怜的中国士兵备受煎熬。这些中国"兵勇"既无像样的大衣，也无舒适的军装。如果在那件红蓝相间的俗气上衣里还有一件棉衣，下身还有一条棉裤的话，那就不错了。他们用来抵御敌人和寒冬的是"营地"。一旦撤出"营地"，他们便一无所有了。但他们中许多人都有一双皮制的薄雨鞋。尽管这种鞋看上去很笨拙，但却非常实用，它可以保护士兵的双脚。在将军的指挥下，这些"兵勇"涌向战场。他们的双手紧握在一起，缩在宽大的袖口里，步枪则是夹在腋下。在撤退的时候，士兵们经常会跑丢雨鞋和草鞋。这是因为在初次交战后，他们会对日军的子弹一直心存畏惧。为了躲避子弹，他们不惜冒着冻伤的风险。

中国的伤员经常会成批成批地送到，一批或是 10 人，或是 20 人。无论是走着还是坐着，他们都会挤在一起取暖。同伴之间的友谊几乎每天都可以看到，一些潦倒的中国"兵勇"会去帮助受伤的战友。每 10 个人中就有 5 个人受到冻伤的折磨，如果不治疗就会有截肢的风险。许多人的腿上受了枪伤，路上的疲倦、缺少食物和冻伤袭击着他们麻木的身体。

大多数人做截肢手术的时候都没有麻药，他们相当的开朗，也极具忍耐力。当医生为一位伤员治病的时候，其他人就会围坐在教堂的火炉边，绘声绘色地讲述他们的各种经历。尽管待在简陋的房子里，身上还有伤，但有了食物和落脚的地方，他们还是会感到高兴和满足。

没人会去想他们的敌人到底是谁，或者他们在为什么而战；笼统地讲，他们坚信自己是在对付所有的外国人——全世界的"蛮夷"联合在一起对抗中国，但中国终将获胜。

很快，医生就有了将近 100 名病人，大多数人的情况都不容乐观。显然，中国军队并没有医疗服务，这些人要顶风冒雪，走 20 英里的泥泞道路才能来到这里。在芝罘的时候，有两位英国海军的军医过来帮忙，有一次还来了一位美国医生。这些来自外国舰队的外科医生并未对眼前的一幕感到好奇，他们中许多人甚至都没有意识到这是家医院。

有一次，两位传教士和几个美国人来访，他们身上带着子弹袋和左轮手枪。这种装扮使医生感到惊讶，但他们解释说，"这些东西是用来应急的"。他们都过来帮忙，但其中一人一看到截肢手术就开始犯晕，然后就回家了。其他人也有同样的感觉，但并没有回去。

中国伤员表现出很好的身体素质。他们可以忍受任何一种痛苦，毫不畏缩。但他们非常不愿意躺在手术台上，装三氯甲烷（chloroform）的瓶子使他们感到恐惧。医生太忙了，无暇去管理药品，于是他就让我们这些助手去管理。对于我们来说，这无疑是项棘手的工作。当我们把定量的药剂混合在一起的时候，病人就会大吵大闹，尽管药剂的计量都是医生事先量好的。

医院里有各种稀奇古怪的伤员。许多人是被自己的武器弄伤的，特别是抬枪（jingal），这种武器对射击者的伤害比对日本人的伤害更大。如果这种可怕的武器发生爆炸，使用者就会变得五官不全。有些时候，这种抬枪是由铸铁制成的，放在一个笨拙的木制架子上，射击的时候需要两个人。大多数人的伤口都是小而干净的，日本人的子弹穿过了骨头和肉，这些伤可以很快治愈。

有一天，来了一位中国军官，他坐在椅子上，我们发现他的脚受了枪伤。他希望得到特殊照顾，但这显然无法实现，他只能和教堂里的"兵勇们"享受同样的待遇。最后，轮到他治疗了。他的脚背被射穿，留下来一个干净的伤口。他是个大个子，包扎完伤口后，他起身离开椅子。一周后，他的脑袋旁出现了一个杆状物，他是一个炮台的守将，他受伤的秘密走漏了出去。他的上级认为，"如果没有逃跑，他的脚底就不会受伤。一位将领怎么能如此？"这个证据是决定性的：他们砍掉了他的脑袋。与我们相比，中国人更知道如何刺激他们的将领。

还有一天，同样出现了一件非常糟糕的事。一位士兵的右臂上方受了枪伤——这造成了肱骨骨折——右膝盖也受了伤。在中国人里，他是个大块头。他的右手和右脚有冻伤——显然，这是由他的伤口造成的。医生为他的胳膊做了截肢，我们把他放到外面，让他在阳光下慢慢恢复意识。但阳光不够强，我们又给他盖了几条毯子取暖。他穿着裤子，系着一条腰带，腰带上挂着一个皮制的小钱包。我们要几位包扎好的伤员照看他，保证他身上盖好东西。他们同意照顾他，后来也确实是这样做的。这个人的腿也被截肢了，医生认为他能够忍受。

过了一会儿，在查看这位特殊病人时，他已经恢复了意识，并抱怨自己被偷了。挂在他身体右侧的钱包已经被打开，里面的钱不翼而飞。医生非常愤怒，我们询问离他最近的士兵，这些人曾答应照看他。他们承认拿走了钱，并辩解称："那个人失去了胳膊。没有胳膊还怎么拿钱。后来又丢掉了腿，他恐怕会丧命吧。要是没了命，他还要'钱'做什么？"

我们找回了他的钱。腿截肢两天之后，他耗尽精力而死。但他的钱又丢了，毫无疑问，他旁边的士兵——那些曾答应照料他的"天朝臣民"，那些好心的撒马利亚人（Samaritans）——比以前更富有了。

医院的工作令人不知疲倦——至少对于医生来说是如此，他会时常来医院。有些伤口很特别，这说明日本子弹——像毛瑟枪那样——具有很强的穿透力。

医生继续从事他的人道主义事业，直到战争结束。他的工作得到了中国政府的肯定，这使他感到满意。为了表达感谢，中国政府授予他一"双龙勋章"（the Order of the Double Dragon）。

（邢科译，来源：Alfred Cunningham, *The Chinese Soldier and Other Sketches*, London: Sampson Low, Marston and Company, 1902, pp. 17–26.）

3. 威海卫之战

　　如果中国陆军士兵的勇气和办事效率，以及陆军军官的训练和能力，能达到海军的水平，那么1895年的中日战争就会是另一种结局了。中国陆军由多支纪律散漫的部队构成，他们匆忙装备了火器，但缺乏训练，火器的质量也可想而知。他们中也偶尔会有几支由"外国方式训练"出的部队，但却没有西方式的指挥。这些新式部队的规模很小，又各自为战，因此很难发挥出中国指挥官预想的作用。大部分中国士兵都被称为"勇"，例如乡勇，但他们只是些吵吵闹闹的粗人或农民，为了诱人的军饷才出来当兵。入伍后的训练只是穿上花哨的军装，领取一支来复枪，如果愿意的话，也可以领到一支抬枪。来复枪不太受欢迎，因为它们需要特殊的子弹，以便适应特殊的设计。而抬枪只需要火药和弹丸，发射这种中国铳需要两个人，一个人射击的时候，另一个人要在旁边协助他。尽管缺乏训练，纪律涣散，枪法欠佳，但如果指挥官懂得一些现代战争的基本法则，中国军队也可以在战场上有所作为。然而，中国军官却使一切获胜的可能化为乌有。在中国，从军是恢复名誉的最后一种方法，或者说当兵只是一种谋生手段。考虑到中国官员的昏庸无能，这种现象就不难理解了。较高等级的军职和有利可图的职位当然由各级文官把持着，他们成为武官的唯一理由是因为他们得不到更好的文官职位。文官和武官之间素有芥蒂，他们有充足的理由坚持自己的偏见。

对于中国海军来说，日本是个非比寻常的对手。在鸭绿江外的海战中，他们的炮弹装满了沙子，即便是这样的弹药也都消耗殆尽了，否则他们或许能够赢得这场海战。这不是海军提督的过错，提供军火的部门应对此事负责。提督丁汝昌（Admiral Ting）指挥的海军与中国陆军有很大差别。海军将领大多赴欧洲学习过，副提督琅威理（Admiral Lang）任教习的时候更是按照西方标准训练他们。中国的水兵大多来自中国沿海地区，所以他们个个都是好水手。他们是中国军官和欧洲教员训练出来的，但当赌瘾上来的时候，纪律有时也会比较松懈。他们训练有素，知道如何使用他们的武器，这点日本人也承认。中国海军以英国海军为范本，但中国官吏的腐败限制了它的发展。海军军官自成体系，但没有人像尊敬陆军军官那样尊敬他们，尽管他们在受教育程度和专业知识方面都远高于中国的文职官员。对于中国官员来说，他们只是些局外人，但还不得不容忍他们存在，因为海防要依靠海军。海军官兵在威海卫打得很好，这场战役应该在世界海战史上占有一席之地。

1895 年 2 月 12 日，星期二，刘公岛上的炮台和剩余的中国军舰向日本投降。1 月 30 日，威海卫受到日本海陆军的夹击，这场战役一共持续了 13 天。在此期间，中国的军舰大多被摧毁，陆上要塞沦陷，日岛上的炮台也遭到破坏。这次进攻由日本的海军和陆军共同完成，海军出动了 25 艘军舰和多艘鱼雷艇，陆军出动了大约 2 万 5 千人。中国方面，在刘公岛炮台和日岛炮台的掩护下，中国守军动用了约 7 艘大型军舰，13 艘鱼雷艇，以及 6 艘小炮艇。此外，中国士兵还据守着 6 座陆上炮台，它们分别位于港口的南端和北端。在这次战役中，日本舰队获胜，而且损失并不大，只损失了两到三艘鱼雷艇。但普遍认为，他们的士兵伤亡惨重。

刘公岛失守是出于以下三个原因：中国士兵擅离职守，陆军和海军发生兵变，以及巡抚（Futai）和其他官员允诺的援军迟迟不到。

统领陆上 6 座炮台的是刘将军（General Liu），如果说有哪位官员应该被斩首的话，那就是他。他是一个典型的中国官僚，傲慢、懦弱、唯利是图。在南岸 3 座炮台受到日本攻击的前两天，两名为中国服务的英国准尉（warrant officers）——托马斯（Thomas）和沃波尔（Walpole）——前往炮台，他们准备在必要时炸毁上面的大炮。因为一旦日军攻陷炮台，他们就会将炮口转向中国军队，但炮台的守将显然不会采用他们的建议。托马斯和沃波尔进入一座炮台，发现自己工作的地方已经被毁了，这时他们意识到自己的生命处于危险中。第二天早上，他们去了日岛，和克拉克森（Clarkson）一同查看那里的状况。

次日，与日军进行过几回合交手的中国士兵逃离炮台，日军毫不费力地占领了那里。日军从三个方向发起攻击，首先陷落的是龙庙嘴炮台（Lungmuitsui fort），随后是鹿角嘴炮台（Louchutsui fort），最后是皂埠嘴炮台（Chiupuitsui fort）。这几座炮台面向海的防御力极强，但它们对后面的防御却非常薄弱，这给了日军可乘之机。

定远舰（Tingyuen）的主炮手李某演绎了一段英雄壮举。托马斯告诉他，中国人不允许他们炸毁炮台上的炮，他就主动请缨，承担了这份工作。他说他要炸毁两尊口径 28 厘米的大炮，如果中国士兵不让他这么干，他就在火药库里点一支香，把整座炮台都炸平。炮台上的人当然不让他炸炮，但在 30 日清晨，皂埠嘴炮台被炸，他在事前几分钟才逃出来，被一条鱼雷艇接走。

北岸的炮台也轻而易举地落入敌手，在日军发动进攻之前，中国守军就已经溃散了。在得到陆上的炮台后，日军开始在南岸的炮台上安装大炮，对中国舰队和日岛发动攻击。这些炮台对中国守军构成了威胁。在这三炮台之间，日本人又建立起两个炮位。刘公岛上有两座炮台，每座炮台上装备了 4 门 24 厘米口径的大炮，以及一些口径较小的速射炮（quick-firing guns）。随后的事实证明，这些速射炮在防御鱼雷艇时非常有用。刘公岛上大约有 2000 名守军，负责指挥他们的是张将军（General Chang）。此外还有中国舰队，这支舰队包括定远（Tingyuen）、来远（Laiyuen）、靖远（Chingyuen）、平远（Pingyuen）、镇远（Chenyuen）、济远（Tsiyuen）、威远（Weiyuen）、广丙（Kwangping）、康济（Kwangchi），13 艘鱼雷艇，以及 6 只按次序命名的小炮艇。后者在攻击日本陆军时发挥了很大作用。每艘船上都有 1500 名到 2000 名海军官兵。

日岛上的炮台装备有 2 门英国式的 7 英寸口径地阱炮（disappearing guns）和 2 门速射炮。日岛的守军包括 3 位欧洲人、40 名陆军、25 名海军。后来证明，那些陆军没什么用处，康济舰的萨舰长带领 30 名水兵赶赴炮台防守。他在硝烟弥漫的岛上表现得极其英勇。萨舰长亲手发射速射炮，从战斗开始一直坚持到战斗结束。虽然冒着枪林弹雨，但他始终没有退缩。日岛面对着南岸炮台的炮火，地阱炮升起来后，立刻成为了南岸三座炮台的目标。这些地阱炮没有配备镜子，所以负责升炮的人一定要到炮台上去，于是这个人立刻成为对方炮火攻击的目标。这是份危险的工作，但年轻的水兵仍旧坚守炮台，坚定地用炮回击敌人。有一次，3 名中国水兵在猛烈的炮火下操作一门火炮，托马斯要他们放弃这门炮，但他们拒绝了。在炮弹的爆炸中，其中一个水兵的下巴、胳膊和腿上都负了伤。但刚一包扎好，他就立刻回到炮位上，用那只没有受伤的手继续作战。

2 月 7 日，日岛的炮战进入白热化。厨房被炮弹摧毁，5 个厨师困在里面。在 2 名水兵的帮助下，其中 3 个厨师才从巨大的困难和危险中死里逃生。同一天，一门地阱炮倒在了地上。士兵门用尽各种办法，想把它重新扶回原位，但事实证明，这完全是徒劳的。这门炮还影响了其他炮的射击。军官的住所被炮弹炸毁，熊熊燃烧起来。一座弹药库也被炮弹击中爆炸。这座炮台承受着来自陆上的猛烈炮火，最终不得不放弃，但它在战争中表现得非常杰出。2月8日，中国官兵放弃了日岛，退守刘公岛。还需要提一下的是：7号那天，日岛上的军官看见刘公岛东炮台的守军离开了他们的炮位。但这是另一件事，与下文提到兵变有关。日本炮火造成的唯一破坏是炸毁日岛上的炮台。实际上，刘公岛上的炮台未受战火波及，守军并不惧怕日本舰队。日本人不能依靠南岸的力量强行进攻或摧毁炮台和军舰，于是他们在北岸装置了许多大炮和白炮，以便攻击刘公岛的西炮台和中国的舰队。来自这些炮位的攻击非常有效。中国舰队受到两侧的持续攻击，形势危在旦夕。

镇远舰停靠在炮台附近，提督丁汝昌在舰上亲自指挥战斗，时间长达数小时。定远舰是中国舰队的旗舰，3日凌晨4点，日本的鱼雷艇将其击沉。在这次战斗中，日本损失了两艘鱼雷艇：一艘沉没，另一艘被定远舰击中锅炉，4名日本水兵因烫伤而亡，余者弃船而逃，最后这条鱼雷艇被中国俘获。开始的时候，定远舰并未完全沉没，还可以当炮台用，但来自敌方炮台的炮火实在是太猛烈了，水兵们不得不撤离。在撤离之前，他们将250磅炸药放在舰上，一声爆炸后，定远舰完全沉没了。这艘军舰是由德国制造的，1882年下水。

日军常常在夜间发动攻击，中国军舰上的水兵常常被夜间出现的鱼雷艇惊醒。因此，无论是军官还是士兵都承受着巨大的压力。德国建造的来远舰也中了鱼雷。它机械室的左舷被击中，十五分钟后便倾覆了。它的姊妹船经远舰（Kingyuen）在鸭绿江外的海战中以同样的方式沉入大海。靖远舰（Chingyuen）被东炮台击中，左舷受损。炮弹穿过铁甲板和船首右舷，所以船头首先下沉。中国派鱼雷艇将其击沉，这样日本人就无法再将其捞出来了。

2月11日，日本舰队再次发动进攻，而且这次比以前任何时候都靠得更近，于是中国的鱼雷艇也加入了战斗。中国守军以为日本舰队准备强行突入。中国的鱼雷艇完全暴露在南岸的炮火下，它们向北疾驰，试图逃跑。还有人说，这些鱼雷艇本来是打算攻击日本舰队的，但由于缺乏中国军舰的火力支援，所以滞留在了海港外面。在两艘日本军舰的追赶下，它们才试图逃跑。最后，这些鱼雷艇搁浅，被日本掳走7艘。刘公岛的炮台又自己击沉了两艘正在外逃的船。

那时，丁汝昌天天盼着中国援军能从陆路赶到，但等待他的只有失望。本应该帮助他的本省巡抚按兵不动。承诺派遣数千援军的李鸿章（Li Hung-chang）也没发一兵一卒。事实上，当时驻守在芝罘的军人已经丧亡殆尽，号称从四面八方赶来的援兵也都不见影子。中国军事当局的出尔反尔使丁提督感到沮丧。毫无疑问，就算这数千援兵能赶到，恐怕也起不了什么作用。那些兵士一见敌人便会逃跑，而且他们的将官比谁跑得都快。另一件让中国守将感到惋惜的是，刘公岛上的海陆军发生了兵变。中国军队中有一个德国人，虽然他没有获得正式任命，但却为中国工作了很多年。当军舰一艘接一艘地沉没，丁提督承受着前所未有打击的时候，他走上镇远舰，用中文大声地说他应该投降，说只有这样，他们才能活命，船上的士兵都听到了这句话。丁提督拒绝了这个提议，那个德国人只好走开了。可是这件事却开始在水兵之间传播。之后，士兵对军官产生了不满的情绪。一两天之后，旗舰上下达了一个"净炮"（clean guns）的命令，但兵士们都拒绝执行。日岛炮台上的守军看见刘公岛东炮台的水兵离开他们的炮位就是那一天的事。士兵们说，他们已打够了，提督应该投降。提督申斥了他们，这样他们才答应继续作战。

最后，大部分战舰都葬身大海，刘公岛遭受到陆上炮台的猛烈攻击。看到这种场景，丁提督决定投降，尽管他知道投降就意味着被杀头。丁提督下定决心，只要谈判完成，他就自杀，事实上他也是这样做的。

他的最后一封信是写给日本海军统帅伊东的，内容如下："来函约以明日交军械台舰等类，因兵勇须卸缴军装，收拾行李，为时过促，恐有不及，请展限至正月二十二日起，阁下进口，分日交收各件，决不食言。"

2月12日下午，丁提督在刘公岛寓所中服鸦片自尽，同样服毒自杀的还有张将军（General Chang）。中国海军将领中最能干的杨管带也饮弹自尽。刘将军（Commodore Liu）和其他3名海军军官也吞服鸦片自杀。丁提督的死令中国人扼腕叹息，和他有过往来的欧洲人也对此感到惋惜。丁提督不能培养下级军官，对海军战术和作为一名海军将领所应具有的知识也了解得很有限。但是所有人都认为他是一个胸怀宽广的人、一个正直的人、一个勇敢的人。对于他的部将，他的士兵，甚至是他的敌人来说，他的死都令人感到痛惜。或许最感到惋惜的就是伊东祐亨本人。张将军是一位普通的中国将领。尽管比懦弱的同僚更加勇敢，但他所受军事教育却非常有限。那些同他们的指挥官一起舍生取义的海军将领都受过新式海军教育，他们都是既勇敢又有能力的人。我们可以用格拉沃洛特（Gravelotte）的话来做他们的墓志铭："请尊重那些被命运抛弃的人。"

按照投降协议，中国的军官（无论是欧洲人还是中国人）和海陆军士兵，根据自身情况，在对双方都安全的地方登陆。数天之后，日本人进入威海卫，掳走了中国舰队剩余的船只：平远舰、镇远舰、济远舰、广丙舰，以及六支按次序命名的小炮艇。丁提督的遗体由广丙舰（Kwangping）送往芝罘安葬。[①]

（邢科译，来源：Alfred Cunningham, *The Chinese Soldier and Other Sketches*, London: Sampson Low, Marston and Company, 1902, pp. 27–46.）

---

① 这里说 Kwangping，但实际上运输灵柩的是康济舰（Kwangchi），疑原文有误。——译者注

4. 中国的电报主管

盛大人（MR. Sheng）是中国电报局（Imperial Chinese Telegraph Administration office）的一位主管（superintendent）。他站在桌旁，电报机正在缓慢地吐出由点和线构成的神秘电报码。他读着电报，心情显然不好。

他突然叫了一声，这显得有些失态。尽管盛大人修过美国大学的课程，说话也带有大学生那种不负责任的口气，但他并不是一位基督徒。盛大人还有一个与众不同的名字——"戳记盛"（Chop-dollar Sheng）。中国商人会在成色合格的银元上面加盖戳记，盛大人的脸上因为天花留下了许多麻点，所以就得到了"戳记盛"这个雅号。

盛大人又叫了一声，随后撕掉了电报稿。我仗着胆子问他出了什么事。

"哼，那些该死的日本人正在从宁海给我们拍电报，这些电报实在是太放肆了！"

这一幕发生在中国电报局的一家分局里，这是一栋不大的中式建筑，靠近芝罘的外国人聚居区。

这家电报局的门并不大，进去后便可以直接通往电报员工作的地方，它的旁边就是主管的办公室。

在此期间，电报局显得有些萧条。中国人只能向北发电报，因为南边的电报站设在宁海，而那里已经被日本人控制了。当时，中国没有什么官方消息需要通过电报向外传递，所以电报员要么玩牌打发时间，要么给他们在宁海的日本朋友发几句挖苦的话，而对方也会回敬几条上不得台面的信息。

驻在外国军舰上的记者和指挥官很难搞到他们之间的通信。当中国人为战败而苦恼，人们希望把新闻传回家的时候，电报线却以一种令人惊讶的方式出了问题。铺设在陆上的电报线容易受到大气或其他自然因素的影响，但真正影响这些线路的却是一些人为因素。

当时，有人想接收一份紧急电报，但有一段线路总是出问题。开始是以风雪等天气原因当借口，后来盛大人开始用其他方法推迟中国战败的消息——事实上，中国也从来没有打过胜仗。这就是所谓的"官报"（official messages），要想保住面子的话，中国人应该找更好的借口才行。

如果外国的传令兵或记者得到一条重要消息，他们会风风火火地冲进办公室，同时手里挥动着这份急件。而"天朝"官吏在读到同样消息的时候要显得更加沉稳，他会告诉下属这些消息应写入"官报"，同时指出如何写才符合官方文件的威仪。

说坏话是没用的，因为只有你用尽你头脑中所有华丽的形容词之后，这名官吏才能露出满意的微笑。"真是搞不懂！"这简直就是浪费精力。

和盛大人见面的时候，如果我们之间产生分歧，他就会毫不犹豫地拿出"官报"来结束这场争论。他说，如果想用电报把文章发出去，就要删掉 2 千到 3 千字。

当四川（Szechuen）发生动荡的时候，当大批传教士在福建（Fukhien）遇害的时候，当义和团（Boxer）作乱的时候，他都会使出同样的伎俩。分散在中国各地的官员每天都会收到来自北京的消息。

而对于外国官员来说，无论他们的信息有多紧急，也会遭到中国电报局的百般刁难。

当时日本人仍然驻留在宁海，似乎并没有进一步向前推进的迹象。因此，在向日本人支付一笔"应急"费，从而得到上海方面的消息之前，官报的篇幅变得越来越短了。

得知威海卫将在短时间内沦陷后，我认真地考虑了这条电报线的传输能力，觉得应该和盛大人搞好关系。事实证明，他是个有趣的人，给我带来了许多新奇的经历。

当时，电报局在走下坡路，任何人都能来发电报。在这种情况下，我可以比外国的海军将领更早得知战场上发生的最重要事件。

一天早上，我刚走进电报局，盛大人就把我带到他的私人房间，迫不及待地和我交谈起来。他显得既激动又害怕。我还没有开口问出了什么事，他就说："威海卫陷落了。这是新闻。你读读吧。"我看了这条简短的消息：威海卫已经沦陷，丁提督自杀。当时我都没有意识到自己在做什么。

这是全世界都在等待的消息，日本记者应该已经用他们的电报将这条信息传到朝鲜（Corea），之后就会传到日本。同时，这条新闻也会经由上海发往伦敦。但中国的电报局扣留了这条信息，并没有发出"官报"，战争的结果要在数小时后才能发出。

然而，要如何证实消息的真伪呢？我不可能使用这条新闻，盛大人在我面前已经展现出了他的怯懦。

事情继续发展下去。我赶忙离开电报局，希望他们在我回来之前别收到"官报"。我去找一位传令兵，他可以带来相关消息。过了一会儿，我得到了我想要的新闻。军舰已经离开威海卫大约三小时的路程了。

我急忙赶回电报局，告诉盛大人，我要先用电报。他同意了，我交了 50 块钱的杂费。我在旁边等着，直到电报发出去。我的信息刚发完，他正要发他的电报，就冲进来两名记者。同时，电报局收到一封来自道台（Taotai）的"官报"，这次"官报"上写的都是真实的内容。

这时已经不需要我再做什么了。我的消息早于道台的消息，这使我感到安心。我四处闲逛，为盛大人的健康干杯。

第二天，我去拜会盛大人，他微笑着接待我。

"你的消息发完要了多长时间？"

"哦，刚好 8 小时。随后发出的是那两名记者的消息。"

之后我就没有再见过盛大人，但是我非常尊敬他，始终把他记在心里。

（邢科译，来源：Alfred Cunningham, *The Chinese Soldier and Other Sketches*, London: Sampson Low, Marston and Company, 1902, pp. 47-54. ）

5. 狮子林兵变：中国的新军

败给日本使中国感到蒙羞。因此，在战争之后，中国开始探讨这个邻国能获胜的原因，尽管这种探讨还不够深入。中国督抚大员得出了结论，于是他们给未经过训练的"兵勇"配备了西式步枪。只是当敌人已经打到家门口了，他们还在以很低的效率更换装备。事实证明，这种做法并不明智，浪费了大量的钱。如果拿到现代武器的是受过训练的"兵勇"，那效果会好得多，因为他们知道在战场上应该如何使用这些武器。

握有实权的督抚也是这样想的。然而，要实现这一目标还需要许多配套改革，这些改革都耗资不菲。但毫无疑问，中国正在逐渐回到以往的生存状态中，改革热情与日俱减，推广外国的先进技术变得举步维艰。

从整体上看，中国军人对外国事物并不感兴趣，他们不愿放弃传统的军事经验，尽管这些经验是建立在长矛和弓箭基础上的。对于他们来说，"抬枪"就已经很好了。如果说一定要做些让步的话，他们认为最好有一种武器能兼具"抬枪"和"史奈德步枪"（snider）的性能。

同"将军"相比，督抚的责任更大，更需要亲力亲为。装备现代武器就意味着要雇佣外国教习，而这些外国教习又固执地要求签署协议。按照协议，他们有权坚持一些事情，例如亲自挑选士兵，给战士发放适当的军饷，适当的伙食，以及禁止"压榨"士兵。这些令人尊敬的要求并不违背中国抽象的道德原则，但要悉数变成现实，就需要花大量的银子。长矛和前膛枪是廉价武器，但带弹匣的步枪（magazine rifles）和野战炮（field guns）要贵得多。

在西方军火商的劝说下，各省都督认为中国军队应实现一定程度的现代化。为了不破坏人们的固有观念，他们决定保留八旗兵，此外编练新军（foreign-drilled troops）也须提上议事日程。这些新军的训练成果如何呢？最近，他们在直隶省展现了自己的实力。

在督抚中，最先训练新军的是山东巡抚袁世凯（Yuen Shih Kai）、直隶总督李鸿章，以及管理长江流域的刘坤一（Liu Kung-yi）和张之洞（Chang Chi-tung）。的确，在战争期间，长江流域防守严密，许多外国教习都在为督抚工作。狮子林（Se-tze-lin）曾发生过一场兵变，但这些叛乱很快就被新军平定了。这给驻在南京的两江总督上了一课，因为它意味着新式的"兵勇"战胜了旧式的军队。间接地，新军是这场兵变的诱因。

狮子林是吴淞（Woosung）以东 8 英里远的一个小村庄，位于黄浦江（Shanghai river）的入海口。在狮子林和吴淞之间曾经有许多坚固的炮台，上面装备了多门重炮，由两名英国炮手负责管理。后来，这些炮台被划归吴淞，其中几座炮台被拆除，那两名镇守河口的英国炮手也因此丢了差事。

1897 年 5 月 9 日，有消息传到上海，6000 名八旗兵（即中国旧式军队）在狮子林发动兵变，他们占领兵营，对地方政权构成了威胁。

叛乱在中国并不罕见，但这些问题也须坚决果断地应对。如果当局有能力，它就会平定叛乱，将主谋斩首示众；要是没有能力，它就会用钱收买造反的人。否则，6000 名穷困潦倒的士兵就会掀起更大的波澜。如果他们到处烧杀抢掠，后果将不堪设想。总督想到的第一个对策是将主管官员降职，希望以此平息作乱者的愤怒。

在组建新军期间，这种小规模的叛乱经常发生，因为旧的八旗兵被解散，他们发现自己失业了，便将其军事知识用于对农民的敲诈勒索，在长江流域（Yangtze region）尤其如此。

此时吴淞的新军大约由 10 个步兵连、1 个骑兵中队和 2 个诺登佛特野战炮连组成。步兵连每连 250 人，由少校军官冯·莱岑施泰因（von Reitzenstein）男爵指挥，德国军官担任教官。骑兵队骑着中国小马，佩有剑、上宾枪和长矛，由奥地利骑兵上尉军官冯·内豪斯（von Nayhaus）伯爵指挥。炮兵由诺伊因多夫（Neuendorff）先生指挥。这些部队的士兵从安徽省和江苏省的新兵中挑选而来，经过了 1 年多的训练，并在数周前还曾接受检阅，出席检阅的有清朝的道员沈敦和（Sheng Tung-ho）、英国武官布朗（Brown）少校、俄国武官沃加克（Wogack）上校。在这次检阅中，他们（尤其是骑兵）的精彩表演使两位武官感到吃惊并获得了赞扬，说明中国人如果受到良好训练和纪律约束，能够成为好士兵。他们由中国人及外国军官指挥，以特有的德国步伐行军。我接到电报几个小时后就上路了，沿着泥巴矮墙后面的小路艰难地前行，从吴淞到狮子林有 8 英里的路程。倾盆大雨不停地下着，泥泞的道路极难行走，因为在中国几乎没有路好走（小溪和运河就是公路），我差点滑倒跌入 12 英尺高的矮墙下。

虽然兵变发生在数英里之外，但农民们心里明白，如果八旗兵获胜，老百姓将难免遭到他们的蹂躏，这种情况是当地经常出现的。当时的乡村地区还是一派往常的景象：满地都是绿色的麦子，一阵风吹过，卷起层层的麦浪。村边的小河旁是一片片的树丛和竹林。人们在地里劳作，孩子在家中嬉戏玩耍，只有他们的刺耳哭声才能打破村庄的宁静。

用步枪进行操练的中国兵勇（来源：Alfred Cunningham, *The Chinese Soldier and Other Sketches*, London: Sampson Low, Marston and Company, 1902.）

这时，蜿蜒的小路上突然出现了大约 6 名骑兵，他们向吴淞疾驰而去。几分钟后，后面又出现了几名骑兵，他们在笑声中策马而过，手中的长矛指向狮子林方向。这说明他们的战友在前方打了胜仗。

中国士兵的马术之前从未给我留下过什么深刻印象，但这些飞奔而过的骑兵却能一手驾驭战马，另一只手握住长枪，这使我感到十分意外。这倒有点像沼泽地中的越野赛马，如果坐骑马失前蹄，那一定会给他们摔个好瞧。

不久，有独轮手推车从路上经过，上面装载的是军队的给养。我立刻拦下了一辆，不顾车主的反对坐了上去。我开始坐在车的一侧，后来挪到了车的中央，车主这才露出笑容。

我要特别感谢我见到的第一位哨兵，没有他的允许，我就无法进入战场。

新军已经占据了战场上的优势。在参与叛乱的三个"营"中，已经有两个营束手就擒，只有一个营还在负隅顽抗。

那个"营"呈现四方形，前门显得很结实，门的两侧是高耸的围墙。营的里面是士兵居住的地方，万一遇到危险，士兵们可以爬在墙上向外射击。大门紧闭着，围墙里面是几百张充满愤怒和挑衅的脸，他们手里握着火绳枪、长矛和各种旗帜。军营因为准备打仗的士兵而显得充满活力。

新军在"营"前50码处展开，他们暴露在"抬枪"和火绳枪的火力下，时刻面对着死亡。新军表现得急切、冷酷和沉稳。在得到命令前，他们都一动不动，手里握着步枪，做好进攻的准备！

之后，情况发生了天翻地覆的变化！八旗兵不再发出杂乱而刺耳的叫声。他们的豪言壮语都到哪儿去了呢？十分钟后，叛乱被平息了，最后几个造反者也放弃了抵抗，但他们中有些人还在暗中讥笑对手。此时，他们过时的武器已经堆成了一堆。

几个小时后，叛军的领袖在树上吊了一排，胜利者用这种恐怖的方式来警告他们的追随者。没有头的尸体横七竖八地放在路边，上面落满了苍蝇，怀有病态好奇心的村民在一旁围观。中国可以严格、快速地执行法律。

冯·内豪斯伯爵对死刑非常反感。头不是一刀被砍下来，而是要砍许多刀。叛军人头落地的时候，新军发出了一阵胜利的欢呼。骑兵在早上接到命令，20分钟后就出发了，我承认，他们的行动很迅速。

一部分骑兵有秩序地按原路返回吴淞。此间还发生了一个令人高兴的小插曲，这件事反映了战士之间的友情。一名战士摔倒意外受伤，他的三个战友就轮流背着他，这一背就是八公里，直到回到驻地。新军进行了庆祝，胜仗使他们欢欣鼓舞，同时他们也显得很有礼貌。他们会闪到一边，请外国人先走；他们会分享甘蔗和香烟——事实上，他们都在急不可待地表现心中的喜悦。

当时没有马去牵引野战炮，于是 300 名战士立刻用绳子拖拽着这几门重炮，按原路返回。这项艰巨的任务可以反映出中国人的性格。

第二天又有一点麻烦，但一队新兵就可解决问题。又有几个人掉了脑袋，一天后，八旗兵离开狮子林回湖南老家去了。

上述事情表明了几点，那就是，当中国人受到善待，受到良好训练，得到正确指挥的时候，他们会成为优秀的士兵。到那时，中国人的勇敢是毋庸置疑的。它也表明，即使在中国，"旧习俗"肯定会被新的取代。中国有如此庞大的人口，以此为基础选拔出的中国新军也许会是对世界其他地区的一种威胁。但幸运的是，现在的政治腐败或政府缺乏诚信，使其不可能出现如此强大的军事系统。为什么？因为这些新军需要巨额军费，一年后就会因为"经济"原因而解散。而且那里都是弯腰曲背的粗人，因长期弯腰于稻田而驼背，几乎不会被认为是"驻在吴淞的出类拔萃的德式新军"。

现在，又有一些湖南"兵勇"据守在狮子林营地，但他们极差劲（infinitely cheaper）。

这就是清政府的改革之路。

（邢科译，来源：Alfred Cunningham, *The Chinese Soldier and Other Sketches*, London: Sampson Low, Marston and Company, 1902, pp. 55–68. ）

6. 中国军人

一位来自英国海军"可怖号"（Terrible）的水手曾参与对北京的援助工作，他在给朋友的一封信中描述了中国人是如何作战的："如果和中国人交战，站在射击线（firing line）上的人是最安全的，因为在那里你永远不会被击中。负责支援的人和其他人可以站在后面。中国人不会把枪端到肩膀的位置射击，他们射击时会把枪放在身体的侧面。他们不会把头伸出战壕，而是把枪举到战壕外面射击，射击后转身就跑。"

他对中国"兵勇"的描述相当准确。中国士兵的战术非常简单——打完就跑，射击的方向取决于敌人运动的方向。如果中国士兵对得起"勇"这个名字，他们就应该瞄准射击，只要敌人不会靠得太近。在最近发生在大沽（Taku）、天津（Tientsin）和北仓（Beicang）的战斗中，中国军队就是由这些"兵勇"组成的。他们没有真正的战斗意志，信心不足，同时也缺乏一个有能力的指挥官。

除了威海卫防御战，中国军人始终没有得到一个展现他们真实能力的平等机会。就我个人的看法，指挥官的无能和各级官吏的贪婪也常常使中国士兵陷于不利局面。给农民发一身俗气的棉布军装和一件外套，给他们发一支步枪——尽管他们对枪的机械原理完全一窍不通，再根据他们的工作发饷，最后他们还是得不到训练，也没有任何战斗经验。此外，他们的指挥官也是无能之辈。只是希望他们凭借数量上的优势吓倒训练有素、装备精良的敌人。面对同样的情况，其他国家几乎不可能出现这样的事。

中国士兵的能力取决于两点：一个是指挥官的能力，另一个是训练。

在进军北京的路上，八国联军与中国新军之间形成了鲜明对比。但在驻扎直隶的军队中，新军的数量并不算多。如果中国将所有的军事力量集结起来与联军作战，那么战场上将出现成千上万的中国新军。

琅威理曾经说过，中日战争后，中国将不会再有用欧洲方式训练出的军队，但像他这样的权威也犯了错。

最近那次战争促使中国在军队中推广欧式训练，我们可以看到直隶、山东、南京在训练新军方面取得的成果。我们很难统计出中国新军的准确数量。一个营的存废基本取决于官员的意志。袁世凯可能掌握着训练水平最高的军队。据说，这支军队一共有 7000 人，其中包括 5500 名步兵，1000 名炮兵和 500 名骑兵。步兵装备了曼里夏式步枪（Mannlicher rifle）；骑兵装备了军刀、曼里夏式卡宾枪（Mannlicher carbines）和左轮手枪（revolvers）。炮兵装备了马和最新式的克虏伯炮。直隶新军据说有 16000 人，天津还设有两所军事学校，一所培养汉人，另一所培养满人，聘请的是德国教官。武昌也有一所聘请德国教官的军校，当地也驻扎着新军。南京有一所包括德国人和中国官员的军事学院，当地同样有不少新军。军事院校主要是为了培养本土军官，其中有一部分学员被派往日本留学，另一部分人则被派往德国深造。最近又开始流行聘请日本教官，他们属于亚洲文化圈，佣金也比欧洲教官低。但不知道这股风潮是如何兴起的。自中日战争以来，中国每年都会进口数以万计的武器，其中有些很先进，有些则比较落后。

据说，这些新军能够按时领到军费，他们聘请的是外国教官，武器装备也很精良。在有些时候，外国教官会尽职地履行职责，但他们有时也会违反工作合同，将训练交给中国教官。作为军人，有些中国教官具有当指挥官的素质，他们身强体壮、做事持之以恒、服从命令，而且聪明能干。而中国官吏则经常不能胜任他们的工作，中国军事当局的腐败使他们的无能变得更糟糕。中国官吏的腐败和阳奉阴违能搞垮任何一套军事系统。他们克扣士兵的军饷和军事物资，买军火的时候拿回扣，商人们经常会给他们巨额贿赂。他们的俸禄并不多，根本不够他们花天酒地的，所以他们一定要捞些外快。他们将贪污腐败变成了一门艺术。

举个例子。战争结束后，李鸿章到了上海。他穿着古老而难看的朝服，在仪仗队的簇拥下穿过租界。负责护卫工作的是两个营的中国"兵勇"，他们穿着传统的棉布军装，手中拿着五花八门的武器，这些武器足以使任何一家军械博物馆动心。警察局负责人指给我看，他们

大沽的中国军队（来源：Alfred Cunningham, *The Chinese Soldier and Other Sketches*, London: Sampson Low, Marston and Company, 1902.）

的枪上居然都贴了一张小小的中国当票！高层官员一定不相信，他们出钱买的武器居然进了当铺！

中国的当铺老板也是钱庄老板，所以他们不可或缺。与欧洲人不同，中国的穷人总是舍不得穿他们的冬装，直到衣服可以丢弃了才穿。而官员不同，当快换夏装的时候，他们会将冬装典当，再用典当来的银子赎回他们的夏装，或买一件新衣服。那些生存乏术的体面人每周都要跑回当铺，假如允许他们把老婆抵押掉来换取另一个女人，而且这也不违背传统习俗制度的话，他们会偶尔乐意这样做。不过这些人相当保守。

人们都知道，中国的"兵勇"使用步枪进行训练。训练并不是一个复杂的过程，而且其成果相当程度上取决于他们的"神明"（Joss）。瞄准和稳定都很重要，但"兵勇"只认识到了后者。他们双手握枪，把枪放在身体的一侧，然后闭上眼睛，扣动扳机。如果"神明"大发慈悲，他们就会命中目标。目标通常是一面旧锣，挂在 50 码外的竹竿上。如果士兵击中目标，他们的"步枪督导"（Musketry Inspector）就会表现出满意的神色。这些督导对射击的认识水平与温克尔（Winkle）对射击的认识水平大体相当。结果，中国"兵勇"中很少出现神枪手。曾经有一名士兵在 300 码外击中目标，正如他所说，这全靠神明的保佑。但从外行人的角度看，他能一击命中要取决于这个目标的大小。他对射击毫无责任感，正如那名英国水兵所言："站在射击线上的人是最安全的。"

事实上，构成中国军队的"兵勇"都不太会使用新式武器，他们主要进行身体方面的训练。他们热衷于举重，有时也会按照围观者的价值取向，敏捷地耍弄单刀或双刀。他们也会练长矛，这种训练有点像古时的人玩铁头木棒（quarterstaff）。练习的时候有些士兵的表情非常狰狞，他们希望用这种方式来使对手感到恐惧。他们只是千千万万中国"兵勇"中的一部分。这些"散漫"的中国士兵先是败给了日本人，之后又成为阻止八国联军进攻北京的主要力量。

而中国的新军就不同了，他们根本瞧不起旧式军队中的人。新军产生于19世纪末，并在最近几年成了劲旅，但了解中国的人并不看好这支军队的发展。即便如此，最近这次战争还是催生了大量的新军，北京的陷落促使开明的督抚以更饱满的热情和更高的效率推动军事改革，他们使中国军队迈上了一个新台阶。如果中国人能意识到，体面人家的子弟参军并不丢人，那么建立一支强大的中国军队或许并不遥远。如果说中国军官能有信心和荣誉感，再接受些适当的磨炼，那么中国周边国家恐怕就要感到不安了。但幸运的是，中国人是一个爱好和平的民族。他们的腐败官僚体制早在公元前就已经存在若干个世纪了，这种体制和中国其他事物的长期存在证明了其用处。"它属于传统习俗"，并且很难根除。当这种官僚体制被根除和抛弃的时候，中国的军事改革和社会改革将会迎来曙光。

（邢科译，来源：Alfred Cunningham, *The Chinese Soldier and Other Sketches*, London: Sampson Low, Marston and Company, 1902, pp. 69–80. ）

7. 拜会李鸿章

1900 年 6 月，在乘轮船从广州返回香港的路上，我唯一一位旅伴——他是一位环球旅行者——在得知我拜会了总督李鸿章之后，他说，如果能得到同样的特权，他愿意出 100 英镑。我说，我们可以再回去，看能不能争取到另一个拜会他的机会。或许，他开的价能让这位虚荣的总督动心。但如果事情能成，那他实际花费的金额要更多，因为他需要打点衙门上下的官员。

我回广州的目的与他不同。我并不看重与这位"中国重臣"握手和喝香槟的殊荣——这位老外交官又被朝廷召去了，为的是"保住国家的脸面"，就像他在中日战争时所做的那样。我的拜访纯粹是为了公事，感谢这位大人，这次访问非常成功。

我们的报纸驻广州的通讯员发来消息，总督大人接到了皇帝发来的紧急命令——这条命令也可能是皇太后发出的——要他立刻赶往北京，与列强展开谈判。义和团已经开始为所欲为。事实证明，他们攻击传教士的行为充其量只是一场闹剧。那些逃出去的人可以读到关于"中国危机"（China Crisis）报道，各主要报刊都在引述这个说法，但这场风波并没有像人们预想的那样马上结束。义和团团民不会乖乖地回家，西方列强也不可能对暴行视而不见。事实上，皇太后发现局势已经有些失控，她希望事态能逐渐平息。在她的派系中，李鸿章是唯一有能力居中斡旋的人，所以她将其召到了北京。

接到任命两天后，李鸿章动身北上。他心里盘算着，如果这份差事和这场危机能给他带来利益，那么该如何捞到这些好处呢？就在几个星期前，一位美国记者发表了一份关于李鸿章的访谈。虽然没见过李鸿章，但这份访谈还是写得精彩至极，可惜我不具备那位记者的资质。

我将拜会李鸿章这件事说给一两个做领事工作的朋友听，但他们都拿它当笑话。后来他们发现我是认真的，但还是对这件事嗤之以鼻。他们说，很难见到李鸿章，即便真的见到他，他绝对也不会接受你的访问。其中一个人解释说，李鸿章像个大"水泵"：他会滔滔不绝地向来访者提问，不给对方插话的机会。但我觉得他对李鸿章的评价使我很受启发。

我告诉他们，我的见解与他们不同。如果李鸿章愿意不停口地说，那就让他说好了。这样，媒体就可以对他如何完成使命有个心理准备。当然，他也可能只说那些他认为可以见诸报端的话。但即便如此，我的工作也算完成了。当天中午，我动身前往广州，第二天很早就到了。

那位环球旅行者问我是如何得到这次机会的，是不是领事馆为我安排的。我回答说，领事馆在中国做了大量的工作，但除了英国商人外，他们没有帮过任何人。如果我想借助他人的力量采访中国重臣，我应该立刻去找最亲近的英国领事，要他帮我安排一次会见。但他一定会当场回绝，而且会找出一个冠冕堂皇的理由劝我放弃这项工作。英国驻华领事馆非常优秀，它的能力、经验和对中国的了解都没的挑，但损害本国公民的独立就是另一回事了。各国领事馆都在尽一切可能促进本国贸易，而且经常是不厌其烦地提供帮助。但英国对这种行为却另有看法。

一到广州，我就给总督衙门的外交官写信——总督衙门距离设有外国租界的沙面（Shameen）大约 4 英里——问他哪天拜望总督比较方便。我在信中告诉他，"世界媒体都想知道李鸿章对这次危机的看法！"我认为这件事很重要，但对于中国人来说，它就未必有这么重要了。

几个小时后，我收到了回信，总督阁下可以在当天下午 3 点 30 分见我！我任务中最困难的一部分解决了。

我从沙面的租界出发，4 个苦力至少抬着我走了 2 英里。他们匀速穿过狭窄的街道，挤在人群中，汗流浃背，嘴里还一直骂骂咧咧的，但他们的脚步从未停止过，一直把我送到总督衙门的大门口。

马克大夫（Dr. Mark）接待了我，他是位年轻有为的中国官员，毕业于香港的师范学院，是李鸿章的医生和首席翻译。马克受过良好教育，人也比较开明，可以预测出中国将要发生的事情。他是一名道台，曾以大臣的身份陪同醇亲王（Prince Chun）访欧。在短暂的会面中，他向我引荐了衙门里的军事翻译（Military Interpreter）。此后不久，总督阁下传话出来，他已经做好了接见客人的准备。

李鸿章（来源：*Harper's Weekly*, New York, Nov. 16, 1901.）

在马克的指引下，我穿过几间屋子，来到一座大堂，大堂的里面便是总督的卧房。大堂的两侧站着两排低级官员，他们穿着朝服，列队迎接我们。卧房门前有一段不长的楼梯，李鸿章就站在那里。在两名官员的搀扶下，老总督慢慢地向前走了几步，手里挂着一根嵌有银饰的乌木拐杖——我相信，这是格莱斯顿先生（Mr. Gladstone）送给他的礼物。尽管他因为年龄的关系有些弯腰，但穿着宽松中式衣服的身体依然魁伟，他的身高应该超过了 6 英尺。

他用眼角看了我一眼，目光敏锐。他用中文对我表示欢迎，让我一旁落座。屋子中间摆了一张小桌子，桌子旁边是三把直背椅和一把扶手椅。他坐在扶手椅上，我坐在他的左边，两名翻译在我的左边。屋里还有大约十几名中国人，他们是李鸿章的随从和下属，在一边旁听这次访问。这些旁听者——无论他们是不是官员——看上去都像是家臣，所以这次访谈的内容是不可能保密的。

随后，谈话开始了。在十五分钟内，我一句话都插不上。只要我回答完一个问题，他就开始问第二个。他首先想知道我的年龄，之后微笑着问我在报社工作是否能挣到钱？我来中国多久了？我如何看待最近发生的事情，例如义和团运动？欧洲人对这些事有何反应？问题一个接一个，我开始意识到，"水泵"已经开始运转了。如果这样的谈话持续下去，我恐怕就记录不下什么有用的信息了。我来广州可不是为了这种目的。当被问到一个问题的时候，我从口袋里拿出了我的笔记本，这引起了总督的兴趣。

"这个本是做什么用的？"

"这是我的笔记本，先生，如果您允许的话，我想问您几个问题。先生，为了防止记忆出现偏差，我还希望您能允许我把您说过的话记录下来。"

他笑了笑，说不反对。他对那些用速记法记录的文字很感兴趣。这给了我一个机会，当我向翻译提问的时候，我发现李鸿章在仔细观察我。在访问期间，他一直在吸烟，开始是埃及香烟，之后是金属制的中式烟袋锅，站在他身后的随从不停地为他点烟。

总督大人的一些话具有历史意义，我将这段谈话记录如下：

"阁下去北京是为了从中斡旋吗？"

"我有两个目的。其一，去镇压义和团（Boxers）；其二，作为一个调停人（mediator）——去努力实现和平。"

"普遍认为，阁下是目前中国唯一能对付这种危局的人。"

他笑了，但强调说："我相信自己！"

"阁下如何看待义和团的发生？"

"我认为他们只是一群愚昧无知的乌合之众，盲从于迷信狂热和反基督教的情绪，因而攻击本国的基督徒，然后攻击外国教师——传教士。"

"那么，您认为他们没有政治动机，或者说不属于那种旨在叛乱并推翻朝廷的秘密社会吗？"

"是的，我认为他们不是。首先，义和团团民只是些普通的农民。在我看来，义和团的起因在于本国的基督徒一直在找麻烦，这引起了农民的恶感。而且，基督徒在法律诉讼中也总是占便宜。农民们认为，他们只有强健身体，才会抗衡基督徒。于是，他们先是攻击本国皈依基督教的人，随后又将矛头转向了传教士。所以我说，义和团的部分起因在于反基督教情绪和盲信的狂热。"

"您认为义和团运动应该归咎于本国的基督徒了？"

"是的，天主教徒和新教徒都有责任，传教士也常常惹麻烦。罗马天主教是最会找麻烦的。"

"您认为皇太后是否完全被误导了呢？例如她上一封诏书是那种语气。"

"是的，肯定是这样。"说到这里，总督拍了下他坐的椅子，表示他强调自己的意思。"她被错误信息误导和蒙蔽了。我相信皇太后不知道事情的真相。太后陛下召我去北京，就是想弄清到底发生了什么事。

我坚信，现在发生的事并非出自皇太后的本意。"

"但据说裕禄（Yu Lu）被移交给了刑部（Board of Punishments），显然因为他抵抗联军失败了。他是在遵照朝廷的旨意办事吗？"

"你确定吗？我认为这不是事实。即便是真的，他在战场上的失败也只是按照中国的法律，要求对战败的将军进行惩罚。当然，据说联军舰队对大沽炮台不宣而战，那时我收到了一封关于此事的官方电报。情况似乎是，我不能确定是直隶总督裕禄还是炮台守将，接到了最后通牒，要他遣散中国士兵，开走鱼雷艇，消除大沽附近的水雷，以便使外国军舰靠近海岸和沿河而上。毫不奇怪，我们的人会把这理解为开战——他们被要求离开。也许，这些无知的人对事情并不十分理解，于是他们就开始射击，但我不知道他们是否真的首先开火了。"

"那么，阁下，这次战争行为意味着帝国与联军开战了吗？或者说这只是直隶军队的行为？您做了什么准备？"

"我认为这不是宣战，所以我也没有为战争做准备。我在这里接待你和外国领事，说明我是相当友好的。如果北方的这种麻烦已意味着宣战，朝廷应该电报通知我了。"

"但如果电报线被切断，您不能收到来自北京的电报呢？"

"嗯，我收到了一封关于裕禄和炮台的电报——之后线路就断了！"

"事情发展到这个地步，各省督抚持什么态度呢？他们会跟随直隶开展进攻吗？"

"就我个人而言，我首要的责任是保护生命和财产，在我的权力范围内维持秩序。除非接到命令，否则我不会做带有进攻性的事，我会保持克制，保护外国人和其他国家的在华财产。"

"就现在的局势而言，阁下认为还有什么补救方法吗？"

"这个很难讲，见到皇太后之后，我才知道下一步该做什么。按照我的想法，首先我们必须设法镇压义和团。要做到这一点，应将义和团的首领斩首并遣散他们的追随者，这些人都是些无知的人，什么都不懂。其次，我相信我能够以一种友好的方式同外国列强讲和。"

"您认为，在您离开广州后，这里会不会爆发一场比北方更严重的叛乱？"

"我不敢保证没有叛乱。当然，我也不能肯定会发生什么。即使没有许多麻烦，没有严重的叛乱，我也不相信会有绝对的太平。在动身之前，我会命令我的下属官员尽其所能地维持社会秩序。我已尽最大努力粉碎了这两个省的秘密社会，但很遗憾，其中一些首脑已经逃跑了。他们中大部分人都藏在香港和新加坡，潜伏在那里。在我离开之后，其中一些人可能会回来制造麻烦。"

李鸿章的卫队首领（来源：Alfred Cunningham, *The Chinese Soldier and Other Sketches*, London: Sampson Low, Marston and Company, 1902.）

之后，我们讨论了许多问题。李鸿章给我留下了这样的印象：他相信自己可以恢复北方的秩序，解决与列强的争端。他说他当了30年的直隶总督，在此期间从未发生过叛乱。因此，他对处理此次事件持乐观态度。

即便离开广州，他也可以控制两广地区（two

Kwangs），因为他的权力比以前更大了，远远超过其他总督和官吏。人们十分惧怕这位总督，始终生活在他的阴影下。即便他不如表现的那样强势，但有人说他在最近的总督任上处死了 2000 人，以此来说明他的可怕。

李鸿章的外貌、自信和威严一定会给人留下深刻印象。那位变化无常的皇太后支撑着一个摇摇欲坠的帝国，对于她来说，这位 78 岁的权臣是个不可或缺的人物。在我离开前，李鸿章要我把记录念给那位军事翻译听。到那时为止，这位翻译始终是个听众，从来不发一言。他将我念出的记录翻译成中文，李鸿章在一旁听着，不时会澄清一些模糊的地方。他说，他之所以这样做，是为了保证准确性，他希望世界能准确地了解他的观点。

之后李总督命人拿上一瓶香槟，我们为他的健康干杯。当我离开的时候，他起身走到门边与我道别。他以西方的方式同我握手，微笑着对我说再见，并祝我好运。三天后，他送给我一张他的照片，上面还有他的亲笔签名，照片上写着：

"北洋通商大臣，太子太保，文华殿大学士，两广总督，李鸿章伯爵。"

"这张照片拍摄于光绪二十六年五月，当时李鸿章 78 岁。"

在采访过程中，有一件事令我印象深刻，那就是李鸿章一直挂念着格莱斯顿先生。房间里仅有的外国照片中就有这位英国的著名政治家。在一张拍摄于哈登（Hawarden）的照片中，格莱斯顿先生和李鸿章伯爵坐在一起。

事后，一家伦敦报纸认为这是"一次令人瞩目的采访"。

（邢科译，来源：Alfred Cunningham, *The Chinese Soldier and Other Sketches,* London: Sampson Low, Marston and Company, 1902, pp. 81–99.）

后　记

　　中日甲午战争是史学界研究的一个传统课题，中国近代史学者对此已有深入研究并有大量论著问世，有关史料整理也取得了丰硕成果。我主要从事世界史研究和教学，在阅读19世纪晚期的英美报刊时，发现英美报刊对中日甲午战争有大量报道，这些报道和舆论理应成为甲午战争研究中重要的外围性问题，而以往甲午战争的研究者却很少对此予以关注。因此我从世界史的角度申报了国家社科基金项目"中日甲午战争的英美报刊舆论研究"，并获得了立项。本书是该项目的阶段性成果之一，主要对当时英美战地记者的相关报道和回忆录进行了整理和选译，希望以此为后期研究奠定一个较好的基础。

　　本书的参编和翻译人员如下：

邢　科：南开大学历史学院博士后研究人员

汪　辉：首都师范大学历史学院硕士研究生

李磊宇：首都师范大学历史学院硕士研究生

刘凌寒：南京工业大学生物与制药工程学院学生

彭　鹏：首都师范大学历史学院博士研究生

仙　慧：首都师范大学历史学院硕士研究生

刘亚楠：首都师范大学外国语学院硕士研究生

胡亚美：首都师范大学外国语学院硕士研究生

　　本书在构思、材料搜集和翻译过程中，得到诸多友人的帮助，他们是首都师范大学的岳秀坤、陈志坚，中国人民大学的华林甫，德国雅各布大学的多米尼克·塞森麦尔及其学生助理吴依娜，在此一并表示感谢。

刘文明

2014 年 4 月 15 日于首都师范大学

图书在版编目（CIP）数据

西方人亲历和讲述的甲午战争/刘文明编. —杭州：
浙江大学出版社，2015.3
ISBN 978-7-308-14461-2

I.①西… II.①刘… III.①中日甲午战争－史料
IV.①K256.306

中国版本图书馆CIP数据核字（2015）第045845号

西方人亲历和讲述的甲午战争
刘文明 编

责任编辑	王志毅
营销编辑	李嘉慧
装帧设计	八月之光
出版发行	浙江大学出版社
	（杭州天目山路148号　邮政编码310007）
	（网址：http:// www.zjupress.com）
制　作	北京大观世纪文化传媒有限公司
印　刷	北京天宇万达印刷有限公司
开　本	635mm×965mm　1/16
印　张	20.25
字　数	242千
版 印 次	2015年3月第1版　2015年3月第1次印刷
书　号	ISBN 978-7-308-14461-2
定　价	49.00元